PEQUENA HISTÓRIA DA MAÇONARIA

C.W. Leadbeater 33º

PEQUENA HISTÓRIA DA MAÇONARIA

Tradução de

J. Gervásio de Figueiredo 33º

BIBLIOTECA MAÇÔNICA PENSAMENTO

Editora Pensamento
SÃO PAULO

Título original: *Glimpses of Masonic History.*

Texto revisto segundo o novo acordo ortográfico da língua portuguesa.
1ª edição 1968.

13ª reimpressão 2017.

Capa: Rosana Martinelli
Projeto gráfico e diagramação: Verba Editorial
Revisão de texto: Verba Editorial

Dados Internacionais de Catalogação na Publicação (CIP)
(Câmara Brasileira do Livro, SP, Brasil)

Leadbeater, C. W.
Pequena história da Maçonaria / C. W. Leadbeater; tradução de J. Gervásio de Figueiredo. — São Paulo: Pensamento, 2012. — (Coleção Biblioteca Maçônica Pensamento)

Título original: Glimpses of masonic history
12ª reimpr. da 1ª ed. de 1968
ISBN 978-85-315-0501-0

1. Maçonaria — História I. Título. II. Série.

11-09310 CDD - 366.109

Índice para catálogo sistemático:
1. Maçonaria : Sociedades secretas 366.109

EDITORA PENSAMENTO-CULTRIX LTDA.
Rua Dr. Mário Vicente, 368 - 04270-000 - São Paulo, SP
Fone: (11) 2066-9000 - Fax: (11) 2066-9008
E-mail: atendimento@editorapensamento.com.br
http://www.editorapensamento.com.br
Foi feito o depósito legal.

Sumário

PEQUENA HISTÓRIA DA MAÇONARIA

Prólogo

A presente obra é uma continuação necessária da anterior, A Vida Oculta na Maçonaria, *segundo palavras do autor de ambas. Se a anterior nos revelou algo da vida oculta que palpita nos trabalhos maçônicos, esta nos descerrou grande parte de sua história oculta, a qual é como a de um meteoro que nascido no Oriente, se encaminhou para o Ocidente, traçando uma trajetória sempre luminosa através dos séculos.*

Seu autor, dotado de recursos espirituais e culturais supranormais, pôde seguir essa trajetória pelos diversos países e as vicissitudes por ela atravessadas, até atingir os dias atuais, em que se ramificou por todo o mundo. Por aqui se vê que o velho Egito, a pátria dos Antigos Mistérios, procurados, recebidos e transmitidos por numerosos sábios e iniciados da Antiguidade, também foi o remoto berço da Maçonaria, do qual se irradiou para todos os quadrantes deste planeta. Mas nessas ramificações ela, como qualquer outra instituição semelhante, não pôde escapar à contingência de se colorir, parcial e externamente, com as influências peculiares a cada nação, cada povo e cada tradição, nem sempre compatíveis com seus altos objetivos. Daí a sua divisão em numerosos ritos e denominações, cada qual perpetuando uma tradição particular, ou criando uma nova, às vezes completamente alheia ao espírito genuinamente maçônico, ainda que preservando, como não poderia deixar de fazê-lo, os seus princípios fundamentais e o seu esquema original.

Mas foi no Ocidente que ela, mormente durante a Idade Média, recebeu os impactos mais terríveis e as perseguições mais ferre-

nhas e atrozes, desferidos pelo fanatismo e ignorância, que a obrigaram a recolher-se temporariamente a um mutismo externo quase sepulcral, para poder sobreviver e preservar as condições essenciais à continuação da sua imortal missão. Passado esse período negro, ressurgiu com maior ímpeto e se espraiou por todas as nações mais cultas do globo, e sua torrente aurifulgente não mais poderá ser estancada, a não ser para tomar um impulso ainda mais vigoroso.

Todavia, estas páginas também nos ensinam que se externamente *a Maçonaria, em seu conjunto, sempre se adaptou inteligentemente às limitações de determinada época ou nação,* internamente *manteve intactas as suas bases e estrutura, e os ensinamentos mais íntimos perpetuados e transmitidos por sua tradição.*

Aqui encontrará o estudioso uma visão panorâmica da trajetória maçônica e, reunidos num todo harmonioso, os fragmentos caóticos e até confusos, largamente espalhados e por vezes rotulados como a história da autêntica Maçonaria. E mais: aqui também descobrirá o estudioso (se o ignorava antes) que esta nobre instituição nunca esteve abandonada, mas em seu recesso mais profundo sempre esplendeu a prístina sabedoria de seu remoto berço e por trás dela sempre esteve o olhar vigilante e protetor do seu real e imortal GRÃO-MESTRE, que é o "chefe de todos os verdadeiros maçons do mundo".

Bastam estes rápidos traços gerais, à guisa de apresentação, para retratar a alta substância histórica e filosófica desta obra. Simbolicamente, com a primeira, constituem ambas duas cintilantes colunas levantadas no pórtico do Templo universal maçônico pelas hábeis mãos do artífice notável, que foi C. W. Leadbeater, 33°. Oxalá possam todos os Irmãos maçons mantê-las bem eretas e rutilantes diante de si, para iluminar-lhes os "passos regulares" e ajudá-los a instruir esses passos aos que ainda se debatem nas trevas, mas já aspiram marchar em busca da luz eterna do Or∴.

O Tradutor

Prefácio

Há alguns meses, quando escrevia *A Vida Oculta na Maçonaria,* minha primeira intenção era dedicar meu segundo capítulo a um breve bosquejo da história maçônica. Logo verifiquei que era impraticável esse plano. O mais condensado relato útil ocuparia espaço muito maior do que eu lhe poderia reservar, e sobrecarregaria a obra com um assunto que, afinal, não passaria de uma seção do seu conteúdo. A única alternativa é publicar separadamente o esboço histórico; e daí este livro, que realmente não passa de uma continuação do anterior.

A característica de ambos os livros, e, com efeito, a razão única de sua publicação, consiste em expor precisamente o que seus títulos indicam: a vida oculta na Maçonaria. É essa poderosa força recôndita, sempre ativa e contudo sempre oculta à visão comum, que tem guiado a transmissão da tradição maçônica através de todas as vicissitudes de sua tormentosa história, e que ainda hoje inspira o entusiasmo e devoção dos mais intensos entre os irmãos da Ordem.

A existência e a obra do chefe de todos os verdadeiros maçons é a razão única e suficiente da virilidade e poder desta maravilhosa organização. Se compreendermos as relações entre Ele e essa instituição, e no que Ele deseja torná-la, compreenderemos também que ela corporifica um dos mais formosos esquemas inventados para auxiliar o mundo e esparzir forças espirituais.

Durante muitos anos, numerosos irmãos nossos têm participado inconscientemente deste magnífico trabalho altruístico. Se conseguirem compreender o significado e o porquê do que estão realizando, eles prosseguirão na magna obra de maneira mais feliz e inteligente, nela vertendo todas suas energias corporais e espirituais, e aproveitando o fruto de seus labores de maneira muito mais definida do que antes.

Cabe-me agradecer a Sir Arthur Evans e a seus editores Messrs. Macmillan & Co., por sua grande gentileza e bondade, permitindo-me reproduzir do seu notável livro *The Palace of Minos in Knossos*, as fotografias de ruínas maçônicas existentes em Creta. Desejo também expressar minha gratidão à *Librairie Orientaliste* Paul Geuthner, pela permissão dada para utilizar-me de diversas ilustrações extraídas da obra *La Civilization Préhellénique dans le Bassin de la mer Egée*, e a Herr Helmuth Th. Bossert e ao seu editor Herr Ernst Wasmuth, por me haverem emprestado algumas valiosas fotografias de seu livro *Alt-Kreta*.

Igualmente devo reiterar aqui, em relação a este volume, os mesmos sinceros agradecimentos que expressei com referência ao anterior, ao Rev. Herbrand Williams, M. C., B. A., por sua bondade em colocar à minha disposição seus vastos cabedais de erudição maçônica, e pelos muitos meses de árduas e pacientes pesquisas, e também ao professor Ernest Wood por sua incansável assistência e cooperação em todas as seções da obra, sem o que não teria sido possível a elaboração do livro.

C. W. L.

1. Escolas de pensamento maçônico

Seria um empreendimento colossal escrever uma história da Maçonaria, pois seriam necessários conhecimentos enciclopédicos e muitos anos de pesquisas. Não tenho a pretensão de possuir as qualidades e a erudição requeridas para produzir obra de tal vulto. Tudo o que posso esperar é projetar uma tênue luz sobre alguns dos pontos obscuros dessa história, e lançar uma ponte que transponha em alguma extensão os mais claros vácuos existentes entre as seções do que já está bem conhecido.

AS ORIGENS DA MAÇONARIA

Como já se disse no livro anterior, as origens da atuação da Maçonaria se perdem nas névoas da Antiguidade. Os escritores maçônicos do século XVIII lhe especularam a história sem senso crítico, baseando seus conceitos numa crença literal na história e cronologia do Antigo Testamento, e nas curiosas lendas do Artesanato,* transmitidas das épocas operativas nas Antigas Ordenanças.** Assim é que o Dr. Anderson, em seu primeiro *Book of Constitutions*, chegou a propor que "Adão, nosso primeiro pai, cria-

* No original inglês, *Craft*, que também significa força, potência, habilidade profissional em artes manuais. (N. do T.)

** No original inglês, *Old Charges*, também traduzível por Antigos Deveres ou Funções. (N. do T.)

do à imagem de Deus, o *Grande Arquiteto do Universo*, devia ter possuído as Ciências Liberais, particularmente a *Geometria*, escritas em seu coração", ao passo que outros, menos fantasistas, atribuíram sua origem a Abraão, Moisés, ou Salomão. O Dr. Oliver, escrevendo na primeira metade do século XIX, e portanto bem tardiamente, sustentou que a Maçonaria, tal qual a conhecemos hoje, é a única e verdadeira relíquia da fé dos patriarcas antediluvianos, ao passo que os antigos Mistérios do Egito e de outros países, que tanto se assemelham a ela, não passaram de corrupções humanas de uma tradição primitivamente pura.

Como os conhecimentos históricos e científicos progrediram em outros setores de pesquisa, e especialmente no espírito crítico das Escrituras, ao estudo da Maçonaria os métodos científicos foram gradualmente aplicados e por isso hoje se conta com um vasto cabedal de informações das mais interessantes e exatas sobre a história da Ordem. Em consequência disto e de outras linhas da investigação, existem quatro escolas ou correntes principais do pensamento maçônico, definidas ou organizadas não como escolas, mas agrupadas segundo sua relação com quatro departamentos importantes de conhecimento, primariamente existentes fora do campo maçônico. Cada uma delas aproxima-se, de uma maneira peculiar, da Maçonaria; cada uma delas tem seus cânones de interpretação dos símbolos e cerimônias maçônicos, embora seja evidente estarem muitos dos escritores modernos influenciados por mais de uma escola.

A ESCOLA AUTÊNTICA

Consideremos primeiro o que às vezes se tem chamado Escola Autêntica, que surgiu na segunda metade do século XIX, em resposta ao desenvolvimento do conhecimento crítico em outros campos. As antigas tradições da Ordem foram minuciosamente examinadas à luz de registros autênticos ao alcance do historiador. Empreendeu-se enorme soma de pesquisas em atas de Lojas, documentos de todas as espécies versando sobre o passado e presente da Maçonaria, arquivos de municipalidades e vilarejos, sentenças legais e judiciais; enfim, foram consultados e classificados todos os registros acessíveis.

Neste campo, todos os maçons devem muitíssimo a R. O. Gould, o grande historiador maçom; a W. J. Hughan; a G. W. Speth; a David Murray-Lyon, o historiador da Maçonaria Escocesa; ao Dr. Chetwode Crawley, cuja obra sobre a primitiva Ordem Maçônica Irlandesa é clássica nessa linha; e outros do círculo interno da famosa Loja *Quattuor Coronati,* n. 2076, cujos fascinantes Traslados são uma mina preciosa de lições históricas e arqueológicas. Dois grandes nomes da Alemanha são J. F. Findel, o historiador, e o Dr. Wilhelm Begemann, que realizou as mais minuciosas e laboriosas pesquisas nas antigas ordenações da Ordem Operativa. Devido aos trabalhos dos eruditos da Escola Autêntica, aos estudantes de nossa Ordem se tornou acessível uma vasta soma de material que lhes será de permanente utilidade.

Todavia, esta Escola tem limitações, devidas à natureza de seu método de pesquisa. Numa sociedade tão secreta como a Maçonaria, de que muita coisa jamais foi escrita, porém apenas transmitida oralmente nas Lojas, o valor dos documentos e arquivos é muito relativo. Os arquivos escritos da Maçonaria Especulativa antecedem de pouco o seu renascimento de 1717, ao passo que as atas mais primitivas subsistentes de qualquer Loja Operativa pertencem ao ano de 1598.* Portanto, a tendência desta escola é naturalmente apontar como origem da Maçonaria as Lojas e Corporações operativas da Idade Média, e supor que os elementos especulativos foram posteriormente enxertados ao tronco operativo, hipótese esta não contraditada pelos registros existen-

* *History of the Lodge of Edinburgh*, de D. Murray-Lyon, p. 9.

tes. O irmão R. F. Gould afirma que, se pudermos admitir que o simbolismo (ou cerimonial) da Maçonaria é anterior a 1717, não há praticamente nenhum limite quanto à idade a que* se lhe atribuir. Mas muitos outros escritores não procuram a origem de nossos Mistérios além dos construtores medievais.

Existe nessa escola uma tendência a negar a validade dos graus superiores, declarando, de acordo com o Solene Ato da União das duas Grandes Lojas dos Franco-maçons da Inglaterra, em dezembro de 1813, que "a legítima antiga Maçonaria é formada por três graus apenas, isto é, o do Aprendiz, Companheiro e Mestre Maçom incluindo a Suprema Ordem do Santo Arco Real",** teoria justificável se apenas limitada às suas origens.

Para os mais rígidos seguidores dessa escola, todos os demais graus e ritos não passam de inovações continentais,*** e devem, consequentemente, ser rejeitados como Maçonaria "espúria".

No concernente às interpretações os membros dessa escola conseguiram unicamente uma pequena moralização dos símbolos e cerimônias da Maçonaria, como uma adição ao cristianismo anglicano.

A ESCOLA ANTROPOLÓGICA

Uma segunda escola, ainda em desenvolvimento, está aplicando as descobertas antropológicas num estudo da história maçônica e com notáveis resultados. Os antropologistas reuniram uma vasta soma de informações sobre costumes religiosos e iniciáticos de muitos povos, antigos e modernos, e os estudantes maçônicos têm encontrado neste campo muitos de nossos sinais

* *Concise History of Freemasonry*, de R. F. Gould, p. 55.

** *Book of Constituions*, 1884, p. 16.

*** Isto é, procedentes do continente europeu e importadas pela ilha britânica. (N. do T.)

e símbolos, tanto dos graus especulativos como dos operativos, em pinturas murais, esculturas, gravuras e edifícios das principais etnias do mundo. A Escola Antropológica, portanto, confere um grau de muito maior antiguidade à Maçonaria do que os Autênticos se aventuraram a atribuir-lhe, bem como fazem analogias com os antigos Mistérios de muitas nações, que evidentemente possuíram nossos símbolos e sinais, e com toda a probabilidade, cerimônias análogas às empregadas nas atuais Lojas maçônicas.

Os antropologistas não limitam seus estudos ao passado, mas investigam os ritos iniciáticos de muitas tribos selvagens existentes tanto na África como na Austrália, tendo descoberto que essas tribos possuem sinais e gestos ainda em uso entre os maçons. Estabeleceram-se, igualmente, analogias entre os habitantes da Índia e Síria e nossos ritos maçônicos, de tal forma entrosados na sua filosofia religiosa, que se torna inteiramente impossível a ideia de que tivessem sido copiados de fontes europeias. Os eruditos maçônicos ainda não esgotaram os fatos que podem ser descobertos neste interessante campo de investigações, porém, mesmo com o nosso atual conhecimento, é claro que podemos encontrar ritos análogos aos que chamamos maçônicos entre os mais antigos do globo, e sob uma forma ou outra podem ser encontrados em todas as partes do mundo. Nossos sinais aparecem no Egito, México, China e Índia, Grécia e Roma, nos templos de Burma e nas catedrais da Europa medieval. Diz-se também que no Sul da Índia há santuários em que se ensinam os mesmos segredos sob compromissos juramentados, tal como nos são comunicados na Oficina e graus superiores na Europa e América modernas.

Entre os pioneiros deste campo cabe-nos citar o irmão Albert Churchward, autor de diversas obras interessantes sobre a origem egípcia da Maçonaria, conquanto, possivelmente, ele não seja suficientemente crítico; o irmão J. S. M. Ward, autor de *Freemasonry and the Ancient Gods, Who was Hirtini Abiff* e de numerosas outras obras que tomam a Síria como o berço da Maçonaria, embora haja reunido valiosas informações sobre outras terras e Mr. Bernard H. Springett, autor de *Secret Sects of Syria and Lebanon*, que coligiu muito material comprovando a existência de ritos maçônicos entre os árabes.

À obra da Escola Antropológica deve-se a revelação evidente da imensa antiguidade e difusão do que agora denominamos simbolismo maçônico. Ela tende, no entanto, a encontrar a origem dos antigos Mistérios nos costumes iniciáticos de tribos selvagens que, embora admitida sua incalculável antiguidade, não são frequentemente nem dignificantes nem espirituais. Outra consequência importante de seus esforços é a justificação de serem muitos dos graus superiores considerados "pura Maçonaria Antiga". Pois que, a despeito do pronunciamento da Grande Loja da Inglaterra, anteriormente citada, há, sem dúvida, provas da antiguidade tanto da Rosa-Cruz como dos sinais e símbolos do Arco e Oficinas, e o mesmo se pode dizer dos sinais de muitos outros graus. Das investigações dos antropologistas resulta bem claro que, quaisquer que sejam os elos na cadeia de descendentes, nós, os maçons, somos os herdeiros de uma antiquíssima tradição que, por incontáveis gerações, tem estado associada com os mais sagrados mistérios do culto religioso.

A ESCOLA MÍSTICA

Uma terceira escola do pensamento maçônico, que podemos chamar de Mística, perquire os Mistérios da Ordem de um ponto de vista completamente outro, vendo neles um plano para o despertar espiritual e o desenvolvimento interior do homem. Os pensadores dessa escola, analisando suas próprias experiências espirituais, declaram que os graus da Ordem são símbolos de certos estados de consciência, que têm de ser despertados no iniciado individual se ele aspira a conquistar os tesouros do espírito. Eles dão testemunho de outra natureza muito mais elevada acerca da validade de nossos ritos maçônicos, testemunho que pertence antes à religião do que à ciência. O objetivo do misticismo é a união consciente com Deus, e para o maçom dessa escola, a Oficina visa a retratar a senda para esse objetivo, oferecer um roteiro, por assim dizer, que oriente a marcha do buscador de Deus.

Tais estudantes estão mais interessados na interpretação do que na pesquisa histórica. Não têm como preocupação precípua traçar uma linha exata da descendência do passado, e sim, viver a vida indicada pelos símbolos da Ordem, para poderem atingir a realidade espiritual de que esses símbolos são sombras. Eles afirmam, todavia, que a Maçonaria tem pelo menos parentesco com os antigos Mistérios, que visavam precisamente ao mesmo propósito: oferecer ao homem uma senda pela qual ele pudesse encontrar Deus. E eles deploram o fato de a maioria de nossos modernos irmãos haverem esquecido de tal forma a glória de sua herança maçônica, que permitiram que os antigos ritos se reduzissem a pouco mais que formas vazias. Bem conhecido representante desta escola é o irmão A. E. Waite, um dos mais finos eruditos contemporâneos e uma autoridade na história dos graus superiores. Outro irmão é W. L. Wilmsliurst, que ofereceu algumas belas e profundamente espirituais interpretações do simbolismo maçônico. Muito está fazendo essa escola para espiritualizar a Maçonaria masculina. A reverência mais profunda aos nossos Mistérios, que está se tornando cada vez mais evidente é, sem dúvida, um dos traços marcantes de sua influência.

A ESCOLA OCULTA

A quarta escola de pensamento é representada por um crescente corpo de estudantes da Ordem Comaçônica, que está gradativamente atraindo também adeptos da Maçonaria masculina. Já que um de seus principais e distintivos postulados é a eficácia sacramental do cerimonial maçônico, quando devida e regularmente executado, talvez possamos denominá-la, sem impropriedade, escola sacramental ou oculta. Tem sido muito mal compreendido o termo ocultismo; pode ser definido como o estudo e conhecimento do lado oculto da natureza, por meio dos poderes existentes em todos os homens, mas ainda adormecidos na maioria da humanidade. Esses poderes podem ser acordados e treinados no estudante oculto por longa e cuidadosa disciplina e meditação.

O objetivo do ocultista, tanto quanto o do místico, é a união consciente com Deus, mas diferem os métodos de progredir. O escopo do ocultista é alcançar essa união por meio do conhecimento e da vontade, treinar toda a natureza, física, emocional e mental, até que se torne uma perfeita expressão do divino espírito interno, e possa ser empregada como um instrumento eficiente no grande plano que Deus criou para a evolução da espécie humana, o qual está representado na Maçonaria pela construção do santo Templo. O místico, por outro lado, aspira mais à união estática com o nível da consciência divina que seu estágio evolutivo lhe permitir alcançar.

O método do ocultista se desenvolve por uma série graduada de etapas, por um atalho de iniciações conferindo sucessivas expansões de consciência e graus sacramentais de poder; o do místico é muito frequentemente de caráter mais individual, um "voo do solitário para o Solitário", como muito formosamente expressou Plotino. Para o ocultista é de grande importância a exata observância de uma forma, e pela utilização da magia cerimonial ele cria um veículo através do qual possa a luz divina baixar e difundir-se em auxílio do mundo, invocando, para isso, a ajuda dos anjos, espíritos da natureza e outros habitantes dos mundos invisíveis. O método do místico, por outro lado, é através da oração e prece; ele não cuida de formas, embora, por sua união com elas, seja também um canal da vida divina, parece-me que ele perde a enorme vantagem do esforço coletivo feito pelo ocultista, o qual é grandemente amparado pelos seres superiores cuja presença ele invoca. Ambas estas sendas conduzem a Deus. A alguns de nós a primeira atrairá irresistivelmente, e a outros, a segunda, dependendo a atração, geralmente, do raio a que pertençamos. O ocultista é menos introspectivo no serviço e sacrifício, e o místico, mais introspectivo na contemplação e amor.

O CONHECIMENTO DO OCULTISTA

O estudante de ocultismo aprende, pois, a despertar e treinar para uso científico os poderes latentes em si, e por eles se capacita a enxergar muito mais do real significado da vida do que o homem cuja visão seja limitada pelos sentidos físicos. Ele aprende que todo homem é, em essência, divino, uma verdadeira centelha do fogo de Deus, que gradualmente evolui para um futuro de glória e esplendor até culminar na união com Deus; que o método de seu progresso é por sucessivas descidas em corpos terrestres em busca de experiências e por internamentos em mundos ou planos invisíveis ao olho físico. Ele descobre que o seu progresso é regido por uma lei de eterna justiça, que dá a cada homem o fruto do que ele semeia: alegria para o bem e sofrimento para o mal.

Aprende também que o mundo é governado sob a soberania do Altíssimo, por uma Fraternidade de Adeptos que atingiram a divina união mas permanecem na terra para guiar a humanidade; que todas as grandes religiões do mundo foram fundadas por eles segundo as necessidades das raças a que se destinaram, e que dentro dessas religiões, têm havido escolas dos Mistérios para oferecer aos que estão preparados uma marcha mais acelerada de desenvolvimento, com conhecimentos e oportunidades maiores para servir, e que esta senda está dividida em etapas e graus: a

Senda Probatória, ou os Mistérios Menores, onde são preparados os candidatos para o discipulado, e a Senda Genuína, ou os Mistérios Maiores, em que na Grande Loja Branca são conferidas cinco grandes iniciações, que conduzem o discípulo da vida terrena para a vida do adepto de Deus, para tornar-se como se diz, "uma chama viva para a iluminação do mundo". Ele aprende que Deus, tanto no universo como no homem, se revela como uma trindade de sabedoria, força e beleza, e que estes três aspectos estão representados na Grande Loja Branca nas pessoas de seus três principais oficiais, através dos quais flui a poderosa energia de Deus para os homens.

OS ARQUIVOS OCULTOS

Ver-se-á que este conhecimento oculto não depende do estudo de livros e arquivos, tal qual as experiências dos místicos; ambos pertencem a uma Ordem superior de consciência, cuja existência não pode ser satisfatoriamente demonstrada no plano físico. Não obstante, o estudo dos arquivos do passado existentes no plano físico é valioso para confirmar as investigações históricas dos ocultistas treinados, capacitados para ler o que tem sido às vezes chamado de *registros akáshicos,* e desse modo adquirir um conhecimento exato do passado. Este assunto é tão pouco compreendido que talvez seja útil citar neste ponto algo extensamente útil, uma passagem do livro *Clarividência,* que escrevi há muitos anos:

> No plano mental (os arquivos) há dois aspectos bem diferentes. Quando o visitante desse plano não pensa de maneira alguma neles, tais arquivos formam simplesmente um *background* para tudo aquilo que ocorre, assim como os reflexos numa cristaleira no fundo de uma sala poderiam formar um fundo para a vida dos que nela se movimentam. Deve-se ter

sempre em mente que, nessas condições, são realmente meros reflexos da incessante atividade de uma grande consciência atuando num plano superior...

Mas se o investigador experimentado voltar sua atenção especialmente para uma cena, ou desejar evocá-la, opera-se imediatamente uma mudança extraordinária, pois sendo este o plano do pensamento em qualquer coisa é trazê-la instantaneamente diante do pensador. Se, por exemplo, alguém deseja ver o arquivo do desembarque de Júlio César na Inglaterra, transporta-se num instante para a praia entre os legionários, com toda a cena desenrolando-se ao seu redor, precisamente como a teria presenciado se estivesse presente naquela manhã outonal do ano de 55 a.C., o que ele observa é apenas um reflexo, os atores evidentemente ignoram sua presença e qualquer esforço seu não poderia mudar o curso da ação deles, exceto apenas que ele pode controlar o ritmo em que o drama se desenrola diante de seus olhos. Pode, em apenas uma hora, fazer repetir os acontecimentos desenvolvidos durante todo um ano, ou pode a qualquer momento deter o movimento todo e conservar qualquer cena particular ante a vista quanto tempo queira.

Em verdade ele observa não apenas o que teria visto se tivesse estado ali na ocasião, porém muito mais. Ele ouve e entende tudo o que as pessoas dizem, e se acha consciente de todos os seus pensamentos e intenções. Uma das mais interessantes das muitas possibilidades que se abrem diante de alguém que aprendeu a ler os arquivos, é o estudo do pensamento de idades remotas: o pensamento dos homens da caverna e dos habitantes dos lagos, bem como o pensamento que dominou as poderosas civilizações da Atlântida, Egito e Caldeia. Pode-se facilmente imaginar que esplêndidas possibilidades se abrem ante o homem na plena posse deste poder. Diante de si tem um campo de investigações históricas do mais penetrante interesse. Não só pode rever em seus lazeres toda a história com que estamos habituados, corrigindo, à medida que a examina, os muitos erros e deturpadas concepções introduzidas nos relatos chegados até nós. Pode também dispor à vontade toda a história do mundo desde o seu próprio início, observando o lento progresso do intelecto humano, a descida dos Senhores da Chama, e o crescimento das poderosas civilizações por eles fundadas.

Seu estudo também não se confina ao progresso da humanidade. Diante de si tem, como num museu, todas as estranhas formas animais e vegetais que ocuparam o palco nos dias em que o mundo era jovem. Pode acompanhar todas as maravilhosas mudanças geológicas ocorridas e observar o curso dos grandes cataclismos que alteraram toda a face da terra, uma após outra.

Num caso especial é possível mesmo uma simpatia mais íntima com o passado. Se no curso de suas sindicâncias presencia a uma cena em que tenha participado num nascimento anterior, pode encará-la de duas maneiras: pode observá-la pelo processo usual de um espectador (embora sempre — devemos honrá-lo — como um espectador cuja visão e simpatia estejam perfeitas) ou pode identificar-se de novo com aquela sua personalidade remotamente morta, retrocedendo até aquela longínqua vida, e experimentar novamente, de maneira absoluta, os pensamentos e as emoções, os prazeres e as dores de um passado pré-histórico.

À luz deste conhecimento oculto (que está ao alcance da visão interna), vê-se que a Maçonaria é muito maior e mais sagrada do que parecem seus iniciados geralmente compreender. Como a tradição tem sempre indicado, verificou-se ser ela descendente direta dos Mistérios do Egito, e seu propósito é ainda servir de portal para os verdadeiros Mistérios da Grande Loja Branca. Outrora o

Egito foi o coração daquela esplêndida fé, cuja sabedoria e poder constituíram a glória do mundo antigo e seus Mistérios foram o pai e protótipo das escolas secretas de outras nações circundantes. A Maçonaria oferece, pois, a seus iniciados, muito mais do que uma simples moralização de instrumentos de construção, e no entanto ela se "funda nos mais puros princípios de piedade e virtude", pois sem a prática da moralidade e a vivência da vida ética não é possível nenhum verdadeiro progresso espiritual.

As cerimônias da Franco-maçonaria (pelo menos as de seus graus superiores) são dramatizações, por assim dizer, de seções dos mundos invisíveis, através das quais deve o candidato passar após a morte, no curso normal da natureza, e nas quais deve penetrar plenamente consciente durante os ritos da iniciação aos verdadeiros Mistérios de que a Maçonaria é um reflexo. Cada grau se relaciona com um diferente plano da natureza, ou com um aspecto de um plano e corresponde às camadas sucessivas do significado aplicável à consciência do G.·. A.·. D.·. U.·., à constituição do universo e aos princípios do homem, segundo a lei oculta formulada por Hermes Trismegisto e adotada pelos rosacrucianos, alquimistas e estudantes da Cabala nos séculos posteriores: "Como em cima assim é embaixo". Os ritos maçônicos são, assim, ritos da Senda Probatória, visando ser uma preparação para a verdadeira iniciação, ser uma escola para treinar os irmãos para um maior conhecimento da Senda Genuína.

O PODER SACRAMENTAL

Para o estudante oculto, a Maçonaria possui também um outro aspecto, de importância capital sobre o qual escrevi em *A Vida Oculta na Maçonaria.* "Não é somente um sistema maravilhoso e intrincado de símbolos ocultos, que entesouram os segredos dos mundos invisíveis: possui igualmente um aspecto de suma beleza e alto valor, não apenas para os seus iniciados, mas para o mundo em geral. A execução do ritual de cada grau objetiva fazer descer o poder espiritual, primeiro para ajudar os irmãos a quem é conferido o grau para despertar dentro de si, o mais possível, o aspecto da consciência que corresponde ao simbolismo do grau; segundo, para ajudar a evolução dos membros presentes; e terceiro e o mais importante de todos, para esparzir uma corrente de poder espiritual com o propósito de elevar, fortalecer e encorajar todos os membros da oficina."

Há alguns anos empreendi uma investigação no interior dos sacramentos da Igreja Católica, e publiquei os resultados dessa investigação num livro intitulado *The Science of the Sacraments.* Os que o tiverem lido se lembrarão de que o objetivo precípuo da celebração da Santa Eucaristia e de outros serviços da Igreja é distribuir forças espirituais e de que tal se consegue pela invocação de um anjo para construir um templo espiritual nos mundos internos, com a ajuda das energias geradas pelo amor e devoção dos fiéis, e carregando esse templo do enorme poder atraído na consagração dos Elementos Sagrados. Durante as cerimonias executadas pela Loja maçônica, obtêm-se resultados semelhantes, embora o plano não seja exatamente o mesmo. Cada um de nossos rituais, se regularmente conduzido, como que constrói um templo nos mundos internos, através do qual se acumula e irradia o poder espiritual atraído na iniciação do candidato. Assim, tanto no sentido sacramental como no místico, se encara a Maçonaria como "uma arte de construção espiritualizada", e cada Loja maçônica deve ser um canal de não menor categoria para espalhar a bênção espiritual sobre o distrito em que ela trabalha.

Certas ordens e ritos que outrora foram canais de grandes forças têm às vezes admitido, como há poucos anos, irmãos menos dignos do que seus predecessores, e que, por isso, mais se preocupavam com ganhar vantagens pessoais que servir ao mundo. Em tais casos, os poderes espirituais associados com esses graus foram ou totalmente retirados pelo C. D. T. O. V. M.,* para serem introduzidos mais tarde em algum outro grupo mais competente, ou deixados temporariamente adormecidos até que se encontrassem candidatos mais adequados para conservá-los condignamente. Neste caso, a simples sucessão herda e transmite, por assim dizer, apenas as sementes do poder, permanecendo este expectante.

Por outro lado, houve casos em que determinado rito ou grau foi manufaturado por um estudante desejoso de apresentar alguma grande verdade sob forma de cerimônia, mas que pouco conhecia de todo este lado interno da Maçonaria. Se tal grau ou rito estivesse prestando serviço e atraindo candidatos, eram introduzidos, às vezes, nesse rito ou graus, os poderes sacramentais apropriados, ou por algum irmão do plano físico que possuísse uma das linhas de sucessão anteriormente mencionadas, que então era adaptada pelo C. D. T. O. V. M. ao trabalho, ou por uma direta interferência hiperfísica.

Demais, mesmo num rito que seja plenamente válido, o efeito interno de determinado grau pode variar enormemente de acordo com o progresso e atitude geral do irmão a quem seja conferido. De sorte que num caso, digamos o grau 33, conferiria um poder espiritual extraordinário e num outro, menos digno, os poderes conferidos seriam muito menores, por causa da incapacidade do candidato de corresponder-lhes. Em tais casos se manifestará um grau cada vez mais pleno de poder, na proporção do progresso feito no desenvolvimento do caráter. Parece haver também a possibilidade de ser o poder retirado temporariamente nos casos de má conduta do irmão, e de ser-lhe restituído mais tarde, cessada essa irregularidade.

Tudo isso pode parecer um tanto confuso para o estudante do lado formal da Maçonaria, e, efetivamente, no plano físico

* Veja-se *A Vida Oculta na Maçonaria*, pp. 24 e 29-30.

são escassos os meios para julgar o efeito interno de determinado grau sem referência aos que trabalhem com ele. De maneira geral, pode-se, todavia, dizer que as principais linhas da tradição maçônica, isto é, aquelas que são do mais alto valor interno ou espiritual, são os graus operativos, aos quais todos os demais graus estão superpostos, os graus Marco e Arco, e os principais graus do Rito Escocês Antigo e Aceito, o 18°, o 30° e 33°. Os demais graus com que se trabalha têm seus poderes peculiares, que são frequentemente valiosos; porém, os graus anteriormente citados são os que o C. D. T. O. V. M. considera do mais alto valor para a nossa presente geração, e são com esses, por isso, que trabalha presentemente a Ordem Comaçônica. Uma outra linha de grande interesse, conquanto muito diferente de quaisquer outros graus existentes entre nós, é a dos ritos de Mênfis e Mizraim, que em seus poderes ocultos, embora não em suas formas, são relíquias dos talvez mais antigos Mistérios existentes na terra. Estes terão também seu papel a desempenhar no futuro, como no passado, e por isso têm sido preservados e transmitidos até nossos dias presentes.

A FORMA E A VIDA

Em todos os casos temos de compreender que a forma dos graus maçônicos e a sua vida são duas coisas muito diferentes, embora, sem dúvida, integrantes de um sistema perfeito, tal como integraram o dos antigos Mistérios no pináculo de sua glória. A Maçonaria se acha ainda numa fase transitória e mal acaba de emergir da ignorância da Idade Negra. Os ritos de Mênfis e Mizraim são um exemplo desta discrepância. Estes sistemas colossais de graus 96 e 90, respectivamente, corporificam uma massa de cerimônias artificialmente manufaturadas, de pouca valia para o estudante maçônico, a não ser como registro da invenção maçônica do alto grau na França, no final do século XVIII. A maioria dos graus tem pouco poder oculto, e foram simplesmente insertados nos ritos por irmãos que nada teriam conhecido acerca dos reais propósitos da Maçonaria. Mas concomitantemente a esses ritos e completamente independente do lado formal da tradição, tem-se transmitido uma linha de sucessão derivada de um passado ainda mais antigo do que o do próprio Rito Escocês. Mesmo no Rito Escocês, muitos dos graus intermediários têm pouco valor oculto.

Para esclarecer a situação deve-se procurar compreender que o plano da Maçonaria está nas mãos do C. D. T. O. V. M., que administra Sua poderosa Ordem com perfeita justiça e extraordinária habilidade, de modo que tudo o que é possível fazer é feito para o máximo benefício de todos. Os poderes por trás da Franco-maçonaria são grandes e sagrados, e não deixa de ser justo que sejam conferidos em sua plenitude somente àqueles que estejam dispostos a usá-los como cumpre e os tratem com a reverência que merecem. No fundo há sempre uma grande e gloriosa realidade, sempre impelindo à realização e empregando quaisquer canais adequados à sua manifestação. O que puder ser utilizado, o é sempre na máxima extensão, e ninguém receie ficar esquecido. Todavia é óbvio que onde quer que os irmãos cogitem mais em satisfazer sua vaidade do que o Trabalho Interno, onde quer que desperdicem seu tempo em banquetes e galhofas e encurtem o sagrado ritual para poderem transferir-se o mais rapidamente possível para o Sul, são canais menos dignos da Divina Glória do que os irmãos mais espirituais ansiosos por estudar e compreender. O C. D. T. O. V. M. vigia a todo o tempo; Ele nota o mais leve esforço feito pelos artífices para servir, e verte Seu maravilhoso poder na exata medida em que os irmãos se façam dignos de recebê-lo.

ORTODOXIA E HERESIA

Outro ponto que surge em conexão com a transmissão de graus maçônicos será desenvolvido mais plenamente nas páginas seguintes. Cabe-nos compreender que no ritual maçônico não há ortodoxia, nem heresias e cismas; há, antes, tantas linhas de tradição do aspecto formal quantos são os tipos de sucessão no poder interno. Os Mistérios que atuaram nos diferentes países da Antiguidade variam consideravelmente nos detalhes de sua forma e lenda, e nos vários trabalhos em uso atualmente entre nós subsistem vestígios dessas diferenças. Através dos séculos, muitas correntes igualmente válidas se cruzaram e recruzaram reciprocamente, e mutuamente se influenciaram em grau maior ou menor. A posição em que se sentam os oficiais principais de uma Loja operativa, por exemplo, diferem na Maçonaria Continental e Inglesa. A Maçonaria Inglesa segue o antigo método egípcio, ao passo que a Maçonaria Continental segue o plano caldeu e faz os oficiais sentarem-se numa disposição de um triângulo isósceles.

Os poderes de sucessão dos Ms. I. nestes dois sistemas são em essência os mesmos, mas desde que nas Lojas Continentais a cerimônia da Instalação está reduzida ao mais simples vestígio, à transmissão atual dos graus é conferido apenas o mínimo de poder necessário, e muito menos se faz ali pelo V. M. do que no plano inglês. Mas esta é uma questão mais de imperfeição da forma do que de ausência de poder. Os poderes espirituais ocultos da Maçonaria operam através das diferentes formas, segundo o valor da forma e a vontade velada do C. D. T. O. V. M., que é o único juiz da diferença muito controversa entre o que seja Maçonaria genuína e espúria. À luz deste conceito acerca da sucessão maçônica, se verificará que os ritos genuínos são aqueles que possuem e transmitem poder espiritual; que Maçonaria espúria é a atuação de uma forma da qual por este ou aquele motivo, foi retirada a vida, ou a qual nunca tenha existido.

Nos capítulos subsequentes procurarei traçar a descendência da tradição maçônica desde os Mistérios Egípcios até os dias presentes. Não será de nenhuma maneira uma tentativa para delinear cada elo separado na cadeia de sucessão, pois tal empreendimento exigiria toda uma existência e não seria de grande utilidade para o estudante. Será, antes, uma referência a períodos importantes da história maçônica, desvendados por minha visão interna e confirmados pelos tratados de escritores maçônicos.

2. Os Mistérios Egípcios

A MENSAGEM DO INSTRUTOR DO MUNDO

Em *A Vida Oculta na Maçonaria* descrevi, de modo relativamente extenso, a forma e o significado da Franco-maçonaria, tal qual a conheci há cerca de seis mil anos, no Egito. Essa forma foi em grande parte devida ao aparecimento do Instrutor do Mundo entre os egípcios, cerca de 40.000 a.C., quando ensinou-lhes a doutrina da Luz Oculta. Talvez convenha esboçar resumidamente a história da nação egípcia desde aquele período até 13.500 a.C., pelo qual iniciei o livro anterior.

A história autêntica do Egito, tal qual a determinam os modernos estudiosos, começa com a Primeira Dinastia, que foi fundada por Menes ou Manu em 3.000 a.C. (as datas divergem). Considera-se que as pirâmides de Gizé, que tão notável papel desempenharam no lado interno do culto egípcio, foram construídas pelos reis da Quarta Dinastia, Khufu (Quéops), Khafra (Quéfren) e Mencaura (Miquerinos), durante o terceiro milênio a.C. Mas a história interna do Egito e de suas pirâmides se estende muito além dessa época, até idades sobre as quais a própria tradição quase silencia. Entretanto, nos mitos egípcios e gregos dos deuses e semideuses que se diz haverem reinado antes do advento de Manu, aparecem ecos dos reinados dos Reis Divinos das Dinastias Atlântidas, que durante muitos milhares de anos governaram o Egito.

Segundo Maneto, historiador egípcio do período plotomaico, cujas obras se acham agora perdidas (exceto certos fragmentos preservados em citações), os deuses e semideuses reinaram durante 12.843 anos. Depois deles vieram os *Nekyes* ou *Manes*, que se relata haverem reinado durante 5.813 anos. Alguns destes talvez possam ser identificados com os *Shemsu-Heru*, ou Seguidores de Hórus, frequentemente citados nos textos egípcios.* Diodoro Sículo, que visitou o Egito pelo ano de 57 a.C., conta-nos que era crença tradicional de que os deuses e heróis haviam reinado no Egito durante pouco menos de dezoito mil anos antes da época de Mena.** O livro *Man: Whence, How and Whither**** faz-nos penetrar muito mais no passado e nos apresenta os fatos seguintes:

A conquista atlanteana do Egito ocorreu há mais de cento e cinquenta mil anos. O primeiro grande império egípcio durou até a catástrofe de 75.025 a.C., quando as duas grandes ilhas de Ruta e Daitya ficaram submersas pelo oceano, permanecendo somente a ilha de Possidônia.**** Foi durante a dominação daquele império que se construíram as três pirâmides, com base nas leis matemáticas dos sacerdotes atlantes;***** e é também nesta época que devemos procurar a origem daqueles Mistérios que chegaram até nós nas cerimônias da Franco-maçonaria. Mesmo então as cerimônias eram antigas, e sua última fonte temos que investigar num passado ainda mais remoto.

A grande catástrofe inundou toda a nação egípcia, e nada subsistiu de toda a sua glória, a não ser as três pirâmides esgueirando-

* Sir E. A. Wallis Budee. *The Nile*, p. 26.

** Diodoro Síc., *Hist.*, Book I, XLIV.

*** *O Homem: Donde e Como Veio e Para Onde Vai?* de C. W. Leadbeater e Annie Besant.

**** *Op. cit.*, pp. 119 e 132, e *The Story of Atlantis*, de Scott Elliott.

***** Veja-se *A Vida Oculta na Maçonaria*, p. 59.

-se acima das águas.* Depois disto, quando os pântanos se tornaram habitáveis, veio uma dominação negroide, e então o país foi novamente colonizado pelos atlantes, que restauraram o esplendor dos templos egípcios e estabeleceram uma vez mais os Mistérios ocultos que haviam sido celebrados na grande pirâmide. Este império durou até a época da arianização do Egito, 13.500 a.C., e foi dirigido por uma grande dinastia de reis divinos, entre os quais estiveram muitos dos heróis que posteriormente os gregos tiveram por semideuses, como Hércules das doze façanhas, cuja tradição chegou até as épocas clássicas.

Foi este povo que, cerca de 40.000 anos a.C., o Instrutor do Mundo visitou, vindo da Loja Branca, sob o nome de Tehuti ou Tot, mais tarde chamado Hermes pelos gregos. Ele fundou o culto externo dos Deuses egípcios e restaurou os Mistérios com o mesmo esplendor dos dias remotos.

> Ele veio ensinar a sábia doutrina da "Luz Interna" aos sacerdotes dos Templos, que formavam a poderosa hierarquia sacerdotal do Egito, chefiada pelo seu Faraó. No recinto interno do seu Templo principal ensinou-lhes "a luz que ilumina todo homem que vem ao mundo". Esta frase de Hermes se foi transmitindo de idade em idade, e ecoa no quarto Evangelho com suas primitivas palavras de colorido egípcio. Ele lhes ensinou a universalidade da Luz, e que essa Luz, que era Deus, morava no coração de todos os homens: "Eu sou essa Luz", e os fazia repetir: "Essa Luz sou eu". Essa Luz é o verdadeiro homem, ainda que os homens não a reconheçam e a menosprezem. Osíris é Luz; Ele veio da Luz; Ele mora na Luz; Ele é a Luz. A Luz está oculta em todas as partes; está em todas as rochas e em todas as pedras. Quando um ho-

* *O Homem: Donde e Como Veio e Para Onde Vai?,* pp. 242 e 283 da ed. inglesa.

mem se identifica com Osíris, que é a Luz, identifica-se também com o todo de que era uma parte, e então vê a Luz em todos os seres, por mais densamente velada, oprimida e fechada que esteja. Tudo o mais não é; mas a Luz é. A Luz é a vida dos homens. Ainda que os sacerdotes celebrem gloriosas cerimônias e tenham muitos deveres a cumprir e por muitos meios possam auxiliar os homens, aquela Luz está mais próxima que tudo o mais do coração do homem. Porque a realidade está mais próxima do homem do que qualquer cerimônia, pois basta ele contemplar o seu interior para ver a Luz. Tal é o objetivo de toda a cerimônia, e as cerimônias não devem ser suprimidas, pois não venho destruir mas completar. O homem de conhecimento transcende a cerimônia, vai a Osíris, vai à Luz, a Luz de Amon-Rá, de quem tudo procede e a quem tudo retornará.

Osíris está nos céus, mas também está no coração dos homens. Quando o Osíris do coração conhece o Osíris dos céus, o homem se converte em Deus, e Osíris, antes mutilado em fragmentos, recupera a sua integridade. Mas vede! Osíris, o Divino Espírito, e Ísis, a Divina Mãe, dão vida a Hórus, que é homem, o homem nascido de ambos e contudo uno com Osíris. Em Osíris se submerge Hórus, e Ísis, que havia sido matéria, se torna, por meio dele a rainha da vida e da sabedoria. E Osíris, Ísis e Hórus são todos nascidos da Luz.

"Dois são os nascimentos de Hórus. Ele, o Deus sob forma humana, nasceu de Ísis, tomando carne da mãe eterna, a matéria, a perpétua virgem. Ele também nasceu em Osíris, para redimir sua mãe da prolongada procura dos fragmentos de seu esposo espalhados pela terra. Ele nasce em Osíris quando o Osíris do coração vê o Osíris dos céus e reconhece que ambos são um só."

Assim Ele ensinou, e se regozijaram os sábios entre os sacerdotes.

Ao Faraó, o rei, ele deu este lema: "Busca a Luz", dizendo que somente poderia governar bem o monarca que visse a Luz no coração de todos os seres. E ao povo deu este lema: "Tu és a Luz. Deixa essa Luz brilhar". E Ele inscreveu esse lema ao redor do pilono de um grande Templo, de modo que subia por uma coluna, percorria a travessa e descia pela outra coluna. Também se inscreveu esse lema sobre as portas das casas, e do pilono em que estava inscrito se extraíam pequenos modelos em metais preciosos e também de cerâmica azul atravessada de veios escuros, para que até os paupérrimos pudessem comprá-los. Outro lema predileto foi: "Segui a Luz" que se traduziu mais tarde por "Segui o Rei", e sob esta forma se espalhou pelo Ocidente e se tornou o lema da Távola Redonda. E o povo costumava dizer de seus mortos: "Foi-se para a Luz".

E a alegre civilização do Egito se fez mais alegre, porque Tor, a encarnação da Luz, havia morado entre eles. Os sacerdotes a quem ensinara, transmitiram Seus ensinos e instruções secretas envoltas em seus mistérios. E de todos os países vieram estudantes aprender a "sabedoria dos egípcios", cujas escolas se tornaram famosas no mundo inteiro.*

OS DEUSES DO EGITO

Veremos pelo relato anterior que o povo já se achava familiarizado com as divindades, antes, com as formas divinas de Osíris, Ísis e Hórus, e a tarefa do Instrutor do Mundo consistiu em chamar-lhes a atenção para o verdadeiro significado dessas três pessoas. Ignoramos em que época foi ali introduzido o conhecimento desses três aspectos de Deus, mas na ocasião de nossa experiência tinham seus lugares na simbologia dos Mistérios.

* *O Homem: Donde e Como Veio e Para Onde Vai?*, pp. 284-7 da ed. inglesa.

ÍSIS E OSÍRIS

Ísis, a quem estavam adstritos os Mistérios Menores, não era apenas o princípio feminino expresso na natureza mas também um Ser real e muito elevado, tal como Cristo, que é a Vida universal, o segundo Logos, e também um alto oficial da hierarquia oculta. Em virtude de seu alto desenvolvimento e cargo, Ísis podia representar o aspecto feminino da divindade para o homem. Era a mãe de todos os seres, e a sabedoria, verdade e poder; em Seu templo em Sais havia a seguinte inscrição: "Eu sou aquilo que é, que foi e que será, e jamais ninguém levantou o véu que oculta minha divindade de olhos mortais".* A lua era bem Seu símbolo. E a influência que ela vertia sobre seus adoradores acompanhados da música do sistro, era de brilhante luz azul com delicados veios prateados, como se fossem trêmulas colunas de luz lunar, cujo contato provocava elevação e êxtase.

Osíris era um poderoso espírito planetário corporificando Deus, o Pai. Seu símbolo era o sol; sua influência, que vertia, era uma deslumbrante glória de luz jorrada como um jato de ouro, semelhante aos raios solares projetados na superfície de um lago. A influência de Hórus, que representava a divina criança, era o abrasante rosa e ouro do eterno amor, que é perfeita sabedoria.

DIVINDADES ANIMAIS

Os egípcios também seguiram a antiga prática de considerar certos animais como reflexos de vários aspectos do divino, por causa de suas qualidades proeminentes. Assim tomavam a inteligência do macaco, a aguda vista do falcão, a força do touro etc., e atribuíam essa qualidade a algum aspecto particular da divinda-

* Plutarco, *Moralia; De Iside et Osiride.*

de. Tratavam cuidadosamente de certos animais como perfeitos representantes de suas espécies e os reservavam como símbolos daquelas divinas qualidades. Tais foram os touros Ápis, e os gatos Bast e Pasht. Estes animais eram tidos não exatamente como sagrados, mas como exemplares concretos de qualidades. No começo, a criatura era um mero símbolo, porém posteriormente os egípcios alimentaram a crença de que os animais especialmente reservados ligavam-se à deidade, passando assim a ser, de certa forma, uma manifestação da divindade. Começaram a embalsamar os animais e a erguer múmias em seus templos, com a intenção de perpetuar a influência divina.

A PRÁTICA DO EMBALSAMAMENTO

Da mesma maneira que o Faraó era embalsamado com a ideia de seu poder, sua ligação com a divindade que, devido à sua posição de Faraó, devia ser muito íntima, deveria ser conservada e continuaria a irradiar enquanto perdurasse o corpo. Isto se assemelhava ao costume posterior de se preservarem as relíquias de um santo. O ardente amor que nutriam os egípcios por seu país era outro motivo para embalsamarem seus mortos; esperavam com isso preservar uma ligação com o plano físico, que operaria no sentido de atraí-los para renascer entre seus concidadãos. Que isto ocorreu em muitos casos parece um fato, embora indubitavelmente, a vontade do ego reencarnante teria sido suficiente para conseguir idêntico resultado. Esse costume não era totalmente bom, pois o corpo de um indivíduo de má conduta embalsamado, lhe acresceria um poder adicional depois da morte, que o capacitaria a materializar-se mais facilmente e a operar no plano físico por processos indesejáveis. No conjunto, é uma felicidade que tal prática não tenha persistido.

OUTRAS DIVINDADES

No antigo Egito se reverenciavam muitas outras divindades, da mesma maneira como na Índia se adoram hoje numerosos deuses, e em ambos os casos a devoção dirigida ao Supremo obtinha sua resposta através do canal particular escolhido pelo devoto. Indicavam-se grandes anjos de diferentes ordens e raios para representarem estas várias qualidades da divindade, e que foram adorados como deuses nas crenças mais antigas. Mas tão estreita é a união nestes casos que a devoção tributada a um deles o era ao mesmo tempo ao próprio Deus. Sri Krishna, falando em nome do Supremo no *Bhagavad-Gita,* diz: "Mesmo aqueles que adoram outros deuses, com devoção e cheios de fé, também me adoram".*

Onde quer que se ofereça devoção através de uma forma particular, podemos estar certos de que atrás dessa forma, está uma inteligência que age como mediadora ou canal entre o suplicante e a Divindade Superior. Hathor, por exemplo, era a deusa do amor e da beleza, ao passo que, conforme vimos, Ísis era a rainha da verdade e a mãe de todas as coisas; contudo, ambas representavam o aspecto feminino da divindade, tal como Néftis. Ptá era o mestre arquiteto do universo, o Espírito Santo que é o fogo criador de Deus; era o metalúrgico celestial, o principal soldado, fundidor e escultor dos Deuses, o hábil artífice que delineava todas as peças da estrutura do mundo.**

OS IRMÃOS DE HÓRUS

Entre as outras deidades especialmente ligadas aos Mistérios, que ainda desempenham papel importante no trabalho interno de nossas cerimônias maçônicas atuais, encontraram-se os quatro fi-

* *Op. cit.*, Cap. IX, p. 23.

** Sir E. A. Wallis Budge, *The Papyrus of Ani,* p. 170.

lhos ou irmãos de Hórus, que estão pintados na conhecida cena do julgamento, de pé sobre uma flor-de-lótus, diante do trono de Osíris. Essas deidades representam os deuses dos quatro quadrantes, ou pontos cardeais, que sustentam a abóbada celeste em seus quatro ângulos. O Deus do norte era Hâpi, de cabeça de macaco; o Deus do oriente era Tuamutef, cuja cabeça era de chacal; Anser ou Kestha governava o sul, e sua cabeça era a de um homem; ao passo que no ocidente imperava Quebsenuf, com cabeça de falcão.*

A verdade encoberta por estas estranhas deidades assumem profundo interesse se examinadas pela visão interna, pois são os mesmos quatro Devarajas da Índia: os reis dos elementos terra, ar, fogo e água, que igualmente presidem os pontos cardeais. Correspondem também ao querubim descrito por Ezequiel, e às quatro bestas do Apocalipse. Eis o que diz são João a seu respeito:

> E no meio do trono, e ao redor do trono, quatro animais, cheios de olhos, por diante e por detrás. O primeiro animal era semelhante a um leão, e o segundo animal semelhante a um bezerro, e tinha o terceiro animal, o rosto como de homem, e o quarto animal era semelhante a uma águia voando. E os quatro animais tinham, cada um de per se, seis asas e ao redor, e por dentro, estavam cheios de olhos; e não descansam nem de dia nem de noite, dizendo: Santo, Santo, Santo é o Senhor Deus, o Todo-Poderoso, que era, que é, e que há de vir.**

E Ezequiel as descreve algo diferentemente:

> Uniam-se as suas asas uma à outra; não se viravam quando andavam; cada qual andava diante do seu rosto. E a semelhança dos seus rostos era como o rosto de homem; e à mão direita todos os quatro tinham rosto de leão, e à mão esquer-

* Sir E. A. Wallis Budge, *The Nile,* p. 267; *Egyptian Ideas of the Future Life,* p. 107.

** *Apoc.*, Cap. IV, p. 6-8.

> da todos os quatro tinham rosto de boi; e também rosto de águia todos os quatro. E, quanto à semelhança dos animais, o seu parecer era como brasas de fogo ardentes, como uma aparência de tochas; o fogo corria por entre os animais, e o fogo resplandecia, e do fogo saíam relâmpagos. E vi os animais; e eis que havia uma roda na terra junto aos animais, para cada um dos seus quatro rostos. O aspecto das rodas, e a obra delas, era como cor de turquesa, e as quatro tinham uma mesma semelhança; e o seu aspecto, e a sua obra, era como se estivera uma roda no meio de *outra* roda. Andando elas, andavam pelos quatro lados deles; não se viravam quando andavam. Essas rodas eram tão altas, que metiam medo; e as quatro tinham as suas cambas cheias de olhos ao redor.*

Este simbolismo é estranho, mas tem seu significado, e o investigador que tiver o privilégio de ver os quatro, reconhecerá logo que são João e o profeta Ezequiel os viram também, por mais inadequadas que sejam as suas descrições. A besta com rosto de homem corresponde ao corpo físico (terra); o boi ou touro, como no caso do touro de Mitra e o touro Ápis, representa o corpo emocional ou astral (água); o leão simboliza a vontade ou aspecto mental (ar), e a águia alada se toma para indicar o lado espiritual da natureza humana (fogo). As formas egípcias diferem um pouco; mas os mesmos quatro elementos e seus governantes aparecem naquele antigo simbolismo, que efetivamente encontramos em todas as religiões. Existe um quadrifacial Brahma, como também o quádruplo Júpiter, que é aéreo, fulgurante, marinho e terrestre.

Isto leva-nos a descobrir a realidade por trás de todos estes símbolos, os quatro grandes governadores angélicos dos elementos, os administradores da grande lei, que são os deuses ou chefes das hierarquias de anjos da terra, água, ar e fogo. Constituem o místico quatro. Estão cheios de olhos internos, porque são os es-

* *Ezequiel*, I, 9, 10, 13, 15-18.

cribas, os arquivistas, os agentes dos Lipikas. Eles vigiam tudo o que acontece, tudo o que se faz, tudo o que se escreve, fala ou pensa em todos os mundos.

Na *Luz da Ásia* estão descritos como os governadores dos quatro pontos cardeais:

> ...os quatro regentes da Terra desceram
> Do Monte Sumeru; eles escreveram as ações dos homens! Em
> lâminas de bronze: O anjo do Oriente,
> Cujas hostes vestem argênteos mantos e usam
> Escudos de pérola; o anjo do Sul,
> Cujos ginetes, os Kumbhandas, cavalgavam corcéis azuis.
> Com broquéis de safira; o anjo do Oeste,
> Seguido dos Nagas, cavalgando rubros corcéis,
> Com broquéis de coral; o anjo do Norte,
> Cercado por seus Yakshas, todos de ouro,
> Em cavalos amarelos e sobraçando áureos broquéis.

Esta é uma descrição poética oriental, que, contudo, tem uma base definitiva. A forma de que se reveste é, por certo, meramente tradicional; mas sempre corresponde a um fato. Esses grandes seres estão rodeados de vastas hostes de anjos e assistentes, e em comunicação com eles, mas estes não assumem a forma de guarda de cavaleiros; no entanto, estão corretamente apresentadas as cores das hostes respectivas.

Esses quatro seres, muito estranhos e maravilhosos, não são exatamente anjos, no sentido comum do termo, embora sejam assim denominados. Abaixo deles existem hierarquias de anjos que executam sua vontade de acordo com a Lei, pois os quatro dirigem toda a tremenda máquina da justiça divina e é de suas mãos que depende a atuação da lei do carma. São às vezes referidos como sendo os supervisores que vigiam os portais e aferem o material destinado à construção do Templo sagrado.

A CONSAGRAÇÃO

Tais seres estão muito estreitamente ligados ao trabalho interno dos Mistérios e, consequentemente, com o da Maçonaria, derivado daquele. Representam as poderosas forças construtoras do universo, os poderes construtivos da natureza; e desde que em nossas Lojas nos achamos empenhados na construção de um universo em miniatura, são esses seres os invocados para auxiliar-nos em nosso trabalho. Esta invocação é feita na consagração de toda Loja, por pouco que saiba o moderno oficiante consagrador o que realiza realmente quando faz as tradicionais oferendas de trigo, vinho, óleo e sal, símbolos esses escolhidos desde tempos imemoriais para representar seus poderes específicos. Esta antiga parte do ritual, quando executada por um M. T. devidamente credenciado para consagrar uma Loja, produz estupendos resultados nos mundos internos, pois apela para os espíritos planetários presidentes das quatro linhas para reconhecer a nova Loja e dedicá-la ao serviço do G.·. A.·. D.·. U.·.

E o apelo é respondido. Quando o trigo é espalhado no norte, um grande anjo da terra, cor de ouro, desce majestosamente, acompanhado de seu séquito angélico, e deste séquito alguns são deixados no local para serem os canais do poder de sua hierarquia, toda a vez que for aberta a Loja na devida e antiga forma. O derrame do vinho no sul invoca o grande anjo azul da água, também assistido por outros anjos subalternos; similarmente, a oferenda do óleo no oeste apela para um poderoso anjo de ígneo carmesim, que verte na Loja o esplêndido poder rítmico do "mais terrível e amável" dos elementos. Quando o sal é esparzido no Oriente, do alto se projeta um anjo do ar, que com seus assistentes é de um maravilhoso matiz prateado todo salpicado de cor de madrepérola.

Esses quatro poderosos seres, representando os quatro deuses dos elementos, os quatro filhos ou irmãos de Hórus, consagram solenemente a Loja, interligando os irmãos numa íntima unidade nos mundos internos e enlaçando-os com os anjos de suas respectivas ordens, que atuarão como representantes dos quatro em todas as reuniões da Loja. A tradição desses quatro se transmitiu até os artífices operativos medievais e se misturam com a dos quatro Mártires Coroados, os santos patronos do ofício.

Permita-me uma advertência. Os irmãos que forem incumbidos de atuar como oficiantes consagradores, verificarão se é grão de trigo e não de milho o que lhes forneceram para a cerimônia. Certa vez, por engano, me foi fornecido milho (que na América se chama "indian corn") para tal cerimônia, e como não havia mais tempo para mandar buscar trigo, empreguei o que me ofereceram. O resultado não se fez esperar, pois veio uma nuvem de espíritos da natureza de tipo completamente diferente, que nada sabiam do serviço que se queria deles, e estavam inteiramente incapacitados para aquele. Tive que repetir essa parte da consagração, depois, com o material adequado.

O PROPÓSITO DOS MISTÉRIOS

Em *A Vida Oculta na Maçonaria* relatei resumidamente o propósito dos Mistérios.* Eu disse ali:

> Os Mistérios eram grandes instituições públicas, mantidas pelo Estado, centros de vida nacional e religiosa, a que acudiam aos milhares as pessoas das melhores categorias. Elas efetuavam bem o seu labor, pois os que ao fim de alguns anos haviam passado pelos diversos graus, chegavam a ser o que agora chamamos pessoas altamente educadas e cultas, a cujo conhecimento das coisas deste mundo se acrescentava uma

* *Op. cit.*, p. 35.

vívida compreensão das condições *post mortem*, do lugar do homem no plano do universo, e portanto, do que era realmente digno de se fazer e viver.

Não se deve, pois, supor que os Mistérios eram sociedades secretas, com todas as suas atividades deliberadamente veladas ao público. Ver-se-á que milhares de pessoas ingressaram nos graus comuns de Ísis. O ensino e o exercício dos graus internos superiores (como os denominamos) estavam certamente velados para os não interessados neles, isto é, que não se achavam suficientemente amadurecidos para participar deles. Mas o método de selecionar restringia-se ao adotado por uma universidade moderna, em que as aulas em que se ensinam, digamos, as seções cônicas, são vedadas às crianças que estão ainda aprendendo a aritmética simples.

No Egito todos sabiam da existência dos Mistérios, e praticamente todos sabiam que se relacionavam com a vida após a morte e com a preparação para tal. Todavia, este ensinamento era ministrado aos iniciados dos Mistérios mediante solenes e indissolúveis compromissos de sigilo, e lhes eram mostrados detalhadamente os resultados de certas linhas de atividade no mundo póstumo. O esboço essencial desta instrução secreta se achava incorporado nos rituais da iniciação, passagem e ascensão. Parte destes rituais chegou até nós nas cerimônias da Franco-maçonaria, que é ainda protegida por juramentos de sigilo como antigamente.

Todas as grandes nações tiveram os seus Mistérios, através dos quais os grandes instrutores da humanidade procuraram ensinar ao povo matérias de importância, inspirados pela Grande Loja Branca, que também está atrás de todas as religiões. Dentre estas, os Mistérios Egípcios ocuparam lugar proeminente nos povos ocidentais do mundo antigo, não só por causa de sua idade imemorial, como também pelo fato de que o Egito era um dos centros auxiliares da Loja Branca. A Grande Fraternidade Branca tem seu quartel-general na

Ásia Central, mas em várias épocas e com vários propósitos tem mantido Lojas subsidiárias em diferentes partes do mundo.

Muito deveu a grandeza do Egito através dos séculos à presença naquela nação deste centro oculto pertencente à Fraternidade Branca. Embora o fato de sua existência não fosse conhecido do mundo externo, aquela Loja dos verdadeiros Mistérios supervisionava todo o esquema da iniciação egípcia, e tornou-o o protótipo dos Mistérios de todas as nações circunvizinhas. O Egito foi, pois, o centro da iluminação espiritual para todo o mundo ocidental; todos os que buscavam as grandes iniciações eram atraídos para lá, e é este fato que explica a reverência tributada aos Mistérios Egípcios pelos gregos cultos, em épocas posteriores.

O centro principal para a execução pública destes Mistérios, era a grande pirâmide chamada Khut ("A Luz") no antigo Egito. Foi construída segundo os cálculos astronômicos e matemáticos os mais exatos, e serviu de verdadeira chave granítica para os enigmas do universo.*

Os iniciados dos Mistérios Egípcios se ocupavam simbolicamente da construção da pirâmide, tal qual em nossa moderna Maçonaria nos achamos ocupados na edificação do Templo do rei Salomão, pois ambas essas estruturas visam ser emblemas do processo construtivo da natureza. Nos salões inferiores da pirâmide (as câmaras subterrâneas mencionadas por Heródoto como contidas numa ilha, alimentada por um canal procedente do Nilo**) realizavam-se certas cerimônias dos Mistérios. Esses e outros salões no interior e vizinhos da grande pirâmide são ainda desconhecidos ao explorador, conquanto possam ser abertos "pelos passos próprios". Suas portas secretas giram em gonzos segundo um sistema combinado de contrapesos, e são movidas pisando-se em determinados pontos do pavimento e em certa ordem.

* Veja-se *A Vida Oculta na Maçonaria,* pp. 59-60.

** Heródoto, Book II, 124.

As cerimônias dos Mistérios tinham igualmente por escopo retratar a evolução superior do homem, seu retorno à fonte divina de onde veio por meio do desenvolvimento da parte superior de sua natureza, o que não se consegue apenas com a prática de meditação e cerimônias, e sim, muito mais vivendo os preceitos éticos que eram ensinados. Hoje em dia muitos imaginam que conhecemos as verdades éticas sem as havermos aprendido; mas não é assim. Parecem-nos muito naturais agora, mas há muito tempo eram descobrimentos ou revelações algo análogas às obtidas atualmente, por etapas, pelo progresso da ciência e da invenção.

Cada grau dos Mistérios se destinava a refletir uma ou outra das grandes iniciações da Loja Branca, de modo que os iniciados deste nível inferior pudessem preparar-se, por fim, para entrar na Senda da Santificação e assim se esforçar por sua integral união com Osíris, a Luz oculta. Quando passarmos a considerar estes graus, veremos como era graduado este ensinamento, e o modo como os iniciados suficientemente preparados estavam capacitados para obter o verdadeiro conhecimento que buscavam. O conjunto do esquema da iniciação oferecia um completo roteiro da evolução espiritual do homem, e competia ao candidato diligenciar-se individualmente para pôr em prática e tornar real em sua consciência aquilo que estava simbolizado no ritual.

OS GRAUS DOS MISTÉRIOS

Os Mistérios Egípcios se dividiam, como sempre, em duas seções principais: os Menores e os Maiores. Os Mistérios Menores estão em alguma extensão representados pelo que agora conhecemos como o primeiro grau da Maçonaria Operativa; ao passo que os Mistérios Maiores eram análogos ao que agora chamamos segundo e terceiro graus. Além destes havia uma cerimônia correspondente ao grau de M. I., em que a sucessão de poderes era guardada e transmitida de geração em geração; e ademais, em reserva, havia poderes espirituais ainda maiores, que eram indicados, e mesmo ministrados em certa proporção, nos graus superiores do Rito Escocês Antigo e Aceito. Atrás de todo o sistema da iniciação maçônica estava (e está) a própria Loja Branca, a qual confere as cinco grandes iniciações que conduzem à perfeição humana e à plena união com Deus.

1. OS MISTÉRIOS DE ÍSIS OU MENORES

Nos Mistérios Menores se ensinava ao iniciado o que existe no outro lado da morte; a cerimônia da iniciação era um quadro simbólico desse mundo intermediário não raro denominado plano astral. É a este grau que provavelmente se refere Apuleio, ao descrever os Mistérios de Ísis celebrados na Grécia durante o século II d.C., embora sua descrição seja de uma época em que haviam entrado em considerável decadência. Depois de mencionar várias purificações pelas quais passou, continua ele a relatar algo do que ocorreu em sua iniciação:

> Eis, afinal, chegado o dia em que se deveria fazer o sacrifício da dedicação. Na hora em que o sol se declinava e a noite caía, chegou em cada encosta uma multidão de sacerdotes, os quais, segundo o costume de sua antiga ordem, me ofereceram muitos presentes e dádivas. Depois se ordenou a todos os leigos e profanos que se retirassem, e quando sobre minhas costas puseram um manto de linho, o sacerdote tomou-me pela mão e conduziu-me ao mais secreto e sagrado lugar do templo. Talvez desejasse perguntar, estudioso leitor, o que se disse e fez ali. Sinceramente eu te diria se tal me fosse lícito; mas tanto os teus ouvidos como minha língua incorreriam por igual na pena de afoita curiosidade. Contudo não atormentarei muito minha

mente, que talvez seja um tanto religiosa e inclinada a alguma devoção; ouve, pois, e crê no que eu disser. Aproximei-me do inferno, até as portas mesmo de Prosérpina, e depois disso fui arrebatado, atravessando todos os elementos, e retornei ao meu lugar próprio. Pela meia-noite vi o sol brilhar esplendorosamente; vi também os deuses celestiais e os deuses infernais ante os quais me apresentei, e os adorei. Adverte agora que, ainda que eu te tenha dito estas coisas e as tenhas ouvido, é preciso ocultá-las; por isso também só te direi aquilo que se pode declarar sem ofender o entendimento do profano. Quando despontou a manhã e haviam terminado as cerimônias, eu me retirei santificado com doze estolas e vestido de um hábito religioso, de que não estou proibido de falar, considerando que muitas pessoas me viram na ocasião. Ordenaram-me que subisse a um púlpito de madeira, que permanecia no meio do templo, de frente para a imagem e relíquia da deusa. Minha vestimenta era de linho fino, coberto e debruado de flores. Dos meus ombros pendia uma preciosa capa de asperges, que caía para trás até o chão e na qual estavam esculpidos animais de diversas cores, como dragões indianos, grifos hiperbóreos, que a outra parte do mundo engendra em forma de aves. A esse hábito os sacerdotes chamam comumente uma estola olímpica. Na minha mão direita conduzia uma tocha, e sobre minha cabeça se achava uma grinalda de flores circundada de brancas folhas de palmeiras projetando-se como raios. Assim, estava eu adornado numa imitação de sol, e modelado numa imagem, quando as cortinas foram descerradas e todo o povo se aglomerou ao redor para contemplar-me. Depois este passou a celebrar solenemente a festa, a natividade de minha santa ordem, com banquetes suntuosos e manjares saborosos: o terceiro dia foi solenizado com cerimônias semelhantes, com uma ceia religiosa e a participação de toda a ordem dos adeptos.*

* Apud *Met.*, XI, 23 e 24; tr. William Adlington, 1566 d. C.

Também está escrito que Ísis disse durante a cerimônia:

> Eu sou a Natureza, a mãe de todas as coisas, a soberana dos elementos, a progênie primária do tempo.

As provas preliminares

Os segredos comunicados nos Mistérios foram respeitados e mantidos fielmente, não sendo acessíveis detalhes a seu respeito, embora acidentalmente encontremos veladas sugestões, que nos dão uma ligeira ideia de sua natureza. Existe um relato pitoresco sobre a preparação para recebê-los, apresentado em *Lexicon of Freemasonry* de Mackey, que, embora não pareça ser corroborado pelos escritos conservados por autores latinos e gregos, contém alguns fragmentos de verdade. Tomo a liberdade de condensá-lo assim:

> Durante alguns dias antes de sua iniciação esperava-se que o candidato se conservasse em perfeita castidade; se restringisse a uma ligeira dieta, com exclusão de todo alimento animal, e se purificasse com reiteradas abluções cerimoniais. Chegada a ocasião propícia, ele era conduzido à meia-noite até a entrada de uma galeria baixa, ao longo da qual tinha de engatinhar sobre as mãos e joelhos, até aproximar-se da abertura de um poço, onde o guia lhe indicava descer. Se demonstrasse a mais leve hesitação, era reconduzido ao mundo externo, para nunca mais candidatar-se à iniciação; se tentasse descer, o condutor lhe indicava uma escada oculta que lhe possibilitava descer com segurança. Depois penetravam numa galeria estreita e sinuosa, em cuja entrada havia esta inscrição: "O mortal que percorrer esta estrada sem hesitar nem olhar para trás, será purificado pelo fogo, pela água e pelo ar, e se puder superar o medo da morte, emergirá das entranhas da terra; tornará a visitar a luz e reivindicará o

direito de preparar sua alma para a recepção dos Mistérios da grande Deusa Ísis".

O condutor deixava então o aspirante, com a advertência de que o rodeavam e aguardavam muitos perigos, e com a exortação de que prosseguisse imperturbável. Pesadas portas se fechavam atrás dele, tornando-lhe impossível recuar. A seguir entrava num espaçoso salão, cheio de chamas, através das quais tinha que se precipitar com a maior rapidez. Mesmo depois de haver transposto esta ígnea fornalha, ele chegava a um outro salão cujo pavimento estava coberto por uma enorme grade de ferro rubro de quente, cujos intervalos entre as barras eram estreitíssimos. Vencida esta dificuldade, ele alcançava um canal largo de correnteza rápida, que tinha de atravessar nadando. Na outra margem deparava com um estreito desembarcadouro circunscrito por dois altos muros de cobre, cada qual com uma imensa roda do mesmo metal, e além deles se erguia uma porta de marfim. Não encontrava o candidato nenhum meio de abrir essa porta, mas de repente descobria duas grandes argolas, que erguia. Todavia, o único resultado obtido era fazer girar as rodas de bronze com um barulho ensurdecedor e fazer afundar a plataforma sobre a qual estava de pé. De sorte que ele permanecia suspenso pelas argolas sobre um abismo aparentemente insondável do qual soprava um vento frio que apagava a tênue chama de sua lamparina e o deixava imerso em profunda escuridão. Era deixado assim dependurado por curto tempo, porém logo cessava o barulho, a plataforma retornava à sua posição primitiva e a porta de marfim se abria. Por esta penetrava então num aposento feericamente iluminado, e ali deparava com um grande grupo de sacerdotes de Ísis, vestidos das insígnias místicas de seus ofícios, que lhe davam as boas-vindas e se congratulavam com ele. Nas paredes via os vários símbolos dos Mistérios Egípcios, cujos significados lhe eram explicados gradativamente.

Não se pode garantir todos os detalhes desse relato, mas é verdade que aos candidatos aos Mistérios internos são aplicados testes severos mais ou menos semelhantes aos anteriormente descritos. Nenhuma destas provas eram impostas ao homem que desejasse simplesmente fazer o curso ordinário de cultura intensiva. Ele podia passar pelos Mistérios Menores ou Maiores sem encontrar nada mais formidável do que um estudo árduo e prolongado. Nem mesmo sabia da existência de um outro estágio (ou melhor, de certo número de estágios) além daqueles, em que teria que enfrentar perigos astrais de natureza tão séria que se considerava necessário submeter o candidato a severas provas de sua coragem e autodomínio.

Nos primórdios dos Mistérios, os sacerdotes materializavam diante do candidato quadros vivos, de maneira a capacitá-lo a ver por si mesmo o que se passava no outro lado da morte. Em épocas posteriores, quando era menor o conhecimento possuído pelos hierofantes, eram-lhe apresentadas através de engenhosos ardis mecânicos, as realidades do mundo astral tanto quanto o permitiam tais recursos. Mais tarde ainda, os pontos característicos destes quadros eram reproduzidos num sistema de cerimônias simbólicas, cujo bosquejo principal chegou até nossos dias na cerimônia da iniciação maçônica, embora em algumas obediências restem apenas meros vestígios do processo original.

A linguagem do Mistério

Além da instrução sobre a vida póstuma (formulada em inúmeras historietas de indivíduos imaginários, para mostrar os resultados produzidos no mundo astral, depois da morte, por determinadas condutas durante a vida física), ministrava-se também um aprimorado curso de educação, que compreendia o que os maçons chamam as sete ciências e artes liberais: gramática, lógica, retórica, aritmética, geometria, música e astronomia. Por gramática os egípcios entendiam a escrita hieroglífica sagrada dos sacerdotes, que era ensinada a todos os iniciados nos Mistérios, mas também compreendia uma espécie de linguagem secreta, um idioma peculiar ao sacerdócio. Não que na linguagem secreta se usassem palavras diferentes, e sim, que as palavras familiares adquiriam diferentes significados. Os que tinham estudado as traduções dos textos egípcios, deverão ter notado quanto variam nas versões dos diferentes tradutores; e tenho às vezes me perguntado se isto não é de algum modo devido ao sistema de duplos significados.

No antigo Egito poderíamos conversar sobre os segredos da vida interna diante de multidões de pessoas, sem que estas nos entendessem. Possuíamos um vocabulário grande e completo das palavras significativas, de sorte que se poderia manter uma conversação inteira, aparentemente sobre assuntos cotidianos ordinários, mas versando realmente sobre os segredos dos Mistérios. Muita instrução era ministrada por este processo; um dos sacerdotes poderia fazer uma conferência ou palestra pública comportando dois significados inteiramente diferentes: um sobre ética e destinado a auxiliar pessoas não iniciadas, e outro esotérico, para os estudantes dos Mistérios. A lenda da Maçonaria possui uma linguagem universal, conhecida somente dos irmãos, que pode ser um eco da tradição desta linguagem antiga e secreta.

Essa linguagem secreta dos iniciados era também usada em inscrições, bem como nos papiros e pinturas murais hieroglíficas. Muitas das descrições, decantando as vitórias de algum poderoso Faraó, poderiam ser lidas num sentido interno, para desse modo transmitir instrução espiritual aos que houvessem aprendido o seu significado real. Isto é certamente verdadeiro em relação ao *Livro dos Mortos* que, quando traduzido por modernos eruditos, parece frequentemente ininteligível e mesmo grotesco. Contudo, na sua interpretação ensinada nos Mistérios, esses mesmos textos eram cheios de iluminação interna e propiciavam muitas informações acerca das realidades da vida e da morte.

Devemos talvez insistir que em tudo isto não havia o menor desejo da parte dos sacerdotes em ludibriar o povo, mas que sua intenção consistia simplesmente em dosar as instruções de acordo com as necessidades do ouvinte e resguardar importantes segredos àqueles que não estavam preparados para recebê-los. Pela mesma razão foram confundidas as disposições interiores da grande pirâmide. Algumas de suas passagens não são nunca utilizadas no plano da iniciação, sendo a passagem real acessível por processos totalmente diversos. Este estratagema foi ditado pela sabedoria. Não seria excelente se pudéssemos, na época atual, inventar meios de restringir o uso das novas descobertas científicas (utilizadas para prejudicar e destruir) apenas às pessoas que estivéssemos certos de utilizá-las em benefício da humanidade?

A dualidade de cada grau

Os Mistérios Menores ordinários (que se podem chamar o 1º grau) estavam praticamente abertos a todos os que procurassem admissão, com a condição de que fossem de boa conduta e razoavelmente inteligentes, de que fossem livres, e de que a seu favor se tivesse ouvido al.·. d.·. b.·. r.·.. Na ocasião devida passariam para os Mistérios Maiores (o 2º e 3º graus). Mas em cada um destes graus havia também Mistérios internos, como mencionei em relação às provas preliminares.

Os Mistérios internos de Ísis

Dentro e por trás dos Mistérios externos de Ísis existiam círculos internos de estudantes cuidadosamente selecionados pelos sacerdotes, cuja própria existência era mantida totalmente secreta, mesmo para a maioria dos próprios iniciados. Nesses círculos se ministrava a instrução oculta que habilitava o estudante a despertar e exercitar suas faculdades internas, de sorte que pudesse estudar de primeira mão as condições do plano astral, e assim conhecer por si o que não passava de teórico para a maioria dos irmãos. Era somente nesses círculos que se impunham ao candidato as rigorosas provas já parcialmente descritas, e ele era definitivamente preparado por instruções individuais e pessoais para os Mistérios Maiores e mais sagrados que se escondem atrás de todo o esquema da iniciação egípcia.

Do candidato a estas provas internas se requeria, após um banho preliminar (do qual derivou a ideia do batismo cristão), que se vestisse de roupa branca, como emblema da pureza que dele se esperava, antes de ser trazido a uma espécie de cova ou caverna, ante um conclave de sacerdotes-iniciados. Em primeiro lugar era formalmente experimentado quanto ao desenvolvimento de sua faculdade clarividente, sobre cujo despertar ele havia sido anteriormente instruído. Com este fim, tinha de ler uma inscrição num escudo de cobre, cuja superfície em branco lhe era apresentada à visão física. Depois o deixavam sozinho para passar por uma espécie de vigília. Haviam-lhe ensinado certos *mantras*, ou palavras de poder, consideradas adequadas para dominar certas categorias de entidades. E durante esta vigília eram projetadas diante dele certas aparições, algumas de natureza terrificante e outras de natureza sedutora, para que se pudesse observar se era perfeita a sua coragem e frieza. Ele expulsava todas estas aparições, uma a uma, cada qual com seu sinal e palavras específicas; mas, por fim, todas estas aparições combinadas se precipitavam sobre ele num só ímpeto, e em seu esforço final se lhe ensinava a empregar a potentíssima palavra de poder, mediante a qual se poderia vencer todos os males possíveis. Aos candidatos julgados aptos pelos sacerdotes, era ministrado um curso de instruções neste sentido, de sorte que no fim de seu treinamento se achassem satisfatoriamente versados no conhecimento do mundo astral, e capazes de manejar desembaraçadamente os poderes em sua consciência vígil.

2. OS MISTÉRIOS DE SERÁPIS

O segundo grau dos Mistérios Egípcios correspondia de certa forma estreitamente com o nosso grau de Companheiro. Chamavam-os os Mistérios Maiores, e em épocas posteriores, os Mistérios de Serápis. Praticamente Apuleio nada nos descreve sobre estes, limitando-se a dizer simplesmente ter passado de grau. Nos Mistérios Maiores ampliava-se e aprofundava-se a instrução científica e filosófica; aos estudantes se oferecia um curso mais adiantado de treinamento intelectual, que se poderia denominar uma pesquisa nas "sendas mais ocultas da natureza e da ciência". Ao mesmo tempo o estudo da vida póstuma abrangia o mundo-céu, a c.·. a do m.·.o em que todos devem receber seus salários pelos bons atos praticados na terra. Muito deste conhecimento do plano mental era ensinado nos Mistérios Maiores, da mesma forma que os fatos da vida astral haviam sido ensinados no primeiro grau, ou seja, pela representação e drama. O objetivo dos Mistérios de Serápis na vida do indivíduo iniciado era o domínio da mente* e o treinamento do corpo mental; e os poderes sacramentais invocados pelo cerimonial tinham por escopo acelerar o desenvolvimento mental.

O grau interno de Serápis

Por trás dos Mistérios externos deste grau havia também círculos secretos, completamente desconhecidos dos que não haviam completado o trabalho interno do primeiro grau. Nesses círculos internos ministrava-se instrução prática sobre o desenvolvimento do corpo mental e sobre o método de despertar a visão exata no plano mental, para que o estudante pudesse verificar por si os ensinamentos dos sacerdotes.

* Veja-se *A Vida Oculta na Maçonaria,* Cap. VII.

Em conexão com este grau seria talvez interessante mencionar que no Templo de Filas se representa o corpo de Osíris com espigas de trigo brotando dele; um sacerdote rega-as com água de um vaso seguro em uma das mãos. Uma inscrição declara que "esta é a forma d'Aquele que não podemos nomear, o Osíris dos Mistérios, que surgiu das águas revoltas";* este simbolismo se refere, entre outras coisas, ao aceleramento da vida interna, em resposta ao poder derramado do alto. O s.·.1 do grau se encontra com frequência em pinturas egípcias e corresponde exatamente ao usado entre os atuais artífices. Como no primeiro grau o discípulo permanecia nos Mistérios de Serápis uma média de sete anos, passado esse tempo eram considerados elegíveis para o terceiro grau os candidatos que houvessem passado por um exame muito mais rigoroso, e convencidos os hierofantes de que estavam preparados para receber mais ensinamentos.

3. OS MISTÉRIOS DE OSÍRIS

No Egito o terceiro grau era chamado os Mistérios de Osíris; corresponde ao grau de M. M. em nosso moderno sistema operativo. Apuleio define Osíris como: "O mais poderoso Deus dos grandes Deuses, o maior dentre os maiores, o máximo dentre os máximos, e o governador dos máximos".** No ritual egípcio, que era muito mais completo e expressivo do que a história tradicional conservada na Maçonaria moderna, o candidato tinha que passar por uma representação simbólica do sofrimento, morte e ressurreição de Osíris. Aquele ritual incluía as experiências do candidato entre a sua morte e ressurreição, quando ele penetrava no mundo de Amenta e se tornava o juiz dos mortos, o qual tinha de decidir qual

* Cheetham, *The Mysteries, Pagan and Christian,* p. 53.
** Apud *Met.,* Book XI, 30.

a medida de felicidade que merecia cada alma e de fazer voltar à encarnação terrestre aquelas que necessitavam prosseguir a evolução humana. A lenda da morte e ressurreição de Osíris era bem conhecida de toda a população egípcia, tanto de iniciados como de profanos. Ali se realizavam pomposas cerimônias públicas da Páscoa dos países católicos, e eram esses acontecimentos místicos celebrados com o máximo esplendor e ardente devoção do povo.

A lenda de Osíris não se encontra exposta de maneira concatenada na literatura egípcia, mas em textos de todos os períodos históricos, sua vida, sofrimentos e ressurreição eram aceitos como fatos universalmente admitidos.* Entretanto, parece que naquela remota época não era lícito falar-se detalhadamente de tradições, pelo menos a estranhos. Tal é o que se infere de Heródoto:

> Em Sais existe também o sepulcro d'Aquele que reputo irreverente mencionar aqui, em conexão com tal assunto. Acha-se no templo de Atena (Ísis), atrás do santuário dessa deusa e encostado longitudinalmente à sua parede. No claustro sagrado se erguem enormes obeliscos de alvenaria, perto dos quais se acha um lindo lago circular, ornado de friso de pedra e cujo tamanho pareceu-me igual ao de Delos, denominado "Lagoa Redonda". Nesse lago os egípcios costumam representar, à noite, o drama dos seus sofrimentos, sob a denominação de Mistérios. Conheço muitos pormenores dessa representação, mas sobre eles silenciarei.**

No mesmo tom escreve Diodoro:

> Primitivamente obedientes à tradição recebida, os sacerdotes mantinham em segredo a maneira como se deu a morte de

* Sir E. A. Wallis Budge, *The Papyrus of Ani*, p. 53.
** Heródoto, Book I, 170 e 171.

Osíris; mas, posteriormente, devido à indiscrição de alguns, aquilo que havia sido mantido em segredo entre poucos, pelo seu silêncio, foi amplamente divulgado entre muitos.*

A lenda de Osíris

Em seu tratado *De Iside et Osiride*, escrito em grego, pela metade do primeiro século de nossa era, é Plutarco quem nos apresenta a melhor descrição dessa lenda, em grande parte apoiada pelos textos hieroglíficos decifrados por peritos. Pode-se resumi-la brevemente como se segue:

> Osíris foi um sábio rei do Egito, que se dedicou a civilizar o povo o a redimi-lo de seu primitivo estado de barbarismo. Ensinou-lhe o cultivo da terra, ministrou-lhe um corpo de lei e instruiu-o no culto aos Deuses. Havendo feito a prosperidade de sua nação, dedicou-se a transmitir os mesmos ensinamentos a outras nações do mundo. Na sua ausência, a nação egípcia foi tão bem governada por sua esposa, Ísis, que seu ciumento irmão Tifão — (Set), a personificação do mal, como Osíris era a personificação do bem— não pôde fazer nenhum dano ao seu reino. Mas no regresso de Osíris para o Egito, Tifão tramou uma conspiração contra ele, persuadindo 72 outras pessoas a aderir à sua má iniciativa, juntamente com uma certa rainha da Etiópia, chamada Aso, que aconteceu achar-se no Egito naquela ocasião. Tifão mediu secretamente o corpo de Osíris, e mandou fazer um belo caixão exatamente com a mesma medida. Ele trouxe esse caixão para o seu salão de banquetes, onde Osíris estava presente como convidado, e prometeu, num estilo de brincadeira, presenteá-lo àquele cujo corpo se ajustasse ao caixão.

* Diodoro Síc., *Hist.*, Book II, XXI.

Todos os convivas presentes à festa fizeram a experiência, mas nenhum deles correspondeu à medida, e então Osíris, por fim, se deitou no caixão. Ato contínuo os conspiradores fecharam a tampa com firmeza, soldando-a com chumbo e o jogaram no Nilo. Diz-se que o assassinato de Osíris teve lugar no dia 17 do mês de Athyr (Hathor), quando o sol estava em Escorpião, achando-se Osíris, no 28º ano tanto de seu reinado como de sua idade. (Notar-se-á que esta data marca o começo do inverno, quando o sol é misticamente morto pelas forças das trevas; e era nesta data, correspondente à festividade de todas as almas na Igreja Cristã, que a nação egípcia chorava a morte de Osíris, como nós choramos a morte do corpo de Jesus na Sexta-feira Santa.)

A Ísis, em Coptos, foi levada a notícia da tragédia ocorrida, e ato contínuo ela se vestiu de luto e saiu à procura do corpo de Osíris. Soube que o caixão havia sido carregado pelo mar até Biblos (não Biblos da Síria, mas os pântanos cobertos de papiros do delta), onde se enroscara numa tamareira, a qual crescera em volta do caixão para ocultá-lo; e que, além disso, o rei daquele país, admirado do tamanho descomunal da árvore, tinha-a cortado e transformado numa coluna para suportar o teto de seu palácio.

Dirigiu-se Ísis para Biblos e se empregou como ama de um dos filhos do rei. Todas as noites punha ela a criança no fogo para consumir suas partes mortais e transformava-se numa andorinha para lamentar a perda de seu esposo. Mas aconteceu ver a rainha seu filho em chamas, e gritou de medo, privando-o com isso da imortalidade, que de outro modo lhe teria sido conferida. A deusa se revelou e solicitou que lhe dessem a coluna que sustinha o teto. Isto lhe foi concedido, e ela voltou para o Egito levando o caixão com o corpo de Osíris, e o ocultou num local secreto, enquanto procurava seu filho, Hórus. Mas Tifão, por infeliz acaso, achou o caixão enquanto caçava à luz do luar, e reconhecendo o corpo de Osíris, cortou-o em catorze pedaços, que espalhou pelo país, de alto a baixo. Quando Ísis soube disto, construiu um barco de papiro e se pôs a juntar os fragmentos do corpo. Osíris voltou do outro mundo e apareceu a seu filho, Hórus, a quem instruiu que lutasse contra Tifão. Esta luta durou muitos dias e por fim Hórus saiu vitorioso. Então, Osíris se tornou o rei do submundo e juiz dos mortos.*

Este relato sofreu, como a nossa história tradicional maçônica, a influência das tendências materialistas dos que não a entenderam, pois a narração de Plutarco não faz nenhuma menção a uma ressurreição, mas apenas a um vago retorno do mundo dos mortos. Todavia, apresenta uma versão muito serôdia da tradição, e tão materializada e distorcida, que quase não se reconhece; ao passo que nos Mistérios a lenda estava muito acorde com os fatos reais do mundo espiritual. Mesmo nas inscrições decifradas há claras indicações de uma ressurreição. O traço verdadeiro da lenda era a morte de Osíris nas mãos de Set; a divisão de seu corpo em duas vezes sete partes, que representa a emissão dos sete raios, ou tipos de manifestação, consequentes da descida do Logos na matéria; a procura feita por Ísis e o encontro, por ela, das várias partes do corpo; a reunião dessas partes e a final elevação de Osíris pela terceira das três sucessivas tentativas à triunfante imortalidade e eterna ressurreição.

Era neste estágio também que se estudava a função de Osíris como juiz dos mortos. A vinheta no papiro de Ani do julgamento de Osíris e do peso do coração de Ani contraposto à pluma da verdade, representa o julgamento da alma pelos senhores do carma. Se a alma fosse inteiramente pura era permitido ingressar na imortalidade; se não era de "voz verdadeira", entregavam-na ao monstro Ammit, "o devorador", e era lançada de novo no ciclo ge-

* Sir E. A. Wallis Budge, *Egyptian Ideas of the Future Life,* nota à p. 48.

rador, para renascer na terra, em outro corpo. Embora estes símbolos e lendas fossem conhecidos no mundo externo, seu verdadeiro significado era explicado só aos iniciados do terceiro grau.

O significado da lenda

Frequentemente se tem suposto que a lenda de Osíris como a de Mitra e outros deuses solares (entre os quais alguns escritores incluem também Cristo), é simplesmente uma apoteose dos processos da natureza, familiares a um povo agrícola. Assim, diz Plutarco que Osíris era também interpretado como o rio Nilo, e Ísis como as terras do Egito periodicamente fertilizadas pelas inundações desse rio.* Astronomicamente, Osíris era o sol, Ísis, a lua e Tifão a escuridão e o inverno, e que em seu triunfo destruía os poderes fertilizadores do sol, privando-o de dar sua vida ao mundo. É a lenda universal do Deus Sol que, após a luta pela existência e o desenvolvimento do seu poder no início do ano, ergue-se afinal triunfante em meio do céu, e derrama sua vida em todas as criaturas, amadurecendo o trigo e a uva para de novo ceder ao avanço do inverno.

No céu, o sol, como a grande vida do mundo, prossegue neste ciclo de morte e ressurreição; e a vida menor nas sementes segue processo similar: as sementes brotam e se convertem em frutos, que são enceleirados e sacrificados para a nutrição do homem e de outras criaturas. Mas assim como Tifão não destruiu totalmente Osíris, porém deixou os fragmentos de seu corpo, por meio dos quais era depois renovada a Sua vida, assim não come o homem todos os grãos de trigo, e sim, reserva alguns para semear na terra, a fim de que se repitam os processos da vida. Por sua vez, o homem cresce por meio do mesmo ciclo de mutações, através da

* Plutarco, *Moralia; De Iside et Osiride.*

infância, virilidade e velhice, e também não pode escapar do sacrifício que caracteriza toda a vida, pois renasce repetidamente no seu ciclo de reencarnações.

A lenda da semente corresponde, assim, à do homem comum, mas a lenda do sol se refere ao homem que está se divinizando. Nos Mistérios Egípcios chamavam-no o Osirisado, ao passo que os místicos cristãos referem-se a ele como havendo se unificado com Cristo, como se vê nesta linguagem de são Paulo a seus seguidores: "Filhinhos meus, por quem de novo sinto as dores de parto até que Cristo seja formado em vós".* É a natureza voluntária do sacrifício divino que o distingue dos sacrifícios terrenos. Por isso, o altruísmo e o autossacrifício em benefício dos outros foram sempre o método proclamado para o homem atingir a divindade, e toda a lenda de Cristo e Osíris não passa de síntese e exemplo da maneira como pode esse sacrifício expressar-se na terra, na vida humana, como já se expressa nos céus.

As pesquisas do iniciado nos Mistérios de Osíris se aprofundavam ainda mais, até incluir o verdadeiro lar do homem, essa região superior do mundo mental ou celeste, em que o ego funciona em seu corpo causal. Ao mesmo tempo, a grande cerimônia da ascensão era explicada em muitos graus de interpretação, como a descida do Logos à matéria, sua morte e sepultamento místicos, e sua ascensão de novo a um reinado sem fim. Também significava a descida pessoal da alma em corpos, sua ressurreição após a extinção da vida mortal nos mundos inferiores da forma, e a sua nova reencarnação na terra.

Os s.·.s dos Mistérios de Osíris eram idênticos aos que temos hoje, embora o s.·. da s.·. e m.·. seja o que atualmente se usa nos trabalhos escoceses e americanos; mas as palavras eram diferentes, de caráter muito mais positivo. Os c.·.p.·.d.·.f.·. eram os mesmos que adotamos hoje, e o s.·. ou t.·. se conserva igualmente inalterável.

* *Gaiatas*, IV, 19.

Os Mistérios internos de Osíris

Dentro deste grau havia também um círculo interno. A instrução prática era aí ministrada na região superior do plano mental, de modo que o iniciado satisfatoriamente treinado nos Mistérios de Osíris adquiria plena consciência como ego, fora das limitações da única vida pessoal que é tudo o que a maioria do povo conhece.

O CARGO DE VENERÁVEL

Além do terceiro grau, abriam-se diversas linhas de progressos nos Mistérios. Havia o trabalho do exercício de cargos nas Lojas; estendia-se por muitos anos e proporcionava esplêndido treinamento a quem os assumisse. Cada oficial de Loja tem sua tarefa especial a executar, seu aspecto particular da divindade para manifestar, seu poder sacramental próprio para transmitir à Loja de que faz parte. O curso de treinamento pelo exercício de sucessivos cargos era e é, pois, de inestimável valor para a aquisição de um desenvolvimento integral do caráter.

No apogeu do antigo sistema operativo, existia o grau do M. I., que outorgava um poder muito mais completo do que havia sido conferido até mesmo nos Mistérios de Osíris, e capacitava o Mestre a tornar-se por sua vez, um hierofante dos Mistérios, habilitado para instruir e promover seus irmãos na sabedoria secreta do Egito. Nas condições comuns, só tarde na vida se conseguia esta esplêndida posição, e durante o tempo em que o Mestre havia dirigido a sua Loja, adquirira uma aptidão tão valiosa, que poderia fazer avançar o curso de sua evolução muito mais do que diversas existências comuns.

Essa mesma sucessão foi transmitida até nós na Maçonaria atual, e cada M. I. está de posse do poder dos antigos sacerdotes egípcios. Contudo, sem dúvida, não deixa de ser uma verdade que se ele possuísse também o conhecimento dos sacerdotes egípcios, poderia fazer muito melhor uso do poder.

OS GRAUS SUPERIORES DOS MISTÉRIOS

Além da instrução e treinamento que eram ministrados nos Mistérios, considerados nos três graus que acabamos de considerar, os hierofantes também trabalhavam no sentido de instruir e guiar os aspirantes que houvessem revelado aptidões para um progresso ulterior. Não podemos afirmar se havia no Egito quaisquer graus organizados além do terceiro, o de Osíris; mas havia o ensino individual, que condizia à aquisição de poderes ainda maiores, e à formação de laços com seres em níveis ainda mais elevados.

Os graus superiores do Rito Escocês Antigo e Aceito de nossa época (que foram estabelecidos só no século XVIII, quando da formação do Rito de Perfeição ou de Heredom) refletem em alguma medida essas linhas mais avançadas de progresso, que existiam no Egito. No seguinte breve relato podemos, pois, classificá-las, como se acham expressas em nossa Maçonaria, em Vermelha, Negra e Branca.

A MAÇONARIA VERMELHA NOS MISTÉRIOS

Para os M. Ms. que fossem considerados promissores pelos sacerdotes em exercício (que em sua maioria eram membros das três Grandes Lojas), existia o que atualmente denominamos Maçonaria Vermelha, bem como a instrução agora incluída em nosso Real Arco e graus afins, culminando na esplêndida busca, pelos Cavaleiros da Rosa-Cruz, da palavra perdida, isto é, da verdadeira divindade do homem.

Na instrução simbólica correspondente ao nosso grau do Santo Arco Real, ensinava-se o aspirante a descerrar dos vários níveis de sua consciência todos os véus que ainda obstruíam a sua visão da realidade, e depois, de posse dessa visão, reconhecer por si a luz oculta em todas as formas, por mais profundamente que estivesse sepultada e escondida dos olhos da carne. Isto era representado por uma viagem ascendente, durante a qual se transpunham quatro véus, e depois por uma viagem descendente, em busca de um sepulcro oculto, profundamente enterrado no solo e onde estava escondido o nome de Deus.

O objetivo central deste estágio era uma compreensão eletiva pela consciência de que os muitos são o Uno. Os não iniciados do mundo externo sabiam suficientemente que todas as deidades estranhas do Egito eram em verdade apenas manifestações do Uno, porém muito provavelmente compreendiam claramente tal unidade. Naquilo que no Egito correspondia ao nosso Real Arco, notamos pessoalmente que Deus estava imanente em todas as coisas e havia descido até o mais ínfimo dos mais ínfimos possíveis dos seres. Os poderes conferidos neste estágio capacitavam o candidato a, em alguma medida, tornar real esta grande verdade, e lhe proporcionavam certa expansão de consciência, que acelerava nele o crescimento do princípio da intuição, e este o ajudava a reconhecer a divindade nos outros.

Entre este estágio e o seguinte havia um intervalo considerável, durante o qual o candidato continuava recebendo instruções dos sacerdotes e exercitando-se em meditar no que tinha aprendido. Gradualmente chegava a compreender que, embora houvesse efetivamente encontrado o nome divino, e entrado em contato pessoal com a luz oculta de Deus, mais além havia uma pesquisa mais adiantada, em que ele penetraria mais fundo na consciência e na natureza da divindade. Era então que iniciava a sua segunda busca, que ascendia por certo número de estágios, durante os quais se estudavam e compreendiam mais profundamente diferentes atributos da divindade, até que ele culminava na magnífica iluminação dada no que nós denominamos grau dezoito, o do Soberano Príncipe da Rosa-Cruz de Heredom. O candidato descobria então que o amor divino reinava tanto no seu coração como no de seus irmãos. Aprendia igualmente que Deus havia descido e partilhado de nossa natureza inferior, a fim de que pudéssemos elevar-nos até partilhar de Sua verdadeira natureza.

Este elo ainda subsiste para os irmãos da Rosa-Cruz, cada um dos quais deve tornar-se um radiante centro desse amor aonde quer que vá, esquecendo-se inteiramente de si no serviço aos outros. Os anjos da Rosa-Cruz, de esplêndido carmesim, que atualmente assistem nossos Soberanos Capítulos e vertem por intermédio deles seu pleno amor em auxílio do mundo, eram também conhecidos no antigo Egito. Achavam-se ligados aos Soberanos Príncipes em seus princípios superiores, de sorte que seu amor seráfico se achava também ali à disposição para derramar-se como bênção. O candidato era confiado à sua guarda, e tinha que realizar esta unidade tanto com os anjos como com os seus irmãos.

Neste estágio era enormemente despertada e ativada a intuição, ou *buddhi* do candidato, essa sabedoria oculta que é Hórus ou o Cristo residente no homem. Deste modo o candidato se tornava, em certa proporção, uma manifestação daquele eterno amor que nos séculos posteriores se chamou Cristo, e capacitava-se para operar com a natureza emocional, que é um reflexo parcial desse amor divino na matéria do mundo astral, e assim elevar seu poder de amar a alturas maiores do que as que lhe seria possível alcançar anteriormente. Ele agora se converteu num autêntico sacerdote, capaz de atrair e exteriorizar o divino amor para auxílio do mundo. Um grau superior deste maravilhosíssimo poder capacitava o irmão para conferir esta expansão de consciência e transmitir estes esplêndidos laços a outros; e é este poder que em nossos modernos Soberanos Capítulos está reservado ao S. S. M. e aos que passaram pela presidência no grau Rosa-Cruz.

A MAÇONARIA NEGRA NOS MISTÉRIOS

Na realidade, poucos parecem ter sido os nossos irmãos egípcios que ultrapassaram o estágio de Rosa-Cruz, pois eram poucos os que necessitavam algo mais do que a esplêndida revelação do interno amor de Deus, a qual recebiam no que denominamos o grau dezoito. Mas para os poucos que sentiam que havia, contudo, mais do que aprender a natureza de Deus, e que sinceramente desejavam compreender o significado do mal e do sofrimento e de suas relações com o plano divino, existia o protótipo de nossa Maçonaria Negra, ou os ensinos e progressos compreendidos dos graus dezenove a trinta. Esta seção dos Mistérios concernia especialmente ao esgotamento do carma em seus diferentes aspectos, estudado como uma lei de retribuição, do ponto de vista negro e terrível. Esta é a essência da verdade implícita na vingança dos elementos no grau de Cavaleiro K. H. Os aspectos mais negros do carma estavam amplamente relacionados com a ignorância do homem acerca da natureza de Deus e sua confusão com referência às muitas formas em que Ele Se revela. Assim os s...s do 30° contêm o âmago da filosofia desse grau, que não seria válida e plenamente conferida se estes s...s não houvessem sido devidamente comunicados, pois exprimem o seu significado e objetivo.

Na antiga instrução correspondente a este grupo de graus, ensinava-se que o que o homem semeasse, isso mesmo ele colheria, e que se ele semeasse o mal, o resultado seria colher o sofrimento. Também se estudava o carma das nações e das raças e mostrava-se ao estudante a atuação interna da lei nos diferentes planos, investigados pela visão interna. O conjunto do sistema que atualmente denominamos Maçonaria Negra, conduzia a uma explicação do carma como justiça divina, e seu reflexo se acha atualmente preservado entre nós no 31°, que é o do Grande Inspetor Inquisidor Comendador, cujo símbolo é uma balança. No

Egito se interpretava esta balança como um emblema do perfeito equilíbrio da justiça divina; o aspirante aprendia que todo o mal e horror associados ao esgotamento do carma estavam em verdade baseados na perfeita justiça, conquanto à visão menor dos profanos isso parecesse um mal.

Assim, o primeiro estágio da instrução superior, o da Rosa--Cruz ou Maçonaria Vermelha, era dedicado ao conhecimento do bem, ao passo que o segundo estágio, o de K. H. ou Magia Negra, era dedicado ao conhecimento do mal. A seguir, nas primeiras etapas do que denominamos Maçonaria Branca, que é o coroamento de toda a gloriosa estrutura, o candidato aprendia a observar a imanente justiça daquele eterno Deus, Amon-Rá, que está por detrás tanto do bem como do mal. Primitivamente, antes do *kali yuga,* em que o mal predomina sobre o bem, os Cavaleiros K. H. usavam insígnias amarelas em vez de negras.

Nosso 30° liga o Cavaleiro K. H. mais ao departamento do governo do que à instrução da Grande Hierarquia. Ele tem que se tornar um radiante centro de perene energia, cujo objetivo é fortalecê-lo para vencer o mal e convertê-lo num real poder ao lado do bem.

A cor dominante da influência é a azul elétrica (a do Primeiro Raio, totalmente diferente do azul das Lojas Azuis ou simbólicas), debruada de ouro, e incluindo, mas secundariamente, o róseo do 18°. Associado com o 30° existem também grandes anjos azuis do Primeiro Raio, que emprestam sua força ao cavaleiro, algo como a assistência que os anjos carmesins prestam aos Excelentes e Perfeitos Irmãos da Rosa-Cruz. A mesma energia, de um nível superior, é transmitida ao que atualmente denominamos a Corte de Soberano Comendador, que está habilitado a transmitir a outros a graça sacramental desse grau.

A MAÇONARIA BRANCA NOS MISTÉRIOS

O último e mais elevado dos poderes sacramentais dos Mistérios a nós transmitidos, é o atualmente conferido no 33º grau, o do Soberano Grande Inspetor Geral. No antigo Egito, na época em que o conheci, havia somente três pessoas que detinham o equivalente desse supremo grau: o Faraó e dois outros. Os três constituíam um triângulo interno, que era o coração de todo o sistema dos Mistérios e o canal da luz oculta entre os Mistérios e a Loja Branca. Estes três eram altos iniciados da Grande Loja Branca, sendo que o faraó possuía um grau ainda mais elevado de poder do que o usualmente conferido no 33°, pois era o de um Soberano Coroado e Consagrado.

Pode-se dizer que os irmãos desta elevada Ordem haviam passado de uma concepção da justiça divina para uma certeza do conhecimento e da plenitude da glória na luz oculta. O 33° liga o Soberano Grande Inspetor Geral ao próprio Rei Espiritual do Mundo (o Poderoso Adepto que é Chefe da Grande Loja Branca e em cujas mãos repousam os destinos de nosso globo), e desperta, tanto quanto possível, os poderes do triplo espírito. A outorga efetiva desse grau era e é uma magnífica experiência, quando observada com a visão interna, pois o hierofante dos Mistérios (que presentemente é o C. D. T. O. V. M.), se coloca acima ou ao lado do iniciador, no prolongamento de Sua consciência por nós denominado anjo da presença. Se o recipiendário do grau é já um iniciado, a estrela (chamada no Egito a estrela de Hórus) que revela a aprovação do iniciador único, brilha outra vez sobre ele, em toda a sua glória. Mas em qualquer caso, os dois grandes anjos brancos do rito esplendem das regiões celestes, e se revelam em nível tão baixo como o etérico para poder conceder sua bênção ao candidato.

O hierofante torna efetivos os laços consigo e com o reservatório do poder à disposição da obra da fraternidade maçônica, e através de si próprio, com o Poderoso Rei cujo representante Ele é; ao passo que os dois anjos brancos da Ordem permanecem toda a vida como guardiães do irmão. O anjo que está à sua direita possui uma aura de brilhante luz branca, salpicada de ouro e representa Osíris, o sol e a vida, o aspecto positivo da divindade; o que está à esquerda possui aura de luz semelhante, com veios de prata, e representa Ísis, a lua e a verdade, o aspecto negativo ou feminino da divina glória. O poder de ambos é esplendidamente enérgico; e dão força para agir com decisão, coragem e perseverança no plano físico. Pertencem às ordens angélicas cósmicas, que são comuns a outros sistemas solares além do nosso. Os centros permanentes de sua consciência estão no plano da intuição, embora suas formas pairem sempre sobre a cabeça do iniciado deste grau, no plano mental superior. Deve-se lembrar que entre estes anjos não existe, em realidade, nenhum sexo; contudo uns têm aparência preponderantemente masculina, e outros, preponderantemente feminina.

Quando julgam oportuno, eles se materializam mental e astralmente (como o fazem nas cerimônias maiores da Loja) e estão sempre prontos para dar sua bênção quando invocada. São inseparavelmente unos com o Soberano Grande Inspetor, ligados ao seu Eu superior, nunca os abandonando, a não ser que por demérito ele os abandone e repila primeiro. Nas manoplas do Soberano Grande Inspetor Geral veem-se atualmente os símbolos do sol e da lua, que aludem a estes poderes angélicos nos mundos internos.

Os poderes associados com o 33° parecem haver sido ligeiramente modificados desde aquelas remotas épocas egípcias. Os grandes anjos brancos pareciam mais severos e mais radamantinos* no antigo Egito; hoje os que pertencem ao grau são de certa

* De Radamanto, um dos três austeros juízes da mitologia grega que julgavam as almas dos mortos, no mundo inferior. Os outros dois eram Minos e Éaco. (N. do T.)

maneira mais gentis, embora seus poderes não sejam menos esplêndidos. Este estágio combinava o maravilhoso amor de Hórus, o Filho, com a inefável vida e força de Osíris, o divino Pai, e de Ísis, a eterna Mãe do mundo; e esta união do amor com a força constitui ainda as suas características mais proeminentes.

Àqueles que se abrem à sua influência este grau confere poder similar e um pouco inferior apenas ao da primeira grande iniciação, e os que ingressam no 33° devem qualificar-se firmemente para dar esse passo dentro de pouco tempo. Com efeito, no período áureo dos Mistérios este estágio era acessível somente a iniciados, e sente-se que apenas a esses deve ser outorgado agora, exatamente como parece mais próprio que a maravilhosa dádiva do episcopado seja conferida apenas a membros da Grande Fraternidade Branca.

O poder deste grau, quando em operação, se revela numa aura de deslumbrante branco-ouro, e envoltos em seu interior, o rosa e azul de Rosa-Cruz e K. H.; ali também se manifesta a nuança peculiar do azul elétrico, que é o sinal característico da presença do rei. O Soberano Grande Inspetor Geral é o "Bispo" da Maçonaria, e se a vida do grau é realmente vivida, ele deve ser um centro de poder sempre irradiante, um verdadeiro sol de luz e vida e glória onde quer que esteja.

Tal era o mais elevado e o mais santo dos poderes sacramentais conferidos nos Mistérios do antigo Egito., tal é o mais elevado grau entre nós conhecido na Maçonaria moderna, que em sua plenitude é outorgado a muito poucos apenas. A todos os que recebem o grau é oferecida a oportunidade de atraírem a sua sublime glória. Na medida em que deve ser tomado e a sua utilização dependem dos irmãos apenas, pois o emprego devido do poder necessita de elevado desenvolvimento espiritual e uma vida de constante humildade, vigilância e serviço. Se ele a invoca para o serviço de outros, ela fluirá através dele, poderosa e docemente, para auxílio do mundo. Se ele negligencia o poder, este permanecerá adormecido e os laços sem utilização; e aqueles que estão por trás afastarão dele as Suas vistas e as voltarão para outros mais dignos. O poder do 33° é um real oceano de glória, força e doçura, pois é o poder do próprio rei, o Senhor que reina na terra como o vice-gerente do Logos, de eternidade em eternidade.

OS ESTÁGIOS DA SENDA OCULTA

Por trás de todo o esplêndido esquema dos Mistérios Egípcios, a Loja da Grande Fraternidade Branca naquele país sempre permaneceu silenciosa e secreta, guardando-os e utilizando-os como um canal da luz oculta. Sua existência era desconhecida por todos os estranhos aos círculos internos. A fraternidade selecionava para iniciar em suas fileiras somente aqueles que houvessem satisfeito as antigas condições impostas a todos os candidatos a esse elevado grau. As qualidades necessárias para tal se acham expostas na primeira parte do manual de instrução oculta, atualmente denominado *Luz no Caminho,* que representa os ensinamentos da Loja Egípcia.

Por isso eram os candidatos escolhidos geralmente dentre os irmãos que haviam recebido a instrução superior, e haviam se preparado por muitos anos de meditação, estudo e serviço. Às vezes acontecia também ser escolhido para a iniciação alguém que não havia passado pelas etapas externas dos Mistérios; mas é que, neste caso, se preparara para tal em existências anteriores, pois é o ego quem recebe a iniciação, não a mera personalidade dos planos inferiores.

Sempre houve cinco grandes iniciações. Nos ensinamentos cristãos aparecem ilustradas por estágios na vida de Cristo, tais quais o relatam os Evangelhos, que contêm elementos derivados dos ensinamentos dos Mistérios Egípcios. O discípulo Jesus era um iniciado da Loja Egípcia, e por isso muito do simbolismo egípcio foi adotado por Seus adeptos, e posteriormente entremeado na história evangélica. Na obra Os *Mestres e a Senda* descrevi certas cerimônias de iniciação usadas atualmente na Grande Fraternidade Branca. Em sua forma, os rituais egípcios diferiam em alguns aspectos destas cerimônias, embora sua essência fosse a mesma. É que a Loja Egípcia seguia a tradição herdada dos iniciados da *Atlântida,* que foi algo modificada em épocas posteriores, para atender às necessidades da lenta evolução da humanidade da raça ariana.

AS PRIMEIRAS TRÊS INICIAÇÕES

A primeira das verdadeiras iniciações internas se chamava o Nascimento de Hórus, que na apresentação cristã corresponde ao nascimento do Cristo em Belém. Hórus nasceu de Ísis, a Virgem-Mãe; por ocasião de seu nascimento brilhou a estrela, e as hostes angélicas entoaram sua canção de triunfo. Ele foi adorado por pastores e sábios, e salvo do perigo que o ameaçava de fora. Diz o *Livro dos Mortos:* "Eu conheço o poder do Oriente, Hórus do Monte Solar, a Estrela Matutina". A história do iniciado é a história do Deus Sol, o Cristo universal que nasce no coração do homem; o propósito da primeira grande iniciação é o Seu místico nascimento.

Se o candidato não havia ainda passado pelas provas da terra, água, ar e fogo, como o fizera a maioria dos estudantes dos Mistérios, neste estágio ele tinha que experimentá-las, para aprender com absoluta certeza que nenhum destes elementos poderia jamais afetá-lo no corpo astral. Tudo isto era preparação para empreender trabalhos no plano astral, pois ao iniciado incumbia converter-se num treinado e útil servidor da humanidade, tanto neste como no outro mundo.

A segunda grande iniciação corresponde ao estágio da vida de Cristo caracterizado pelo batismo, em que se opera uma expansão das faculdades intelectuais, tal como na primeira iniciação resulta uma maravilhosa expansão da natureza emocional. É neste estágio que ocorre na vida do candidato a prova interna caracterizada pela tentação no deserto. Depois vem o esplendor da transfiguração, quando a Mônada desce e transforma o ego na semelhança de Sua própria glória.

A QUARTA INICIAÇÃO

A quarta iniciação corresponde à Paixão e Ressurreição de Cristo. O candidato tem de passar pelo vale da amargura e da morte, suportando os mais árduos sofrimentos e solidão para poder alçar-se à sempiterna plenitude da imortalidade. Esta experiência terrível e maravilhosa é a realidade que se reflete a uma distância quase infinita no grau de M. M.; pelo portal da morte ascende ele à perpétua glória da Ressurreição.

Certos trechos do ritual desta quarta iniciação, acordes com o rito egípcio, foram mesclados com os ensinamentos cristãos, porém extremamente materializados e distorcidos, tal qual ocorreu no próprio Egito com a lenda de Osíris. Eis a descrição desta parte da iniciação:

> Então será o candidato atado à cruz de madeira. Ele morrerá, será sepultado e descerá ao submundo. Depois do terceiro dia será trazido dentre os mortos, e será conduzido ao céu, para ficar à direita d'Aquele de quem ele veio, tendo aprendido a guiar (ou governar) os vivos e os mortos.*

Durante a cerimônia estendia-se o candidato sobre uma cruz, tornada oca para receber e suportar seu corpo. Seus braços eram

* *O Credo Cristão*, p. 98, do Rev. C. W. Leadbeater.

ligeiramente amarrados com cordas, cujas extremidades ficavam soltas para caracterizar a natureza voluntária do sacrifício. O candidato entrava depois em transe, deixava o corpo físico e ingressava em plena consciência no plano astral. Seu corpo era descido a uma cova embaixo do Templo e colocado num imenso sarcófago, onde durante três dias e três noites jazia no coração da terra.

Durante a morte mística do corpo, o candidato passava por muitas experiências estranhas, e pregava aos "espíritos na prisão", àqueles que, havendo deixado recentemente o corpo, pela morte, se achavam ainda tolhidos por suas paixões e desejos.

Na manhã do quarto dia de seu sepultamento, o corpo do candidato era levantado de sua sepultura, e conservado ao ar livre, no lado oriental da grande pirâmide, de sorte que os primeiros raios do nascente Sol o despertassem de seu longo sono.

Nesta iniciação o candidato era conduzido ao "céu", para receber uma expansão de consciência no plano espiritual frequentemente denominado átmico ou nirvânico. É o plano da união absoluta, em que a consciência conhece tudo internamente, está una com tudo e em tudo. O iniciado torna-se assim "a mão direita d'Aquele de quem veio", estando agora ligado perpetuamente ao serviço de Deus e da humanidade, e seu trabalho daí para o futuro será guiar os vivos e os mortos para a luz oculta, a única em que existe a paz. Raramente a verdade de que todo poder ganho é apenas conservado em confiança para ser utilizado como um meio de auxiliar outros foi exposta de maneira tão clara e grandiosa.

Em *A Vida Oculta na Maçonaria* tracei certas correspondências entre os três graus da Maçonaria Azul e as grandes iniciações. Ali demonstrei que a iniciação de Ap. reflete o grande passo da entrada na senda probatória; que a passagem pode ser comparada à primeira grande iniciação, e que a elevação se assemelha à quarta.* Podemos agora acrescentar os Mistérios do Egito, e construir

* *Op. cit.*, pp. 28-29 e 64.

a seguinte tabela de correspondência, mas lembrando-nos sempre de que existem enormes diferenças de nível entre estas Ordens e os estágios na Senda:

Graus Maçônicos	*Mistérios*	*A Senda*
Ap.	Ísis	Probatória
Comp.	Serápis	Iniciado
M. M.	Osíris	Arhat

A QUINTA INICIAÇÃO E DEPOIS

Falta apenas mais um estágio para alcançar a perfeição humana: é o representado pela ascensão aos céus. Nesta quinta iniciação o adepto transcende toda vida terrena e torna-se uno com o aspecto da divindade, denominado no cristianismo Deus, o Espírito Santo.*

Existem ainda estágios mais elevados, passos maiores na Senda, embora não mais pertencentes à evolução humana, mas ao desenvolvimento do super-homem. Mesmo aqui, nossas cerimônias maçônicas refletem simbolicamente algo dessas glórias superiores, dando a chave do vasto plano. Muito acima do grau de Adepto, Aquele que é o Cristo, paira como o Senhor do amor, o instrutor dos anjos e dos homens, e segundo esta linha de interpretação, Seu estágio evolucionário está remetido no 18°, que é essencialmente um grau da cristandade. Igual a Ele, mas no raio do governo, permanece o Manu, cuja posição está refletida a uma distância quase infinita no 30°. E como o soberano de toda a hierarquia reina ali o iniciador único,** cuja vida e luz e glória se

* Veja-se *Os Mestres e a Senda,* de C. W. Leadbeater.

** *Os Mestres e a Senda,* Cap. XIV, de C. W. Leadbeater.

acham esboçados no esplendor do 33°. Assim, todo o conjunto maravilhoso do plano maçônico é uma sombra projetada das coisas vistas em cima "da montanha", e nisso repousa a grandeza de nossa poderosa fraternidade e seu valor para a espécie humana.

Muito mais abaixo existem ainda correspondências. O 18° significa ardente amor e beleza, mas isso também se espelha na posição do S. V.; o 30° propicia um maravilhoso derrame de força, representado pela coluna do P. V.; ao passo que a sabedoria e contagiante simpatia do 33° deve refletir-se na atitude do V. M. da Loja.

3. Os Mistérios Cretenses

A UNIDADE DOS MISTÉRIOS

O grupo de crenças e práticas a que damos o nome de Mistérios existiu em muitos países e sob diferentes formas, e a maioria delas influencia a Franco-maçonaria em maior ou menor extensão. Amplamente espalhadas como foram, sua unidade original se evidencia no fato de que tiveram sempre uma mesma e invariável estrutura, embora divergindo em pormenores de somenos importância. Naquela época, como na presente, um irmão procedente de uma jurisdição estrangeira e desejoso de visitar uma Loja, tinha que ser identificado na porta da mesma. Pois, quaisquer que fossem as diferenças que caracterizassem as formas externas, os s.·.s eram sempre os mesmos, por serem as chaves para os poderes ocultos sacramentais inerentes a todos os sistemas dos Mistérios igualmente.

A VIDA NA ANTIGA CRETA

Um dos mais surpreendentes exemplos desta unidade se encontra em Creta, onde as relativamente recentes descobertas de Sir Arthur Evans desvendaram muitos símbolos e formas maçônicas, muito estreitamente semelhantes aos do Egito. Como a Gália ao tempo de César, a antiga Creta esteve dividida em três partes ou estados: Cnossos, Goulas e Polurheni. O rei de Cnossos era o lorde maior de toda a ilha, pois os governantes dos outros estados o reconheciam como seu superior, conquanto gozassem de plena liberdade para gerir seus negócios internos. No sul da ilha havia também uma cidade independente, com algumas milhas de território anexas.

Todos estes reis eram também, ex-ofício, sumos sacerdotes, tal qual no Egito, e o palácio real era sempre o templo principal de seu Estado. O povo adorava uma cidade dual: Pai-Mãe, que eram encarados como um, embora alguns ofertassem sua devoção mais ao aspecto Pai, e outros ao aspecto Mãe. Quando referidos separadamente, ao Pai chamavam Brito, e à Mãe Diktynna. Não havia estátuas destas deidades, mas tributava-se muita reverência ao seu símbolo, que era um machado de duplo corte.* Estava encravado numa pedra e era feito de metal, e mantinha-se erguido nos templos onde, naturalmente, a gente esperaria encontrar uma estátua, sendo que num escrito da época a deidade se achava representada por um desenho convencional desse machado, então denominado *labrys.* Daí o motivo original da construção do famoso labirinto, para simbolizar ao povo a dificuldade em encontrar-se a Senda para Deus.

Muitos de seus serviços e cultos religiosos eram celebrados ao ar livre. Vários picos rochosos solados eram considerados sagrados para a Grande Mãe, e o rei e seu povo, em determinados dias do mês, subiam a esses picos e ali cantavam hinos e preces. Acendia-se fogo; cada pessoa levava uma espécie de coroa de folhas, usava-a por algum tempo, e depois a lançava ao fogo, como uma oferenda à mãe-Deus. Em cada um destes picos se realizava também, anualmente, um festival especial, muito semelhante a um perdão em Bretanha, que é uma linda vila semirreligiosa, a que acorrem pessoas de todas as partes da ilha para fazerem pi-

* Figura I, A.

quenique ao ar livre, durante dois ou três dias, e se divertirem fartamente. Num caso, tinha-se como sagrada a Diktynna, uma antiquíssima árvore enorme e forma inusitadamente perfeita, e sob sua ramagem se faziam oferendas a essa deidade. Sob ela se queimava enorme quantidade de incenso, e supunha-se que as folhas como que absorviam e retinham o incenso; por isso, quando caíam no outono, eram cuidadosamente colhidas e distribuídas ao povo, que as tomavam como talismã que o protegiam do mal. É inegável que essas folhas secas exalavam forte fragrância, mas é duvidoso se era provocada pelo incenso.

O povo era uma raça de aparência distinta, de nítido tipo grego. Sua vestimenta era simples, pois na vida comum os homens usavam apenas uma tanga, porém vestiam pomposos costumes oficiais nas ocasiões de festividades religiosas ou outras. As mulheres usavam um vestido que lhes cobria todo o corpo, mas disposto algo semelhante a um *dhoti* indiano na parte inferior, produzindo mais o efeito de uma aba dividida.

O interior da ilha era montanhoso, à semelhança da Sicília, e com cenários muito lindos. A arquitetura era maciça, mas as casas estavam curiosamente dispostas. Ao entrar-se nelas, ia-se diretamente a um grande salão como o de uma igreja, em que passavam o dia toda a família e os empregados, e de que um dos cantos servia de cozinha. Por detrás havia uma passagem coberta (como nas casas atuais de Java), que conduzia a um edifício separado, onde se achavam os dormitórios. Estes eram bem pequenos e escuros, meros cubículos, mas tendo todos ao seu redor uma abertura de cerca de sessenta e seis centímetros abaixo do teto, de sorte que havia ampla ventilação. Em torno da parede deste salão, por baixo do teto, corria geralmente um friso de pintura em baixo-relevo: comumente figurava uma procissão, executada num estilo muitíssimo animado.

Os edifícios eram de granito, e havia muitas estátuas também de granito, embora algumas fossem feitas de pedra mais polida, e

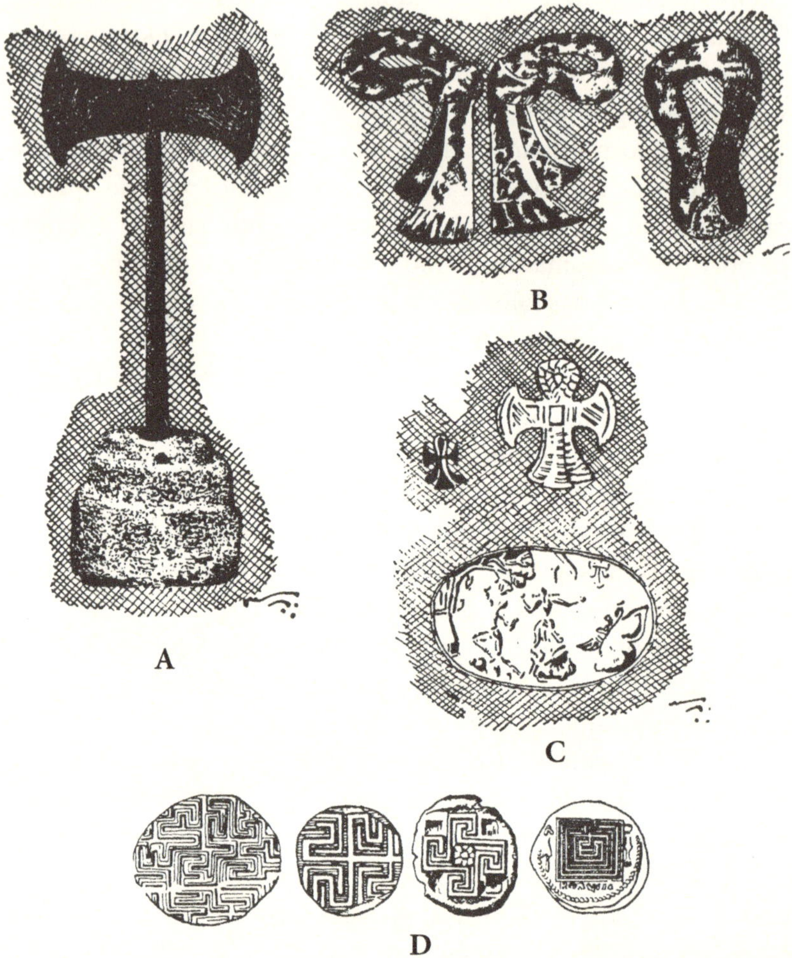

Figura I

A. Machado sagrado ou *labrys*, encravado numa base de pedra. (Evans.)
B. Nós sagrados. (Evans.)
C. Duplo machado com nós sagrados superpostos, assemelhando-se ao *ankh*. (Evans.)
D. Moedas e selos minoanos mostrando o labirinto. (Evans.)

outras de madeira e cobre. Também usaram o ferro, mas não muito; o cobre era o metal principal. A cerâmica era distintamente peculiar; todos os artigos domésticos eram feitos de brilhante louça de barro, pintado com todas as espécies de figuras. Estas se achavam geralmente numa ampla faixa branca, e as cores empregadas eram quase sempre vermelhas, marrom ou amarelo; rareavam muito o azul ou verde. Tais eram as vasilhas domésticas comuns; mas para a mesa havia as de porcelana e vidro, geralmente muito bem feitas. A maioria dos vidros era de uma tinta verde-azulada, algo semelhante aos vidros venezianos, e não incolor como entre nós. As pessoas mais ricas usavam muitos vasos de ouro, maravilhosamente lavrados e às vezes incrustados de joias. Este povo contava especialmente com hábeis joalheiros, e fazia bem caprichadas ornamentações. Entre eles não se veem diamantes nem rubis, mas, principalmente, ametistas, jaspes e ágatas. Entretanto, muitos ornamentos eram evidentemente importados, pois possuíam estatuetas e modelos em marfim talhado.

Usavam duas espécies de escrita, correspondentes, sem dúvida, à hieroglífica e demótica do Egito, mas completamente diferentes da egípcia. Nos cálculos se empregava o sistema decimal, e parece que a aritmética era geralmente bem compreendida. Os cretenses eram bons navegantes, e possuíam uma poderosa frota de galeras, algumas das quais chegavam a ter sessenta remos. Dispunham também de veleiros admiravelmente pintados; mas aparentemente só os utilizavam quando o vento soprava quase diretamente da popa.

A RAÇA CRETENSE

Este povo era um ramo ou família da quarta sub-raça, ou céltica, da quinta raça, ou ariana. No capítulo XIX do livro *O Homem: Donde e Como Veio e Para Onde Vai?*, faz-se um breve relato histórico daquela sub-raça, que inclui as seguintes observações relativas à origem dos cretenses:

> O primeiro grupo (da quarta sub-raça) que da Ásia Menor veio para a Europa, foram os antigos gregos, não os gregos históricos, mas os seus remotos ancestrais, os pelasgos. Convém recordar que Platão diz em suas obras *Timeu* e *Crítias*, que os sacerdotes egípcios lhe falaram de uns gregos helênicos da esplêndida raça que havia precedido a dele em seu país, e haviam repelido a invasão de um poderoso povo do ocidente, cujo impulso conquistador se esfacelou ante o heroico valor daqueles gregos. Os gregos de nossa história, que se nos afiguram tão grandes, parecem pigmeus quando comparados àqueles. Dos pelasgos descenderam os troianos, que lutaram contra os gregos modernos e cujos descendentes povoaram a cidade de Agrades na Ásia Menor.
>
> Durante longo tempo mantiveram estes o domínio do litoral da Ásia Menor e das ilhas de Chipre e Creta, e seus navios fizeram o comércio daquela parte do mundo. Em Creta se edificou gradativamente uma requintada civilização, que durou milhares de anos. O nome de Minos será sempre lembrado como seu fundador e principal edificador. Foi um dos gregos pelasgos, cerca de 10.000 anos a.C.*

RECENTES DESCOBERTAS EM CRETA

Somente depois do ano de 1900 é que, graças em grande parte à obra de Sir Arthur Evans, começou o mundo moderno a conhecer algo acerca da civilização cretense, e a compreender que em idade e esplendor se pode compará-la mesmo à grandeza do

* *Op. cit.*, p. 303.

antigo Egito. Todavia, mesmo agora, apesar da abundante apreciação do valor arqueológico das descobertas cretenses, os franco-maçons não prestaram ainda suficiente atenção ao fato sobremodo interessante de que a civilização fundada por Minos nos mostra a existência, com pelo menos cinco mil anos, de uma religião-mistério, cujos símbolos e organização geral se assemelham estreitamente ao nosso ritual moderno. Uma feição dos Mistérios Cretenses, especialmente atraente para os comaçons, é que ali se admitiam tanto mulheres como homens. A admissão do elemento feminino era corrente em quase todos os Mistérios da Antiguidade, mas em Creta se notam, hoje, mais do que em qualquer outro país, traços mais evidentes deste fato. Esses Mistérios não entram na linha direta da descendência maçônica; mas os vestígios arqueológicos dos ritos iniciáticos se assemelham de maneira tão plena e surpreendente com o nosso sistema, que não deixam de ser excepcionalmente interessantes.

Para os que não estão a par dos resultados das escavações efetuadas em Creta, pode ser útil apresentar-lhes uma breve resenha do conhecimento histórico adquirido com o auxílio das mesmas. Até recentemente, a maioria dos compêndios de história ensinavam que a civilização grega começara no século VIII a.C. Havia tradições acerca de uma civilização mais antiga, com um centro em Creta, onde o rei Minos governava em seu palácio de Cnossos, e uma outra no continente da Grécia, onde nas cidades micenianas Agamenon e seus heróis tinham se preparado para a expedição contra Troia. Estas narrações foram tidas como lendárias até que a audaz perseverança de Schliemann procedeu a escavações nas muralhas da antiga Troia e descobriu os túmulos dos reis micenianos, obrigando assim os historiadores a compreender que neste caso, como em outros, a lenda havia sido mais verdadeira do que a história.

Foram mais surpreendentes ainda as descobertas feitas em Creta. Quando Sir Arthur Evans começou suas escavações no local da antiga Cnossos, não só desenterrou o palácio do rei Minos, como também exumou uma série de camadas sucessivas, indicativas de uma civilização ininterrupta de padrão muito elevado, que abrangeu um período superior a diversos milhares de anos. Ficou demonstrado que as antigas lendas do labirinto de Creta e do terrível Minotauro, o qual se supunha habitar em seus recônditos mais profundos, baseavam-se em fatos e não em fantasia. Sabe-se agora que na época da primeira dinastia do Egito, floresceu ali, na ilha de Creta, uma civilização tão poderosa como a do Egito. Escreve Sir Arthur Evans a seu respeito:

> O elemento protoegípcio está tão claramente definido na primitiva Creta, e é de natureza tão intensiva, que quase sugere algo mais do que uma das ligações comuns, estabelecidas pelo comércio primitivo. Com efeito, é de se conjeturar se, na época de dinamismo e mudanças que marcaram o triunfo do elemento dinástico no Vale do Nilo, algum grupo da população mais antiga, então expulso, não teria estabelecido uma ativa colônia no solo de Creta.*

Embora as civilizações do antigo Egito e de Creta tenham muito em comum, cada uma delas tinha distintamente seu gênio próprio, e muitas semelhanças entre elas podem ser explicadas pelo fato de que durante muitos séculos, não somente o Delta, mas também o Médio e Alto Egito, se mantiveram em relações contínuas com a Creta minoana.

Não é nosso escopo encetar uma descrição ulterior desta civilização minoana, que em muitos aspectos se iguala, se não supera, a nossa atual. Aqui nos restringimos principalmente aos costumes religiosos e ritualísticos dos antigos minoanos, os quais em seus pormenores revelam uma notável semelhança com a moder-

* *The Palace of Minos at Knossos*, Vol. I, p. 17.

na Maçonaria. Como a escrita minoana não pode ainda ser decifrada, muito parciais são as informações que obtemos acerca dos pensamentos e crenças dessa raça, mas dos objetos encontrados e monumentos descobertos podem tirar-se algumas conclusões, que bastam ao nosso presente propósito.

O CULTO EM CRETA

Parece que o culto principal se centralizou em torno do aspecto feminino da deidade já mencionada, a qual, como Ísis entre os egípcios e Deméter entre os últimos gregos, simbolizava o poder criativo e cuidados nutrientes da mãe-natureza. Ligada a esse culto se achava a árvore sagrada, pintada em tantas representações de santuários minoanos, enquanto a divindade em si estava associada com a pomba, o leão, o peixe e a cobra, figurando seu domínio sobre o ar, a terra, a água e o fogo dentro da terra.

Como ficou dito anteriormente, o símbolo mais sagrado no culto minoano era o duplo machado ou *labrys*. Este, fincado numa coluna de pedra, se encontra nos santuários da antiga Creta, e quando pintado em qualquer objeto ou edifício, invariavelmente denota o seu caráter sagrado (ver *Figura I*, A e *Figura IV*, A).

Foi sempre um emblema do Deus Supremo, e é em realidade o ascendente do malhete do Venerável, que ele usa porque à sua humilde maneira ele representa o Comandante Supremo, governando sua Loja em nome do rei espiritual. Em Creta, encontramo-lo frequentemente associado com o chamado nó sagrado (*Figura I*, B). Quando assim combinado, assemelha-se intimanente com o *ankh* egípcio, símbolo da imortalidade (*Figura I*, C).

A deusa-mãe Dictynna significava a produtividade e o poder criador da natureza. O duplo machado, especialmente quando encimado pelo nó sagrado, figurava a eterna verdade da morte e ressurreição, que constituía o mistério central da religião de Cre-

A

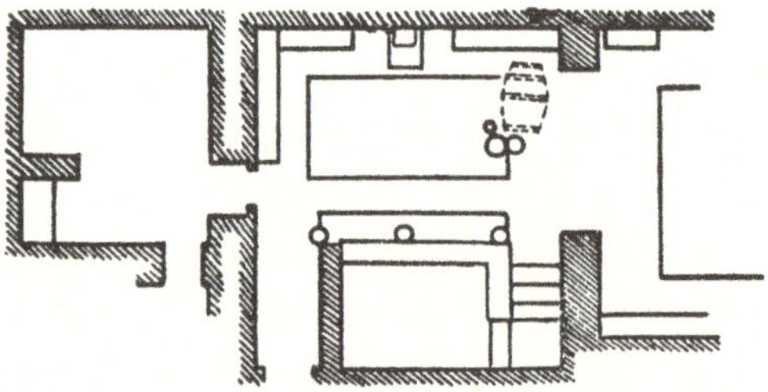

B

C

Figura II

A. Câmara do ritual do Palácio de Minos. (Dussaud.)
B. Pavimento da câmara do ritual. (Evans.)
C. Objetos de argila cozida procedentes de um santuário votivo. (Evans.)

ta, como o foi do Egito. Por isso, era frequentemente colocado diante dela para representar o sempre reiterado milagre do renascimento da árvore e do grão após a morte hibernal. Mesmo a forma do labirinto, em cujo recesso se ocultava este emblema sagrado, era simbólica e cheia de significado. Baseava-se na cruz, e suas representações em selos e moedas tomavam às vezes a configuração da suástica (*Figura I,* D).

Em conexão com este culto religioso externo na antiga Creta, havia os Mistérios da iniciação reservados a poucos, e é nestes que encontramos os principais elementos de semelhança com a Franco-maçonaria. Tanto no Palácio de Minos em Cnossos como no de Phaistos, outro local de Creta, notamos criptas e câmaras sobre pilares, as quais foram indubitavelmente de caráter sagrado e iniciático. O mais importante desses salões é o chamado salão do trono no Palácio de Minos, cujo nome é derivado do magnífico trono esculpido, encontrado intacto nas escavações (*Figura II,* A).

O SALÃO DO TRONO

Com referência a este salão, diz Sir Arthur Evans:

> Está agora esclarecido que grande parte da ala ocidental do palácio pouco mais era do que um conglomerado de pequenos santuários, de criptas sobre pilares, desenhadas para usos ritualísticos e contíguos salões superiores. Das câmaras subsistentes deste quartel, a mais bem conservada é o "salão do trono", impregnado de sugestões religiosas. Com seu bem lavrado trono catedral no centro e bancos de pedra ao redor; de um lado os grifos sagrados guardando a entrada de um santuário interno, do outro, o próprio trono, defronte, a ser galgado por degraus, a sua misteriosa pia, evoca a ideia de uma espécie de consistório ou casa capitular. Realmente se depara

A

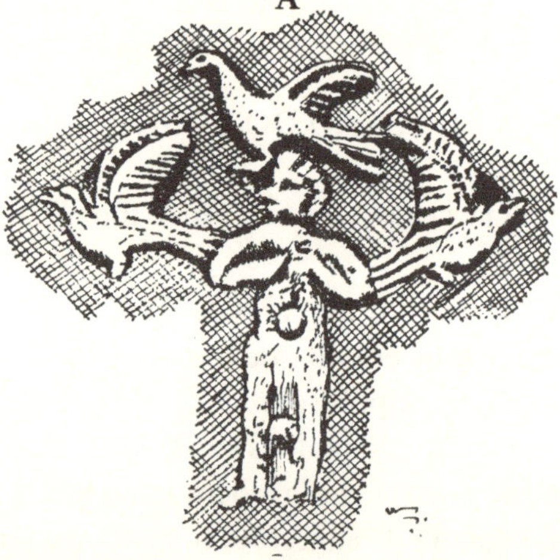

B

Figura III

A. Placa de ouro retirada de Micenas, representando um santuário. (Dussaud.)
B. Pombas empoleiradas sobre figura feminina, denotando a obumbração divina. (Evans.)

aqui com um indício singularmente dramático, estampando o momento da catástrofe final: os vasos de alabastro, de pé no pavimento, e ao lado, derrubada, a jarra de óleo para enchê-las, tendo em vista, podemos inferir, alguma cerâmica de ungimento. É impossível evitar a conclusão de que o "salão do trono" se destinava a funções religiosas.

Os traços salientes de sua disposição (*Figura II,* B) sugerem de fato uma comparação interessante com uma câmara de rituais descoberta recentemente num dos santuários anatolinos de estilo semelhante. E o "salão de iniciações" escavado por exploradores britânicos no santuário de Men Askaenos, e uma deusa-mãe, descrita como Deméter, próximo da Antióquia pisidiana. O próprio trono, os bancos de pedra circundando, e o "tanque" em frente ao trono, demonstram suas estreitas analogias e se acham dispostos nas mesmas posições relativas. No santuário galaciano vemos, se bem que numa escala maior, uma câmara com um trono (neste caso perto e não encostado à parede) à direita da entrada, ao passo que à sua esquerda, na entrada da câmara, se acha um tanque oblongo. Aqui, também, atrás da parede e acompanhando-a, estende-se um banco ou divã talhado na rocha; e o acesso à câmara fazia-se por uma antecâmara ou *pronaos.*

Os arranjos cultuais são frequentemente transmitidos quase inalterados através de longos períodos de anos, e as surpreendentes analogias aqui apresentadas autorizam uma suposição positiva de que o salão do trono de Cnossos, muito mais primitivo, e seu tanque adjacente, se destinavam a similares ritos de iniciação e purificação. Tal como o que presidia os ritos de Anatólia, pode muito bem ter se sentado no trono de Cnossos um rei-sacerdote, que era na terra o filho adotivo da Grande Mãe de seus mistérios insulares. Com efeito, podemos reconhecer tal personagem no alto-relevo de uma figura usando uma coroa emplumada de lírios e conduzindo, podemos admitir, o sagrado grifo. Realmente, é provável que em Creta o aspecto da realeza houvesse tido maior saliência do que nos centros religiosos da Ásia Menor. Mas, atualmente, tanto as provas atuais colhidas da situação do palácio como as associações divinas atribuídas a Minos conduzem à conclusão de que aqui, também, cada dinasta sucessor era "um sacerdote perpétuo segundo a ordem de Melquisedec" e "tornado semelhante ao Filho de Deus".

É um tanto duvidoso que o salão assim descrito seja um dos templos minoanos. Como sugere Sir Arthur Evans, o mais provável é que o trono encontrado na câmara fosse o ocupado pelo hierofante, e que os bancos ao seu redor se destinassem aos irmãos participantes do ritual. Os candidatos à iniciação tinham que se submeter a uma purificação preliminar na bacia lustral, para poderem ser admitidos nas cerimônias.

AS TRÊS COLUNAS

Na *Figura II*, B, mostra-se um plano deste templo minoano. De frente para o trono do hierofante existiam três colunas, que eram frequentemente notadas na religião dos Mistérios de Creta e se achavam estreitamente ligadas aos seus ritos. A prova de que as três colunas continham um significado sagrado se nota num dos modelos de cerâmica pertencentes a um santuário votivo, que frequentemente nos adiciona alguma informação acerca dos Mistérios Cretenses (ver *Figura II,* C). Citaremos a descrição que faz Sir Arthur Evans sobre as três colunas encimadas por pombas (o que ocorre repetidamente em vários modelos de santuários minoanos), bem como a sua explicação sobre o significado religioso dessas colunas:

Mas dentre todas estas ruínas, é num grupo de cerâmica pertencente a alguma estrutura religiosa de escala maior que as demais, que se concentra o mais elevado interesse religioso. Consiste esse grupo de três colunas com uma base comum, sobre cujos capitéis quadrados se apoiam as extremidades de um par de traves cilíndricas, em que se empoleira uma pomba (*Figura II*, C). O capitel quadrado e as pontas de trave sobre ele devem ser aqui interpretados como os equivalentes, em forma reduzida, das traves do teto e cornija de um edifício. Em outras palavras, são os *pilares da casa*, ao passo que as pombas sobre eles são os sinais externos e visíveis da presença e proteção divinas. Em Micenas se descobriu recentemente um engenho semelhante de uma pomba empoleirada numa trave de teto apoiada numa coluna, o que é uma ilustração singular da origem minoana de seu culto.

Cada uma destas colunas pode ser interpretada como uma entidade religiosa separada, pois em vez de uma cornija comum, cada coluna tem como acabamento separado uma espécie de abreviatura arquitetônica. Esta trindade de beatíficos pilares (que encontra muitos paralelos no culto semítico) relembra o tríplice arranjo observado no caso do Templo afresco de Cnossos e de diversos santuários minoanos e micenianos. Os triplos santuários de ouro de Micenas são também acompanhados de pombas pousadas.

Os pássaros pousados, como já se observou, simbolizam neste e em outros casos, a descida da divindade ao objeto possuído. Às vezes, como nos exemplos anteriores, é o pilar baetílico ou a cela que conserva essa relíquia. A famosa cena nos sarcófagos de Hagia Tríada mostra pássaros parecidos com corvos atraídos por gestos e libações ritualísticos até os duplos machados, que eram deste modo "carregados", por assim dizer, com a divindade. As pombas sobre o cálice de ouro de Micenas e do "cálice de Nestor" repetem a mesma ideia.

Mas não era somente o objeto de culto que podia ser assim santificado pelo emblema descente do interno habitante espiritual. No caso das lâminas de ouro provenientes da terceira sepultura vertical de Micenas, veem-se as pombas apenas empoleiradas no santuário, na cabeça e voando dos ombros de uma personagem feminina nua (*Figura III*, B). Assim, também a imagem de argila central provinda do último "santuário dos duplos machados" de Cnossos mostra a pomba assentada sobre sua cabeça. Nestes casos temos ou imagens da própria deusa-pomba, reforçada pelo que pode ter sido sua mais antiga forma zoomórfica, ou de uma sacerdotisa deificada pela descida do espírito-pomba.

Podemos verificar como eram familiares entre os semitas as primitivas concepções religiosas minoanas, pelo surpreendente paralelo do batismo no rio Jordão e do quadro que os evangelistas traçaram do Espírito Santo, como "descendo em forma corpórea semelhante à pomba" e "brilhando sobre" Jesus. Em conexão com tudo isto, o que se deve ter em mente não é apenas o objeto inanimado, como o pilar ou a arma sagrada que se pode tornar, através de ritual adequado, a mansão temporária da divindade, e sim, que o Ser espiritual toma forma humana, como efetivo adorador ou devoto, que então se torna um Deus, tal como o cristão batizado se torna *alter Christus*. Esta "possessão" é comumente marcada por danças suaves e extáticas; ao passo que a dança orgíaca de uma gravura minoana posterior, abaixo descrita, encontra sua explicação pictórica na descida da deusa. Os meios de invocação eram musicais como as da lira, concha marinha ou sistro do culto egipciano.

Os modelos altamente interessantes que ilustram as estruturas e ideias religiosas dos manuscritos do segundo período estão substituídos por um objeto (cuja escala corresponde à do grupo de colunas), sob a forma de um sólio transportável

(*Figura II*, C), dentro do qual se acham alguns remanescentes da parte inferior e acessórios de uma figura. É evidente tratar-se de um palanquim destinado a uma divindade ou a seu representante terrestre, o rei-sacerdote, o que recorda o *sedia-gestatoria* ainda usada pelo Papa em Roma.*

Em suas disposições gerais, a câmara do ritual do Palácio de Phaestos assemelhava-se ao Templo maçônico no Palácio de Minos, porém não tinha nenhum trono, omissão esta explicável pelo sólio transportável encontrado no santuário. Evidentemente, em alguns casos o iniciador nos Mistérios era transportado em procissão e guardava consigo o sólio em que fora conduzido.

MODELOS DE SANTUÁRIOS

As imagens das *Figuras III*, A, e *IV*, A, B, C, mostram os modelos das pinturas em afresco dos santuários minoanos. Na *Figura III*, A, de uma placa de ouro de Micenas, nos deparamos novamente com as três colunas encimadas pelos cornos da consagração que, como o machado, denotam o caráter sagrado do objeto e, além disso, o significado ritualístico é realçado pelas pombas empoleiradas nas pontas dos cornos sagrados. Ao observar estas ilustrações dos santuários minoanos, devemos lembrar-nos que as paredes laterais da câmara estão suprimidas na figura e desenhadas em perspectiva, de sorte que nos cabe imaginar os dois painéis laterais da figura prolongados para a frente, para formarmos três paredes da sala de um santuário. Embaixo dos pilares das diferentes ilustrações, os assoalhos são formados de quadrículos pretos e brancos (*Figura IV*, B e C), semelhantes ao pavimento mosaico da Loja maçônica.

* *Op. cit.*, pp. 222, 223 e 224.

A

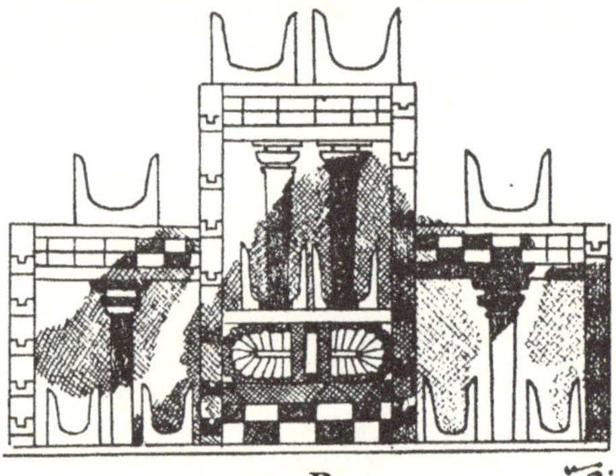

B

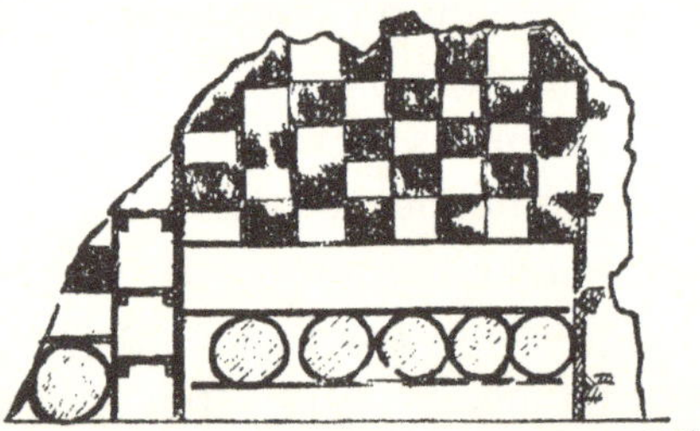

C

Figura IV

A. Afresco do santuário, mostrando três colunas com duplos machados. (Dussaud.)
B. Afresco do santuário, mostrando as colunas sagradas e o pavimento quadriculado. (Dussaud.)
C. Afresco do santuário, mostrando o pavimento quadriculado. (Evans.)

A

C

B

Figura V

A. Cripta sobre pilares, com dois pilares erguidos. (Evans.)
B. Orla de altar com objetos retirados do repositório do templo. (Evans.)
C. Sacerdote com duplo avental. (Evans.)

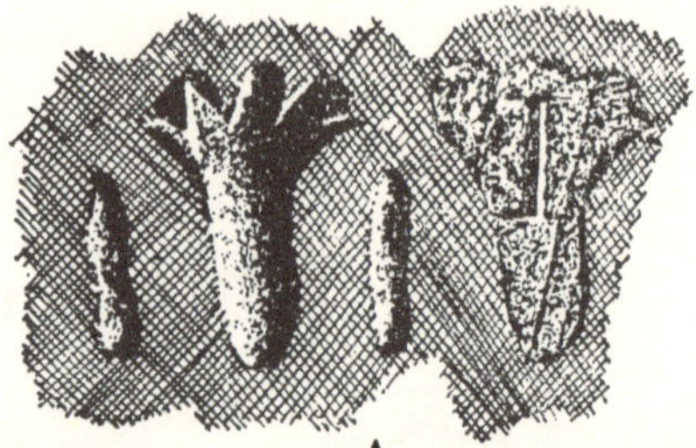

A

B

C

Figura VI

A. Relíquia óssea retirada do repositório do templo. (Evans.)
B. Lâmina votiva de bronze, da caverna de Psychro. (Evans.)
C. Anel de ouro, de Micenas. (Dussaud.)

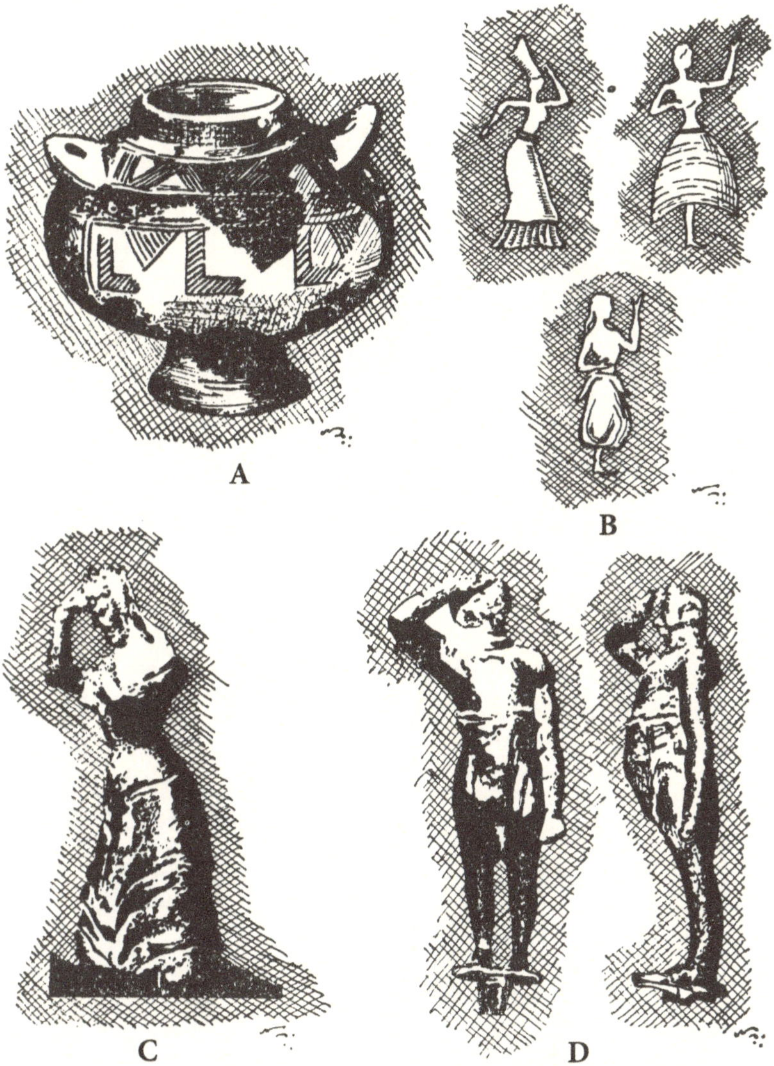

Figura VII

A. Vaso encontrado em Aphdina, mostrando decoração maçônica. (Dussaud.)
B. Atitudes ritualíscas, dos selos minoanos. (Evans.)
C e D. Figuras votivas em atitudes ritualísticas. (Bossert.)

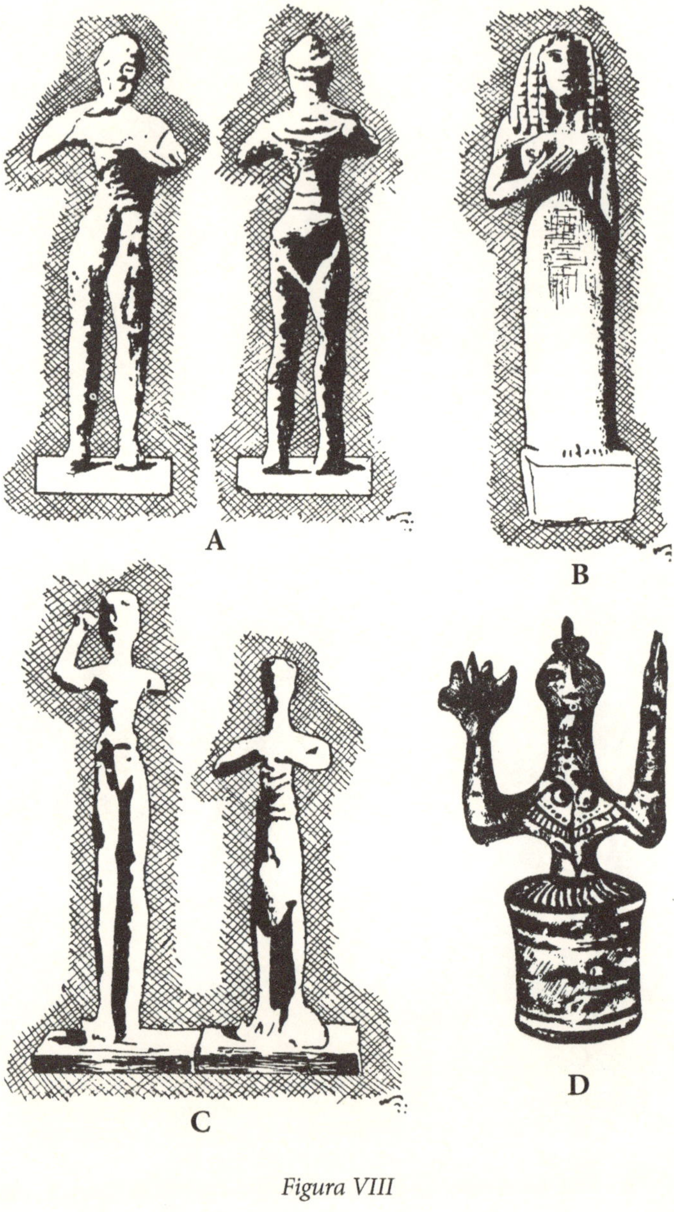

Figura VIII

A, B, C e D. Figuras votivas em atitudes ritualísticas. (Bossert.)

Nos santuários minoanos vimos, assim, o sólio do hierofante ou Mestre a um lado, os bancos para os irmãos ao redor das paredes, três colunas como mobiliário principal do templo e um pavimento mosaico de quadrículos brancos e pretos alternados, no centro. Em adição, em alguns dos santuários do modelo encontramos de um lado da sala dois pilares paralelos; esta disposição foi também descoberta com os dois pilares de pé, na escavação da cripta do Palácio de Minos (ver *Figura V*, A). Sobre essas criptas diz Sir Arthur Evans:

> Existem provas evidentes, como se demonstra abaixo, de que as criptas sobre pilares preenchiam uma função religiosa e se correspondiam com um santuário em cima. Não há dúvida de que temos aqui os remanescentes de um importante santuário com a frente para o portão interno marítimo do Palácio.*

OS OBJETOS DE ALTAR

Colhemos ainda provas do caráter maçônico dos ritos nos notáveis objetos encontrados nos repositórios do Templo, em que eram conservados os objetos de altar ligados ao culto ritualístico na câmara de iniciação. Sir Arthur Evans recolocou tais objetos na orla do altar que a eles sem dúvida se destinava, e a *Figura V*, B, nos mostra uma reprodução de sua disposição. Talvez a mais curiosa figura seja a cruz de mármore no centro do altar. A cruz grega, ou de braços iguais, bem como a cruz latina e a suástica, são repetidamente encontradas associadas ao culto minoano. Desde que em todas as épocas a cruz simboliza ou o mistério da criação e a descida da vida divina à manifestação, ou ainda morte e ressurreição místicas da alma, aqui nos deparamos com uma

* *Op. cit.*, p. 404.

prova frisante de que essas concepções constituem a base dos Mistérios Cretenses.

Em ambos os lados da cruz na beira do altar, as figuras usam aventais de caráter nitidamente ritualístico, pois não se encontram nas vestes comuns cretenses (ver *Figura V,* C). O avental era claramente duplo, envolvendo as partes anterior e posterior, e seus detalhes diferiam segundo pertencesse à deusa ou à sua sacerdotisa. É possível, e sob alguns aspectos mesmo provável, que ambas as figuras femininas encontradas no altar fossem adoradoras da cruz e da tripla cobra, e neste caso, o caráter diferente dos dois aventais pode bem significar uma diferença na hierarquia ou grau dos seus usuários. Evans é de opinião que os duplos aventais têm caráter ritualístico.*

VÁRIOS SÍMBOLOS

Havia também alguns objetos e símbolos religiosos menores, que por serem de caráter decididamente maçônico merecem menção especial. Na *Figura VI,* A, vemos uma relíquia de osso encontrada no repositório do templo que, como diz Evans, tem a forma de flores e botões alternados, que sugerem as de uma romã. Outros símbolos familiares aos maçons são os frequentemente reiterados do sol e lua mostrados em nossa ilustração (*Figura VI,* B e C), numa lâmina votiva de bronze da caverna de Psychro, e num anel de Micenas. Com referência ao primeiro, diz Evans:

> A árvore, pomba e peixe, que aparecem aqui como veículos da possessão divina simbolizam adequadamente seu domínio sobre a terra, ar e mar. O triplo grupo de cornos sacros realçam, ademais, o tríplice aspecto do culto, que também explica a tri-

* *Op. cit.,* p. 503.

pla bacia da mesa de libação. Vemos também os nichos de pilar da deusa, semelhantes ao da pintura mural Cnossiana, regularmente divididos em três compartimentos.

Tanto a lâmina votiva como o anel estão impregnados de significado religioso e simbolismo maçônico, e bem compensam um acurado estudo. Acidentalmente mostram o quanto o culto minoano se difundiu de Creta para o continente. De maneira semelhante, a introdução do esquadro maçônico como decoração de um vaso encontrado em Aphidna, no continente da Grécia é bem interessante, por mostrar que a disseminação da cultura minoana até as colônias micenianas levou também consigo os símbolos da religião dos Mistérios Minoanos (ver *Figura VII,* A).

AS ESTATUETAS

Mas, por decisivas que sejam, essas provas do simbolismo maçônico são superadas pelo testemunho representado por numerosas estatuetas e figuras votivas encontradas em Creta ou postos avançados da civilização minoana. Elas caracterizam atitudes tão indubitavelmente maçônicas (algumas delas pertencentes atualmente aos graus superiores), que mesmo o mais cético estudante tem de reconhecer que nenhum acaso poderá explicar esta semelhança (ver *Figuras VII* e *VIII*). Não se enquadraria ao segredo maçônico mencionar aqui os graus a que pertencem as diferentes atitudes, porém todos os maçons as reconhecerão prontamente. Ainda que se considerem ridículas estas estatuetas, se fossem as únicas provas encontradas em Creta, bastariam para indicar a existência de Mistérios de caráter maçônico naquela antiquíssima civilização. Mas quando tais provas são apoiadas pelas várias outras aduzidas acima, não pode restar nenhuma dúvida de que há mais de quatro mil anos existiam em Creta Mistérios em que se usavam sinais e símbolos maçônicos. Tais Mistérios admitiam tanto homens como mulheres, e executavam seus ritos em templos muito semelhantes aos da moderna Maçonaria.

A

B

Figura IX

Sinais no Egito.

A. Anúbis (o condutor dos mortos) e um faraó.

B. Hathor.

4. Os Mistérios Judaicos

A DESCENDÊNCIA POR LINHA JUDAICA

Como se indicou na *Vida Oculta na Maçonaria,* conquanto os ritos e símbolos maçônicos modernos tenham origem egípcia, foi por intermédio dos judeus que chegaram até nós. A tradição dos Mistérios Judaicos é a que tem exercido maior influência em nossa Ordem, e por isso a maioria de nossas cerimônias e s.·.s se reveste agora de uma forma judaica.

Na *Vida Oculta na Maçonaria* explicou-se que muitas das tradições preservadas no Velho Testamento se baseiam em fatos, embora os acontecimentos relatados na história judaica tivessem sido exagerados e distorcidos pelo prisma de um patriotismo quase fanático da parte dos compiladores dos registros. As escrituras judaicas, tais como as temos hoje, foram quase totalmente reconstituídas depois que os judeus retornaram do cativeiro; e os escritores sacerdotais que fizeram este trabalho, transfiguraram as tradições poéticas de sua nação numa chama de apaixonado romance.

AS EMIGRAÇÕES JUDAICAS

O povo judeu é um rebento do povo semítico que constituiu a quinta sub-raça da raça-raiz atlante. Uns quatro mil anos antes do grande cataclismo de 75.025 a.C., que inundou todo o império atlanteano do Egito, o Manu conduziu para os planaltos da Arábia os seus seguidores escolhidos a fim de separá-los do tronco dos atlantes, e criar um novo tipo de indivíduos que mais tarde evoluíssem para a raça ariana. O Manu deu então instruções rigorosas no sentido de não haver cruzamentos matrimoniais com raças circunvizinhas, para que se pudesse manter a pureza da nova geração, e a ideia desses elementos de que eram "um povo escolhido" foi alimentada com essa finalidade. Pouco antes do cataclismo, uns setecentos dos melhores e mais promissores desses elementos foram conduzidos para a Ásia Central pelo Manu, e ali, após muitos milhares de anos, se desenvolveram numa grande nação, que foi o núcleo da raça ariana que mais tarde teria que governar o mundo.

Cerca de 40.000 a.C. o Manu conduziu a segunda sub-raça da nova raça-raiz para colonizar de novo a Arábia, porque os semitas que haviam sido deixados para trás eram, dos povos atlanteanos, os que mais se aproximavam do novo tronco. A Arábia tornou-se um grande reinado ariano, com exceção apenas de uma seção dos habitantes da parte sul da península, que se recusaram a reconhecer o Manu ou a casar-se com seu povo, baseando-se em suas próprias determinações contrárias anteriores. Mais tarde esta região foi conquistada pelos arianos, e um grupo fanático de seus habitantes abandonou seus lares e se estabeleceu à margem oposta do Mar Vermelho, na região ora conhecida por Somalilândia. Aqui viveram durante diversos séculos, porém, em consequência de uma tentativa da parte da maioria para cruzar-se com negras do interior, uma apreciável minoria se afastou da comunidade, e após muitas peregrinações, se viram em território egípcio. O faraó da época, interessado por sua história, ofereceu-lhes um distante distrito de seu reino para se estabelecerem, caso o desejassem. De quando em quando algum faraó tributava-lhes alguma taxa adicional e exigia-lhes trabalho obrigatório, o que eles consideravam uma infração de seus privilégios. Consequentemente, uma vez mais empreenderam uma total emigração sob a direção daquele que agora chamamos Moisés e, depois de outras peregrinações, se estabeleceram na Palestina, onde passaram a ser conhecidos como judeus, que ainda mantêm fortemente a ideia de que são um povo escolhido.*

Durante sua permanência no Egito, alguns deles foram iniciados em determinados graus dos Mistérios Egípcios. Moisés, como se disse mais tarde, "era instruído em toda a sabedoria dos egípcios",** e parece ter sido o fundador real dos Mistérios Judaicos, tanto quanto sugere a tradição, introduzindo a sucessão dos Ms. I. que ele recebera dos sacerdotes egípcios. Nossas investigações não confirmaram os acontecimentos relatados nos primeiros capítulos do Êxodo, referentes às dez pragas e ao castigo dos egípcios; os judeus partiram sem muita oposição, e depois de muitos anos de peregrinação pelo deserto, venceram várias tribos e se apossaram da Palestina. Sua emigração parece, com efeito, ter sido um tanto inspirada pelo Manu. Durante suas peregrinações usavam uma tenda para a celebração de seus Mistérios, que a tradição hebraica preservou como o tabernáculo. Nessa tenda trabalhavam com o essencial dos rituais egípcios, ainda que o conjunto da celebração em tais condições fosse em escala muito menor e menos esplêndida. Tais são os fatos que subsistem atrás da tradição maçônica da primeira ou santa Loja.

OS PROFETAS

Parece que Moisés entrara também em contato com o grande ritual de Amon, enquanto trabalhou nos Mistérios do Egito, e transmitiu aos seus sucessores pelo menos parte desta tradição. Em conexão com os Mistérios, nasceu posteriormente uma escola cujos membros alimentavam a ideia de personificar os filhos de

* Veja-se *O Homem: Donde e Como Veio e Para Onde Vai?*, Cap. XIV e XVI, *passim*.
** Atos, VII, 22.

Israel como um Ser que pudesse derramar bênçãos sobre todas as nações, e parcialmente por meio do ritual tentavam despertar entre eles o senso da unidade necessária a este objetivo. Havia também as escolas dos profetas, que eram preparados nos Mistérios e estudavam os ensinamentos mais profundos contidos nos antigos ritos. No Antigo Testamento se menciona uma escola dessas, como existente em Naioth, sob a direção do profeta Samuel,* bem como outras em Betei e Jericó.**

Estas escolas não se relacionavam com a profecia, em nosso moderno conceito de predizer o futuro, mas com o esforço para instruir o povo pela pregação. Sob muitos aspectos, pareciam assemelhar-se mais aos frades pregadores enviados pela Igreja Romana durante a Idade Média, como a Ordem dos franciscanos e outras. Tais pregadores, escolhidos dentre os levitas, eram enviados para proclamar, numa linguagem popular, os ensinamentos mais profundos. É provável que muitos dos maiores profetas judeus, como Isaías, Jeremias, Ezequiel e outros, tivessem pertencido a um desenvolvimento ulterior destas escolas; mas eram sempre algo pessimistas em suas visões, mesmo admitindo que diversos deles houvessem inquestionavelmente atingido altos níveis de sua consciência com suas profecias.

Seu método era, aparentemente, lançar-se num estado de tremenda exaltação, e depois olhar para um plano superior que abriam através de uma espécie de seta. Foi desta maneira que Ezequiel teve a visão dos quatro reis dos elementos.*** Estes grandes seres podem ser vistos claramente apenas com a visão do plano espiritual ou nirvânico. Não parece haver Ezequiel tocado diretamente esse exaltado nível, porém tomado ciência em seu êxtase, como que o contemplando de baixo.

* I Samuel, XIX, 20.
** II Reis, II, 2 e 5.
*** Cf. pp. 40-41. (N. do T.)

OS CONSTRUTORES DO T. DO R. S.

Tanto dos poderes internos como dos rituais egípcios, algo fora transmitido de geração em geração desde a época de Moisés até o rei Salomão, ao assumir o trono de seu pai Davi. Há alguma verdade na tradição conservada na Bíblia, embora haja exageros e enganos nos relatos que chegaram até nossos dias e muito do significado interno dos símbolos tenha sido esquecido.

O rei Salomão parece ter sido um homem de considerável energia de caráter e possuidor de algum conhecimento oculto, e a grande ambição de sua vida era fazer de seu povo uma forte e respeitada nação, capaz de exercer influência sobre as nações confinantes. Com esse fim ele construiu o Templo em Jerusalém, para ser o centro do culto religioso deste povo e símbolo de sua unidade nacional. Talvez não tenha sido tão majestoso quanto o relata a tradição, não obstante, o rei se sentia extremamente orgulhoso do Templo e o considerava uma das grandiosas realizações da época.

Nesta obra, assistiu-o seu aliado Hirão, rei de Tiro, que forneceu certa quantidade de material para a construção e emprestou muitos hábeis artesões para ajudar, pois os fenícios eram mais peritos em construções do que os judeus, que eram um povo eminentemente pastoril. Também uns cinquenta anos antes alguns dos grupos nômades de pedreiros denominados *artífices dionisianos* haviam se estabelecido na Fenícia, e por isso o rei Hirão pôde ceder muitos hábeis operários. Esta aliança faz parte da história secular, pois José nos fala que ainda em seus dias se podiam consultar as cartas trocadas entre os dois reis, que então existiam nos arquivos tirenses.*

Hirão Abiff também foi uma personagem real, embora não houvesse encontrado sua morte da maneira registrada na tradição maçônica. Foi mais um decorador do que o arquiteto efetivo

* José, *Ant.*, VIII.

do Templo, como nos dizem claramente os relatos bíblicos. "Hirão era cheio de sabedoria, de entendimento e de ciência para fazer toda sorte de obras de bronze".* "Ele sabe trabalhar em ouro, prata, bronze, ferro, pedra, madeira, púrpura; em azul, em linho fino e em carmesim; também sabe fazer toda sorte de obra de entalhe e idear qualquer coisa necessária".**

José confirma a tradição de que ele era mais um artista e um artesão do que um arquiteto: "Este homem era perito em todas as espécies de trabalho em ouro, prata e bronze, e fazia todos os trabalhos concernentes ao Templo, desejados pelo rei".*** Era filho da viúva de Neftali, e seu pai era um tirense, que o antecedeu nos trabalhos em bronze. Como eram muitíssimas as responsabilidades colocadas em suas mãos, e habilíssimo artista, parece que ele conviveu intimamente com o rei Salomão, e foi membro de seu conselho. Foi evidentemente tratado como um igual por ambos os reis, sendo essa uma das razões que levaram o irmão Ward a traduzir Hiram Abiff por "Hiram seu pai", e a representar o rei de Tiro como enviando seu abdicado pai para superintender a decoração do Templo.

A REFUNDIÇÃO DOS RITUAIS

Mas não estavam ainda completos os planos do rei para a consolidação de seu povo. Com a construção de seu Templo, havia ele formado um centro externo do culto nacional, e agora desejava que os Mistérios, o coração da religião de seu povo e o centro da consciência espiritual desse povo, fossem também puramente judaicos em sua forma. O cerimonial herdado da época mosaica era ainda

* I Reis, VII, 14.

** II Crôn., II, 14.

*** José, *Ant.*, VIII.

egípcio, e os iniciados dos Mistérios se ocupavam ainda, simbolicamente, da construção da grande pirâmide, a casa da luz, e da celebração da morte e ressurreição de Osíris. Mesmo que não tivesse os correspondentes salões de iniciação, o rei Salomão desejava que, no futuro, seu Templo substituísse a casa da luz egípcia, e se tornasse o centro espiritual dos Mistérios Judaicos.

O rei de Tiro apoiou entusiasticamente esta ideia; ele mesmo havia herdado ritos iniciáticos derivados dos Mistérios da Caldeia, uma antiquíssima linhagem de tradição provinda da época atlanteana, paralelamente com os Mistérios do Egito, e tendo seus próprios salões principais de iniciação em Babilônia. Sentia ele, igualmente, que era altamente desejável um centro mais próximo da pátria e em mãos amigas, e assim cooperou no plano de judaizar os antigos ritos e de concentrá-los no Templo de Jerusalém.

Primeiramente parece que ambos os reis enviaram uma embaixada ao Egito para consultar o faraó sobre o assunto, informando-o do templo que haviam construído e solicitando-lhe o reconhecimento do ramo judaico dos Mistérios. O Faraó não aceitou a sua proposta nem revelou qualquer entusiasmo, mas, antes, insinuou que nenhum estrangeiro poderia possivelmente compreender os Mistérios do Egito. Parece que os egípcios daquela época encaravam seus irmãos judeus com sentimento semelhante ao que a Grande Loja da Inglaterra teria para com o Grande Oriente do Haiti, se este lhe propusesse alterações em seu ritual: o interesse da Loja pela inovação seria decididamente frio. Não encontramos nenhuma confirmação da história do casamento do rei Salomão com a filha do Faraó, como relata a Bíblia. Com efeito, esta união é agora geralmente rejeitada pelos críticos, por impossível, pois, segundo as tábuas de Tell el-Amarna, uma princesa egípcia não podia casar-se com um estrangeiro.*

* *Peake's Commentary on the Bible*, p. 296.

A MISTURA DE TRADIÇÕES

Após o regresso de sua embaixada do Egito, os reis Salomão e Hirão reuniram o conselho de Jerusalém, e ficou decidido que procederiam imediatamente à obra de refundir os rituais na forma judaica. É um fato interessante que nas pessoas dos três membros principais do conselho estivessem representadas três linhas distintas de tradição, e que em nossos trabalhos podemos achar traços delas. O rei Salomão herdara a linha egípcia de sucessão derivada de Moisés; o rei Hirão de Tiro preservava a descendência caldaica, enquanto Hirão Abiff trazia consigo outra linha de tradição, que não derivava de nenhuma destas fontes.

Esta última linha era estranha e terrível, perpetuara-se provavelmente através de primitivas tribos selvagens, que mantinham costumes sanguinários de mutilação e sacrifícios humanos. Penso ser esta a linha a que se refere o irmão Ward em sua notável obra *Quem foi Hirão Abiff?*, onde aduz uma vasta soma de provas para demonstrar que a nossa história tradicional se baseia no mito da morte e ressurreição de Tamuz, e é em realidade uma descrição do assassinato ritualístico dos reis-sacerdotes daquela religião. Ele indica que as raças mais primitivas encenam um drama em que alguém, habitualmente um sacerdote ou rei, representa um deus que é assassinado e depois ressuscitado; que, em épocas mais primitivas, tal representante era efetivamente morto e oferecido como sacrifício para assegurar a fertilidade; que primeiro ouvimos falar deste mito de Tamuz ligado à Babilônia, e que as tribos das vizinhanças da Judeia se dedicavam todas ao culto dessa deidade. De fato, entre os próprios judeus notamos os profetas censurando as senhoras judias por participarem do ritual chorando sua morte.*

O próprio Salomão não era de modo algum definidamente monoteísta, e seu povo revelava distinta tendência para seguir deuses estrangeiros. Parece haver muitas provas de que a canção de

* Ezequiel, VIII, 14.

amor* atribuída a ele na Bíblia seja realmente um hino ritualístico a Astarteia** para quem ele construiu um templo muito próximo do de Jeová. Subsiste considerável incerteza em se saber se Balkis, Rainha de Sabá, foi uma personagem real, ou apenas uma personificação de Astarteia. Explica o irmão Ward que as festividades dos dois santos patronos da Franco-maçonaria, são João Batista no verão e são João Evangelista no inverno, são apenas uma perpetuação das festas do velho culto de fertilidade nos solstícios do verão e do inverno; que cultos similares se encontram entre outros povos, como teutônicos, celtas e gregos, e também entre os essênios, e que os Cavaleiros Templários trouxeram em seu regresso da Síria uma história muito semelhante à do 3°. A lenda de Jonas, observa ele, tem sido igualmente interpretada como um mito da morte e ressurreição, e essa personagem foi também sacrificada para apaziguar uma deidade e obter salvação para outros, tal como o era o rei-sacerdote da Antiguidade. Cita esse autor numerosos exemplos de sacrifícios de fundação e consagração, e sustentando que Hirão Abiff foi o pai daquele outro Hirão, rei de Tiro, escreve:

> Os fenícios e judeus adeptos do antigo culto Tamuz, sem dúvida sentiam que a Grande Deusa havia sido ludibriada nos justos tributos a ela devidos, ao não ser morto Hirão Abiff com a ascensão de seu filho, segundo os remotos costumes, e estavam certos de que poriam em perigo o futuro e estabilidade do Templo, se aquele não fosse sacrificado [...] Por isso creio que os operários fenícios, com ou sem o consentimento de Salomão, assassinaram o velho rei de Tiro, Abibaal ou Hirão Abiff, como um Sacrifício de Consagração.***

* Cf. *O Cântico dos Cânticos* bíblico. (N. do T.)

** A Deusa virgem dos fenícios. Cf. *A Doutrina Secreta* de H. P. Blavastky, Vol. II, p. 177, Editora Pensamento. (N. do T.)

*** *Who was Hiram Abiff?*, de J. S. M. Ward, p. 191.

Conquanto dificilmente possamos aceitar a sugestão de que seja totalmente síria a ascendência de nosso rito moderno, não podemos duvidar de que foi muito considerável a influência da terceira linha tradicional, contribuída especialmente por Hirão Abiff. Notamos igualmente que parece haver se restringido especialmente ao trabalho com metais.

Tudo o que em nossos rituais modernos encontramos acerca de Lameque e seus filhos; de Jubal, o fundador da arte musical, e de Tubalcaim, o primeiro artífice de metais, parece pertencer à linha tradicional introduzida por Hirão Abiff.

O conselho anteriormente referido foi o criador da maior parte de nossos trabalhos maçônicos modernos. O esquema do ritual egípcio foi cuidadosamente mantido (embora mais de uma vez o rei Salomão houvesse sugerido alguns pormenores a seu irmão Tiro), juntamente com os s.·.s, e conquanto as p.·.s passassem a ser dadas em hebreu, prevaleceu o significado egípcio.

O rei Salomão parece ter sido em grande parte o responsável por nossa cerimônia de elevação. Foi ele quem, no caso de Hirão Abiff, mudou a lenda de Osíris na do mestre construtor, que tentou escapar pelas p.·.s do S., N. e Or, e foi m.·.o porque não quis divulgar os s.·.s do M. M. O nome original do mestre construtor não era certamente idêntico ao que se dá agora, pois que ele próprio ajudara na construção da lenda; nem tampouco ocorreu qualquer fatalidade ligada à efetiva construção do sagrado Templo. A inserção do presente nome foi obra de Rehoboam, ao suceder seu pai Salomão no trono, como se disse em *A Vida Oculta na Maçonaria,* e assim passou a lenda a ser aplicada à pessoa de Hirão, o filho da viúva.*

No 3° do rito de Misraim existe ainda uma tradição muito curiosa. Naquele rito a figura central da lenda é H. A., que se diz haver retornado à sua família depois de concluído o Templo; mas

* Cf. I Reis, 7, 14. (N. do T.)

essa versão retroage até os dias de Lameque, cujo filho Jubal,* sob o nome de Harrio-Jubal-Abi, é apontado como tendo sido assassinado por três traidores: Hagava, Hakina e Heremda.** Como veremos mais adiante, o rito de Misraim é antiquíssimo, e pode muito bem corporificar uma tradição diferente da veiculada na Europa, pois parece haver sido ali introduzida, procedente do Oriente, pelos fins do século XVIII. É possível termos nela outro eco da linha de tradição que Hirão Abiff representou no conselho do rei Salomão.

Tal foi a importante obra empreendida pela segunda ou Sagrada Loja. A sucessão dos M. M. II. foi transmitida na nova dispensação, e desde então os Veneráveis de Loja, sucedendo aos Mistérios dos hebreus, têm se sentado sempre na cadeira do rei Salomão, ao passo que os dois guardiães ocupam as de Hirão, rei de Tiro, e de Hirão Abiff. Assim, por trás da nossa tradição maçônica existe uma verdade muito real.

A história original tradicional adaptada pelo rei Salomão continha muito mais da lenda de Osíris, e apresentava um todo mais coerente e racional do que a de hoje. Nela havia tanto a morte como a ressurreição do mestre-construtor, e a busca empreendida por Ísis do corpo de Osíris se refletia na busca do corpo do Mestre por certos artífices. Mas como esta cerimônia era transmitida mais oralmente do que pelos trabalhos ritualísticos, esteve mais sujeita a distorções no curso dos séculos. E foi exatamente isto o que aconteceu. De século em século as cerimônias eram transmitidas com poucas mudanças, porém, em diversas ocasiões foram revestidas de novos fraseados, que refletiam o espírito da época. Todavia, durante seu curso dos séculos, o 3° foi tristemente corrompido, até ao ponto de em sua atual forma não passar de uma simples sombra dos gloriosos ensinamentos dos Mistérios do Egito, de que derivou.

* Cf. *Gênese*, IV, 18 e 21. (N. do T.)

** *Encyclopaedia* de Mackey, verbete *Mizraim*.

A TRANSMISSÃO DOS NOVOS RITOS

Os Mistérios foram transmitidos de geração em geração, nos trezentos e cinquenta anos seguintes, durante a sobrevivência do reino de Judá. Em 586 a.C. a cidade de Jerusalém foi destruída por Nabucodonosor, e o povo conduzido cativo para Babilônia. Durante o cativeiro, os Mistérios foram interrompidos, e não parece provável que houvessem trabalhado seriamente durante os cinquenta anos de exílio. Não obstante, a sucessão dos Ms. Is. continuou ininterrupta, e quando o povo regressou de Babilônia para reconstruir o templo, também procurou reconstruir seus ritos de iniciação.

Daí encontrarmos os fatos subjacentes na tradição da terceira ou Grande e Real Loja; pois Zerubbabel, o príncipe de Judá, e Jeshua, o sumo sacerdote, foram em grande parte instrumentos deste trabalho de restauração e renascença. Deparou-se novamente com as mesmas dificuldades, pois jamais fora permitido escreverem-se os rituais. Foi de novo necessário confiar à memória a maior parte da tradição, e apenas muito poucos poderiam lembrar-se dos trabalhos efetivos dos dias anteriores ao cativeiro. Todavia, foram bem sucedidos na reconstrução dos ritos com tolerável exatidão, embora mais uma vez a história tradicional houvesse sofrido distorção, por ser imperfeitamente recordada.

Tal é a história da linha de sucessão que acidentalmente encontra sua expressão no Colégio Romano, em primeiro lugar pela sua direta descendência dos ensinamentos do rei Numa, e em segundo, pela emigração dos ritos de Atis e Cibele para Roma, pelo ano 200 a.C., e finalmente pelo regresso dos soldados dos exércitos de Vespasiano e Tito. Singularmente, destes colégios ela se transmitiu com poucas mudanças nos pontos essenciais até as nossas Lojas modernas.

Além dos três graus operativos que constituíam a estrutura dos Mistérios Judaicos, havia também outras tradições maçônicas importadas do Egito. Tal é a que atualmente opera no Santo Arco Real, enquanto as ideias contidas no que chamamos grau Marco estavam associadas com o 2°, como o Arco o estava com o 3°. Embora nos trabalhos ingleses o período do Arco esteja representado pelo de Zerubbabel e do segundo Templo, os Capítulos Irlandeses se referem a toda a lenda da época do rei Josias, ao passo que o Real Arco de Enoque, que difere consideravelmente nos detalhes, embora tendo a sua simbologia o mesmo significado e objetivo, é descrita como pertencendo ao tempo do próprio rei Salomão. É digna de nota a ausência de um período fixo, pois isso indica que a fixação histórica é de somenos importância, e que a finalidade precípua do grau é ministrar instruções simbólicas.

OS ESSÊNIOS E O CRISTO

A tradição dos Mistérios foi transmitida de século em século, até a vermos entre os essênios, que também parecem haver herdado ritos caldeus. Foi nesta escola que o discípulo Jesus viveu, preparando-se para o Seu ministério, após haver recebido uma alta iniciação nos verdadeiros Mistérios do Egito. Entre outros ritos caldeus, os essênios tinham herdado o que posteriormente foi conhecido como eucaristia mitraica, a cerimônia do pão, vinho e sal, a qual, como mais tarde veremos, foi transmitida através das idades até que foi incorporada no grau moderno da Rosa-Cruz de Heredom. Foi e é maravilhosa a consagração destes elementos, embora não estejam tão plenos da descida da Divina Presença, quanto o correspondente ritual de Amon usado no antigo Egito. Parece provável, no entanto, que o Senhor Cristo tomou a ceia mitraica como base de Sua santa eucaristia, e ao preservar o antigo simbolismo dos elementos, transformou-os em Seu próprio veículo especial, simbolizado como Seu corpo e sangue, que é o mais secreto e íntimo de todos os sacramentos conhecidos pelo homem.

A eucaristia mitraica punha o adorante em contato íntimo com a vida divina; a ceia da Rosa-Cruz eleva o Soberano Príncipe a uma maravilhosa união com Cristo, o Senhor do Amor; no ritual de Amon, os irmãos se inclinavam diante de cada um que participava do sacramento, dizendo: "Tu és Osíris". A santa eucaristia da Igreja Cristã é a última e mais maravilhosa de todas, pois nela recebemos a Ele, o Senhor do Amor, e a sagrada hóstia é exatamente tão pleno e perfeito veículo Seu quanto o foi o corpo de Jesus na Palestina, há dois mil anos. Parece provável que Ele recebeu o sacramento existente, que era regularmente celebrado na comunidade essênia, e o transfigurou numa outra e mais santa eucaristia, que se tornou a glória de Sua Igreja, de geração em geração.

O CABALISMO

Com o tremendo impulso que receberam com a vinda do Senhor, os Mistérios adquiriram uma inspiração maior do que a que tiveram desde a época de Moisés. Parte da instrução mística pertencente a eles foi mais tarde escrita, e na Cabala deparamos com fragmentos do conhecimento simbólico outrora propriedade privativa dos iniciados. Tão estreitas são as analogias entre certas doutrinas da Cabala e as dos primeiros graus da Maçonaria, que se chegou a supor que foram os estudantes cabalistas os introdutores da Maçonaria Especulativa em nossa Oficina Moderna.

O estudante ocultista não esposa esta ideia, pois sabe que nossos rituais especulativos remontam substancialmente a um passado bem anterior ao século XVIII, e que esses rituais perpetuam a tradição dos judeus, que o derivaram dos Mistérios Egípcios. Na literatura da Cabala ele vê um punhado de instruções pertencentes aos judeus, embora herdados por uma linha independente, que pode, não obstante, haver cruzado com a de nossa própria oficina e influenciado em alguma extensão em épocas posteriores. Na Cabala há muitos ensinamentos que esclarecem nossas cerimônias e símbolos, e um estudo da Teosofia cabalista pode ser proveitoso e interessante para o maçom.

O mais abreviado sumário é o máximo que podemos tentar fazer.* A literatura da Cabala representa um produto de muitos séculos, influenciado por numerosos tipos de pensamento: judaico, gnóstico, neoplatônico, grego, árabe e mesmo persa; e nunca foi completamente traduzida para qualquer língua europeia. Consiste de certos grandes textos escritos em hebreu e aramaico e de uma massa de comentários desses textos, feitos por judeus de muitos países e épocas. Os textos mais importantes são o *Sepher Yetzrirah,* que explica os significados místicos do alfabeto hebraico, e ergue um vasto sistema de especulação mística e oculta sobre combinações e permutações das várias letras; e o *Sepher Yetzrirah,* ou *Livro do Esplendor,* que é uma amálgama de história e lenda, de fábulas e fatos, de misticismo e especulação fantástica, que, como toda literatura desse gênero, contém inapreciáveis gemas de sabedoria oculta no meio de um amontoado de entulhos.

Ambos os textos pretendem datar do século II d.C., mas em realidade só foram escritos num período ulterior; o primeiro foi completado por volta do século X e, o segundo, antes do século XIII. Tornaram-se conhecidos das pessoas cultas da Europa mais ou menos na época em que a Maçonaria especulativa começou a emergir para a luz do dia (isto é, durante o século XVII) através de várias obras latinas, cujas principais são *Kabbala Denudata,* do barão Knorr von Rosenroth, o *Oedipus Aegyptiacus,* de Athanasius Kircher, o *De Arte Cabalística,* de Deuchlin, e uma tradução latina do *Yetzirah.* Como acentuou o irmão A. E. Waite, nossa principal autoridade neste campo:

* Veja-se *The Secret Tradition in Israel, The Secret Tradition in Freemasonry, A New Encyclopaedia,* todos do irmão A. E. Waite.

Toda a tradição escrita judaica pressupõe uma tradição que nunca tivera expressão gráfica. O *Zohar*, por exemplo, que é o seu principal compêndio, faz todo ele referência a um corpo de doutrina como algo perfeitamente conhecido pelo círculo de iniciação a cujo trabalho era exclusivamente destinado.*

O esqueleto deste corpo de doutrinas chegou até nós no simbolismo da Maçonaria, embora por uma linha muito diferente; e na Cabala podemos achar a chave de muitos pontos obscuros em nossos rituais modernos.

A ESPIRITUALIZAÇÃO DO TEMPLO

Dois conceitos místicos encontrados no *Zohar* se relacionam diretamente com nosso assunto: a espiritualização do Templo do rei Salomão, e a doutrina da Palavra Perdida. Ambas têm suas raízes nos Mistérios Egípcios, como já vimos. O Templo do rei Salomão formava a base física para uma vasta estrutura de especulação e pesquisa místicas, pois suas medidas e proporções, como se afirmava, tinham relação com as do universo, e todos os objetos sagrados que o Templo continha comportavam interpretações macrocósmicas e microcósmicas. O *Shekinah* ou glória divina que se irradiava do mais recôndito santuário, o Santo dos Santos, era interpretado, não como a divina presença que consagrava o templo visível, mas como Deus imanente em Seu universo e habitando no coração humano.

Ademais, a ideia dos judeus de que algum dia o Templo seria reconstruído é da mesma maneira espiritualizada e transformada, sendo tomada como uma alegoria da chegada à divina perfeição, tanto no homem como no universo. Os judeus, cuja mente orien-

* *Scent Tradition in Freemasonry*, I, 64.

tal se deleitava em exuberante e complexa alegoria, concebiam uma verdadeira cidade de templos, de que o rei Salomão era apenas o símbolo; templos e palácios, cada um relativo a um diferente aspecto ou plano da natureza e formando um intrincado sistema de reflexos e correspondências.

É nos Mistérios Egípcios que se encontra o protótipo de toda esta riqueza de simbolismo; ali se estudavam as medidas da grande pirâmide como emblemáticas das proporções do universo, e se encontravam vastos cabedais de conhecimentos ocultos e astronômicos. Os judeus aplicavam o que conheciam do sistema egípcio ao Templo do rei Salomão, refletindo a sabedoria do Egito através do prisma de seu ardente e poético temperamento. Uma parte dessa sabedoria passou para a literatura escrita e exotérica, e outra parte para as Lojas secretas da Maçonaria.

A PERDA DO NOME DIVINO

A segunda grande doutrina do cabalismo, que aqui nos concerne, é a da perda do Nome Divino, ou antes, do método correto de se pronunciar esse Nome. Os judeus concebiam este Nome como uma palavra de quatro letras, J.H.V.H., que geralmente lemos como Jeová. Relata a tradição que a Oniparente Palavra, que por ser o Nome de Deus, dominava todas as forças criadoras da natureza, era pronunciada pelo sumosacerdote uma vez por ano, no dia da expiação, porém que depois do exílio se perdeu a verdadeira pronunciação. As consoantes permaneciam, mas haviam-se esquecido os pontos vogais, essenciais à correta articulação.*

Isto se converteu numa bela alegoria da descida na matéria e da queda do homem. Pois imersos na matéria como nos achamos

* O atual sistema massorético de pontos vogais foi introduzido só no século X d.C.

em nosso presente estágio evolutivo, somos incapazes de pronunciar a palavra ou conhecer a divina natureza em sua plenitude; podemos perceber somente a capa externa das coisas, representadas pelas consoantes restantes. E mesmo esta não compreendemos, e por isso, ainda aqui é necessário um substituto secreto para o Nome Divino. E assim, na tradição, toda vez que ocorria a palavra *Yahweh* na leitura da Lei, substituíam-na pelo nome Adonai (significando "meu Senhor").* A tradição aguarda um futuro em que a época ou as circunstâncias restaurem o genuíno método da pronúncia, e o homem retorne a Deus de quem ele emanou, capaz de pronunciar a palavra em todo o seu pleno poder, para comandar as forças latentes em sua própria divindade.

Tudo isto estava mesclado à doutrina do Logos, a Palavra de Deus, tão admiravelmente exposta por Filo, e comunicada aos cristãos pelas palavras iniciais do evangelho de são João, pois toda a tradição da Palavra Divina se originou nos Mistérios do Egito. O verdadeiro Tetragrammaton não era o Nome hebraico de Deus, mas outra palavra muito mais antiga, que sempre foi conhecida entre os iniciados de alto grau. Este simbolismo teve um desenvolvimento cristão com a invenção de uma joia usada por determinado alto oficial do Rito Escocês.

Pela antiga convenção, a palavra estava perdida, e mesmo depois de restaurada pela abertura de certo túmulo secreto, desconhecia-se a sua pronúncia exata; não foi ainda atingida a finalidade das pesquisas, mas está à vista. A nova convenção acrescentou ao centro ainda mais uma letra, a mística *Shin,* emblema do fogo e do Espírito, e foi assim que a palavra *Jehovah* se tornou *Jeheshua,* o Nome do Cristo.

Essas coisas são apenas alegóricas, pois é somente pelo encontro do Cristo no coração que se pode redescobrir a palavra

* A moderna palavra *Jehovah* se forma usando as consoantes JHVH e intercalando-lhes as vogais da palavra Adonai.

perdida, e é esse mesmo encontro que traz o conhecimento do verdadeiro Tetragrammaton, o segredo da eternidade do ser humano, que desde o princípio tem estado inscrito na cruz do sacrifício e sempre se manteve oculto no coração do mundo, entre as coisas secretas de Deus.

Tal é o breve esboço dos Mistérios Judaicos, cuja tradição foi levada para Roma, de onde, através dos colégios, se transmitiu às corporações medievais, para surgir finalmente no século XVIII, nos rituais especulativos dos graus operativos, no Santo Arco Real, no grau de Mestre Marco Maçom, e nos outros emblemas e cerimônias que foram incorporados a certos graus subsidiários, simbólicos em sua época, pertencentes à antiga convenção.

Os Mistérios Judaicos são a fonte da atual tradição, pois os três graus operativos constituem, como sempre constituíram, a base de todo o sistema de iniciações maçônicas, já que entesouram as relíquias dos Mistérios Menores e Maiores do Egito, que só se podem denominar graus em sua forma original. Mas antes de passarmos a abordar nosso elo seguinte na cadeia da descendência maçônica — o de Roma e seus colégios — convém considerar brevemente certos outros grandes sistemas de Mistério, que foram famosos no mundo antigo.

5. Os Mistérios Gregos

OS MISTÉRIOS ELEUSINOS

Chegamos agora aos Mistérios da Grécia, dos quais os mais importantes e os mais bem conhecidos foram os Eleusinos. Parece haver-se espalhado amplamente uma ilusão, cuja origem podemos descobrir nos escritos dos padres cristãos, de que os Mistérios da Antiguidade eram mantidos secretos porque continham muita coisa imprópria, que não suportaria a luz do dia. Que isso não é absolutamente verdadeiro posso eu dar meu testemunho direto, por ter sido um iniciado dos Mistérios; neles não havia nada passível de objeção. Seus ensinamentos eram todos do mais elevado e puro quilate, e só poderiam beneficiar muitíssimo todos os que tivessem o privilégio de serem neles iniciados. Tanto no período clássico como no pós-clássico, os homens mais eminentes deram testemunho de seu valor. Algumas citações — amostras dentre muitas — bastarão para comprová-lo.

Deles fala Sófocles, o grande poeta trágico:

> Três vezes felizes são os mortais, que descem aos reinos de Hades depois de haverem contemplado os Mistérios. Pois ali só eles entrarão na posse da verdadeira vida: para os demais haverá apenas sofrimento.*

* Sófocles fr. 348, citação de Foucart: *Les Mystères d'Eleusis*, p. 362.

Pela boca de Sócrates diz Platão naquela admirável cena da morte, no *Fédon:*

> Admito que possuíam iluminação os homens que estabeleceram os Mistérios, e que, em realidade, tiveram intenção velada ao dizerem, há longo tempo, que quem quer que vá para o outro mundo sem estar iniciado e santificado, jazerá no lodo, mas quem chegue ali iniciado e purificado, morará com os Deuses.*

Cícero fora neles iniciado e os tinha na mais alta reverência;** ao passo que Proclo nos diz nos últimos dias da fé pagã:

> Os santíssimos Ritos de Elêusis concedem aos iniciados o gozo dos bons ofícios de Kore ao se libertarem de seus corpos.***

É certo que na época da decadência de Roma havia cerimônias degeneradas, ligadas aos Mistérios de Baco e envoltas de orgia de natureza muito desagradável, porém de maneira alguma estiveram vinculadas aos Mistérios Eleusinos, que então se achavam quase totalmente desaparecidos.

O mundo moderno pouco sabe da verdade acerca dos Mistérios Gregos, pois suas atividades e doutrinas foram efetivamente conservadas secretas. Além da tremenda pressão da opinião pública, que tratava a mais leve violação de segredo como um ato de terrível sacrilégio, ouvimos falar da penalidade de morte infligida num caso de acidental intrusão de dois não iniciados no claustro sagrado em Elêusis, durante a celebração dos Mistérios.**** Muito pouco, de fato, recebemos diretamente de fontes pagãs; a maioria

* Platão, *Phaedo,* Ed. Loeb, p. 241.

** Cic., *De Leg.*, II, 14.

*** Proclus, *Comment. in Plat. rem pub.*, citação de Foucart, *loc. cit.*, p. 364.

**** *Livy,* XXXI, 14.

de nossas informações procede de escritores cristãos, como Hipólito, Clemente de Alexandria, Orígenes, Arnóbio e outros, que se empenhavam em destruir tanto quanto possível da religião pagã, e por isso sempre se referiam aos Mistérios sob o pior prisma possível. Conhece-se alguma coisa de umas poucas provas externas aplicadas aos candidatos, e da instrução ministrada através dos vários mitos. Quando pessoas de fora insistiam em colher informações inadiáveis, isso era o máximo que os oficiais permitiam revelar-lhes.

A ORIGEM DOS MISTÉRIOS GREGOS

O fundador original dos Mistérios Gregos foi Orfeu, uma encarnação do mesmo grande Instrutor do Mundo que viera do Egito 40.000 anos a.C., como Tot ou Hermes, para pregar a doutrina da luz oculta. Mas agora foi diferente a Sua mensagem, pois se dirigia a uma raça diferente:

> Adveio Orfeu pelo ano 7.000 a.C., e residia comumente nos bosques, onde reunia Seus discípulos. Não lhe deram os reis as boas-vindas nem o aclamaram cortes. Ele viera como bardo, amante da natureza e satisfeito de viver nos ensolarados campos e nas sombrias selvas, avesso às cidades e às aglomerações humanas. Ao seu redor crescia um grupo de discípulos, aos quais instruía ao clarão dos bosques silenciosos, onde só se ouviam o canto das aves e os sons melodiosos da selva, não suficientes para quebrar a quietude da paragem.
>
> Ensinou-lhes a música vocal e instrumental com a lira de cinco cordas, da qual sem dúvida se derivou a de apoio, empregando para isso a escala de sete tons. Os devas se agrupavam para executar os delicados sons que Orfeu arrancava da lira, cuja surpreendente música purificou e expandia os corpos astral e mental de Seus discípulos, e os retirava do mundo físico para

atuarem livremente nos mundos superiores. A música de Orfeu era completamente distinta das seriadas repetições com que obtiveram os mesmos resultados os músicos da raça-tronco, cujo estilo introduziram na Índia. Orfeu se valeu da melodia e não da repetição de sons análogos: cada centro etérico necessitava de sua própria melodia para animá-lo e pôr em atividade. A Seus discípulos mostrou vívidas cenas musicais, e pelo mesmo processo se continuou esse ensinamento nos Mistérios que d'Ele derivaram por tradição. Ensinou que o som estava em todas as coisas, e que se o homem se harmonizasse consigo mesmo, a divina harmonia se manifestaria nele e por ele e alegraria toda a natureza. Assim percorreu Orfeu o país de Helas, entoando cantos e escolhendo por toda a parte aqueles que desejassem segui-lo. Teve também canções apropriadas para o povo, e por toda a Grécia teceu uma rede musical que haveria de influir na beleza física e no gênio artístico dos helenos.*

Esta maravilhosa tradição dos Mistérios de Orfeu foi transmitida durante milhares de anos, até que nos períodos clássicos encontramos, de um lado, as Escolas Órficas, de que a de Pitágoras foi um esplêndido rebento, e do outro, o maior de todos os Mistérios Gregos, de Elêusis, que conservaram numa forma cerimonial muito do antigo ensino.

Uma relíquia da tradição de Orfeu se encontra no fato de que o hierofante dos Mistérios Eleusinos era sempre escolhido entre a família dos Eumolpidos, os descendentes do fabuloso Eumolpo, cujo nome significava "o doce cantor". E, uma das mais importantes qualificações para o cargo era a posse de uma bela e ressoante voz, com a qual os sagrados cantos pudessem ser corretamente entoados.**

* *O Homem: Donde e Como Veio e Para Onde Vai?*

** *Les Mystères d'Eleusis,* Paul Foucart, Paris, 1914, p. 170.

OS DEUSES DA GRÉCIA

A ideia grega do culto diferia muito de nossas concepções atuais. Não se deve supor que qualquer dos gregos educados cresse literalmente na mitologia de sua religião. Às vezes se indaga como era possível que grandes nações, como Roma ou Grécia, permanecessem satisfeitas com o que comumente chamamos suas religiões: um caos de mitos incoerentes, muitos deles nem mesmo decentes, descrevendo deuses e deusas que eram distintamente humanos em suas ações e paixões, e em constantes querelas entre si. A verdade é que ninguém se achava satisfeito com isso, nem de maneira nenhuma significava o que entendemos como religião, embora, sem dúvida, o povo ignorante o tomasse como tal. Todos os homens cultos e pensadores estudavam um ou outro dos sistemas de filosofia, e em muitos casos eram também iniciados da escola dos Mistérios. Era este ensino superior o que realmente modelava suas vidas e desempenhava para eles o papel do que chamamos religião, a não ser que fossem francamente agnósticos, como o são muitos homens cultos da atualidade. Todavia, alguns mitos significativos eram explicados nos Mistérios e interpretados como envolvendo uma instrução oculta relativa à vida da alma.

Não obstante, muitos dos deuses da Grécia eram personagens reais, que desempenhavam seus papéis na vida do povo, e lhe serviam de canais da bênção divina. O aspecto principal da religião externa da Grécia era o culto do belo. Sabia-se naquele país que toda verdadeira obra de arte irradiava uma atmosfera de alegria e beleza, e por isso os gregos se rodeavam e a seu culto com toda a espécie de coisas belas. Sabiam que os deuses se manifestavam através da beleza, e eram aspectos e canais da beleza una; e assim reuniam correntes da divina influência ao seu redor e derramavam bênçãos sobre o mundo.

Os deuses da Grécia não eram idênticos aos reverenciados no Egito; representavam aspectos algo diferentes do único Deus eterno, sob formas adequadas ao desenvolvimento da sub-raça céltica, que era essencialmente um povo artista, como o egípcio havia sido cientista. Como não ignoram os estudantes do sentido oculto da religião, cada sub-raça tem sua apresentação especial da verdade, suas próprias formas divinas, através das quais rende seu culto ao Supremo. O tipo da religião é estabelecido pelo próprio Instrutor do Mundo, de acordo com o desenvolvimento e cultura que têm de ser as características distintivas da raça a que Ele se dirige, bem como sua contribuição para o plano da evolução mundial. Na Grécia, como no Egito, havia uma multiplicidade de destas formas divinas, algumas das quais representadas e animadas por grandes anjos, que podem ser comparados, de certa forma, com os adorados em nações cristãs: são Miguel, são Gabriel, são Rafael e outros. Os deuses da Grécia não eram menos reais do que estes grandes seres, embora pertencessem a um tipo inteiramente diferente, que mais se assemelhava aos anjos presidentes dos vários países do que aos governantes das nove ordens de hostes angélicas.

Palas Atena, a deusa da sabedoria, de olhos cinzentos, era um ser esplêndido e magnífico, que através de seus devotos praticamente governou Atenas na Antiguidade. De influência enormemente estimuladora, ela não era, porém, tanto uma corporificação da compaixão ou do amor, como a Bendita Virgem Maria, mas, antes, da eficiência e daquela perfeita exatidão da forma que constitui a essência de toda a verdadeira arte. Muita da maravilhosa arte grega foi diretamente inspirada por ela; e para satisfazê-la, tinha que ser o mais elevado, o mais verdadeiro e o mais exato. Ela não podia tolerar uma simples linha mal colocada, mesmo no menor objeto.

Em Atena havia algo do aço polido; era fria e aguçada como um florete, tremendamente poderosa, mantendo o povo no nível mais elevado, mais nobre, mais puro e mais belo, e contudo menos por causa de um amor abstrato pela beleza do que porque seria uma desgraça ser algo que não fosse belo. Praticamente, não havia nenhum elemento emotivo relacionado com Palas Atena; dominava uma apreciação intelectual de sua grandeza, uma intensa devoção ao longo de linhas mentais; mas ninguém se arriscava a algo que se assemelhasse a afeição pessoal.

Ela conservava Atenas em perfeita ordem, dirigindo-a, governando-a, alimentando sua população com sua maravilhosa inspiração, e velava pelo progresso da cidade com o mais vivo interesse, com a determinação de que ela fosse superior a Esparta, Coríntia e outras cidades gregas.

Em Hera temos uma personagem real de estilo semelhante, porém muito diferente de Palas Atena. Era uma das muitas encarnações ou formas do aspecto feminino do primeiro raio, e concebida como a Rainha do Céu. Corresponde mais aproximadamente à deusa Parvati indiana, o *shakti* ou poder de Shiva, imaginada como Sua consorte, tal como Hera era consorte de Zeus.

Dionísio era o próprio Logos, tal qual o fora Osíris no Egito, embora sob aspecto algo diferente. A lenda de Sua morte e ressurreição correspondia intimamente com a de Osíris, e era ensinada com a mesma significação nos Mistérios da Grécia. Febo Apolo, o Deus do Sol e da música, cujo símbolo era a lira, parece ter sido originariamente Orfeu; de sorte que ao reverenciá-lo, os gregos em realidade ofertavam seu amor ao grande Instrutor do Mundo. Deméter e sua filha Perséfone ou Kore eram especialmente reverenciadas de Elêusis. Estas duas divindades personificavam as grandes forças da natureza; a primeira, a nutriente maternidade da terra, e a segunda, a vida criativa que faz a terra brotar e produzir grãos, flores e frutos, e encolher-se de novo ante o assalto do inverno, numa espécie de hibernação, uma vida interior oculta, somente para irromper como que numa nova encarnação sob a influência da primavera. Deméter parece corresponder a Uma, a Grande Mãe, ainda venerada na Índia.

Afrodite, a deusa do Amor, "imortal Afrodite do recamado

trono", como a chama Safo, representava o aspecto feminino da divindade, ou a divina compaixão. Chamavam-na a "nascida da espuma", pois misticamente a concebiam nascida das águas do oceano. Swinburne a descreve em magníficos versos:

> Sua longa cabeleira fartamente impregnada do aroma e
> [colorido das flores
> Branca rosa da rósea água cristalina, argênteo esplendor,
> [uma chama...
> que, em seu místico nascimento,
> Da enfunada vaga brotou, imperial, de pé sobre o mar.
> E a reconheceram maravilhados, as águas, os ventos e as
> [invisíveis rotas
> E tornaram-se, mais rosadas as rosas, e mais azulada a
> [corrente azul-marinha das enseadas.

Este belo simbolismo de seu nome se refere à forma da divindade, à raiz da matéria, chamada o "mar profundo" ou o "mar virgem", que, por estar impregnada da divina vida e beleza, dá nascimento às mais lindas formas. O título "nascida da espuma" é particularmente adequado quando consideramos que todas as formas são construídas de agregações de borbulhas assopradas no "mar profundo", o éter do espaço.

Tudo isto era explicado aos iniciados dos Mistérios. No título "Estrela do Mar" de Maria Nossa Senhora cintila a mesma ideia mística; embora ela corporifique em si uma manifestação mais plena do divino amor na perfeição da eterna maternidade, e ainda unifique em si muitos aspectos da divindade que estavam divididos na Grécia. Havia, pois, dois aspectos do culto de Afrodite. O aspecto superior estava incorporado em *Aphrodite Ouranios,* a Afrodite celeste, que era em verdade "a Mãe de imaculado amor". Mas havia um aspecto inferior de seu culto como *Aphrodite Pandemos,* o amor terreno comum, que conduz ao mal e a baixas paixões, indignos do nome amor, e este aspecto era o mais proeminente na época em que a antiga religião havia se tornado antiquada e corrompida. Afrodite corresponde, em alguma medida, a Lakshmi na Índia.

Os deuses estavam ligados aos mistérios, e operavam com seus fiéis devotos e através deles; porém mesmo nos Mistérios havia menos devoção e mais apreciação intelectual do que em nossa religião da atualidade. Ao estudar como trabalhavam os diferentes ramos dos Mistérios em vários países, apenas podemos apresentar certas analogias; não podemos alimentar a esperança de fazer exatas comparações, e a dificuldade é ainda maior quando procuramos comparar as crenças antigas com as modernas, pois seus conceitos diferem muitíssimo dos nossos.

OS OFICIAIS

O controle dos Mistérios Eleusinos nos tempos clássicos esteve nas mãos de duas famílias: os eumolpidas e os *keryces* ou arautos, que estavam também ligados ao culto do Apolo Pítio em Delfos. A maioria dos oficiais era escolhida dentre estas duas famílias, embora houvesse também importantes representantes civis do Estado Ateniense, que eram responsáveis pelo cerimonial público dos Mistérios, tanto quanto pelo controle das finanças.

O oficial principal era o hierofante, perpétuo, escolhido por sorteio dentre os eumolpidas. Era o único guardião das relíquias (Hiera), os tesouros sagrados muito cuidadosamente conservados em Elêusis e que desempenhavam tão notável papel na magia cerimonial dos Mistérios. Era invariavelmente um homem de avançada idade e posição elevada, em cujas mãos repousava o controle supremo do cerimonial secreto. Em grau hierárquico igual ao seu se achava o dadoucos, o portador perpétuo da dupla tocha, selecionado dentre a família dos *keryces*. Ambos os oficiais habitavam o sagrado claustro de Elêusis, no qual só podiam penetrar os iniciados; mas enquanto o hierofante permanecia quase inteiramente recluso, o dadoucos tomava frequentemente parte ativa em funções públicas.

Um terceiro oficial era o Hierocer, ou arauto sagrado, também perpétuo e escolhido entre a família de *keryces*. Um de seus deveres consistia em fazer a proclamação solene ao *mystae* antes de sua iniciação nos Mistérios Maiores, para guardarem sigilo sobre os assuntos sagrados.

Um quarto oficial era o Sacerdote do Altar, igualmente escolhido entre os *keryces*, que em épocas posteriores era o responsável pelos sacrifícios.

No período áureo dos Mistérios nunca foram oferecidos sacrifícios animais, porém, como em todos os sistemas religiosos, houve época em que a tradição se tornou mero formalismo, diminuindo muito o conhecimento interno. Foi então que certos ensinamentos relativos ao significado do sacrifício e seu lugar na vida espiritual, foram deturpados e materializados na cruel superstição de que era necessário sacrificar animais à divindade.

Havia também duas sacerdotisas, dedicadas às duas deusas que presidiam os Mistérios: Deméter e Kore. Além dessas, havia uma sacerdotisa de Deméter, que parece ter estado intimamente ligada a certos outros ritos das deusas, franqueados somente a mulheres (Tesmofórias, Haloa), bem como aos Mistérios de Elêusis. Do cerimonial participava também um número menor de oficiais. Como no Egito, as mulheres eram admitidas nos Mistérios em condições iguais às dos homens, e entre os sexos não se fazia nenhuma distinção, a não ser funcional.

A instrução dos candidatos estava a cargo dos Mistagogos, que ensinavam sob a supervisão do hierofante e preparavam os iniciados para a celebração dos Mistérios, comunicando-lhes certas fórmulas que seriam requeridas no decurso ao cerimonial. Em Elêusis existia uma ordem claustral de mulheres, com voto de celibato e consagradas à vida superior. Parece provável serem estas as "abelhas" de que falam Porfírio e outros escritores.*

OS MISTÉRIOS MENORES

Os Mistérios Eleusinos se dividiam em dois graus: os Menores e os Maiores. Não encontramos nenhum traço do sistema trigradual sugerido por alguns tratadistas, embora houvesse cerimoniais especiais para a posse dos oficiais principais. Os Mistérios Menores eram celebrados no Templo de Deméter e Kore, em Agrae, perto de Atenas, no mês de março. Ali eram ministrados ensinamentos relativos à vida após a morte, no mundo intermediário ou astral, tal como nos Mistérios Menores do Egito, e neste sentido é possível comparar os Mistérios Menores com o nosso 1º grau maçônico, embora não correspondam exatamente os detalhes do cerimonial. A cerimônia era conduzida pelo hierofante de Elêusis, assistido por vários oficiais, e os iniciados deste grau eram chamados *mystae*.

Iniciavam-se as cerimônias com uma purificação preliminar ou batismo nas águas de Ilisso, durante o qual se recitavam algumas fórmulas. Continuavam no recesso do templo, em que se exibiam ao candidato representações do mundo astral, e se ministravam ensinamentos sobre os resultados de certas linhas de conduta sobre a vida póstuma. Primitivamente, quando o hierofante diretor dos estudos descrevia o efeito de algum vício ou crime particular, aplicava seus poderes ocultos para materializar algum bom exemplo do efeito que suas palavras pintavam. Em alguns casos, diz-se, habilitavam os sofredores a falarem e explicarem a condição em que se achavam como consequência de sua negligência, durante a vida terrena, das leis eternas que governam

* *Les Mystéres d'Eleusis*, Foucart, Cap. VI e VIII, *passim*.

os mundos. Às vezes, ao invés disto, para instruir os neófitos, materializavam uma vívida imagem do estado de alguma vítima de sua própria loucura.

Como no Egito, na época da decadência já não havia nenhum hierofante que possuísse poderes para produzir essas ilustrações ocultas, e consequentemente seu lugar foi ocupado por atores fantasiados para representarem os sofredores, e em alguns casos, por imagens espectrais projetadas por meio de espelhos côncavos, ou mesmo por figuras mecânicas ou estatuárias habilmente executadas. Certamente todos os interessados compreendiam perfeitamente que se tratava apenas de representações, e ninguém foi jamais levado a supor que se tratasse de casos originais. No entanto, certos de nossos escritores eclesiásticos não conseguiam compreender este particular, e alguns deles desperdiçaram muito tempo e ingenuidade em "expor" decepções que jamais enganaram alguém, pelo menos dentre todos os que estiveram especialmente relacionados com elas.

Além dos ensinamentos sobre os exatos resultados na vida astral da ação e pensamento no mundo físico, propiciava-se muita instrução sobre cosmogonia, bem como se explicava satisfatoriamente a evolução do homem neste planeta, e também com a ajuda de cenas e figuras ilustrativas, primeiramente produzidas por materialização, e posteriormente por imitações de várias maneiras.

Os iniciados dos Mistérios tinham numerosos provérbios e aforismos peculiares a eles mesmos. "A morte é vida, e a vida é morte" era um dito que não necessitará qualquer interpretação para o estudante do lado interno da vida, que compreenda, pelo menos em alguma extensão, quão infinitamente mais real e vívida é a vida em qualquer outro plano fora desta prisão carnal. "Quem quer que busque realidades nesta vida, buscá-las-á depois da morte; quem quer que busque irrealidades nesta vida, buscá-las-á depois da morte", era outra declaração perfeitamente em harmonia com os fatos da existência *post-mortem*. Isso confirma a grande verdade, em que tão frequentemente achamos necessário insistir, de que a morte em nada altera o homem real, mas a sua disposição e maneiras de pensar póstumas permanecem exatamente as mesmas anteriores.

Os mitos da religião exotérica da nação eram tomados e estudados nos Mistérios Eleusinos tal qual nos Mistérios do Egito. Entre os relacionados com a vida póstuma se achava o de Tântalo, que fora condenado a sofrer perpétua sede no Hades. A água o rodeava por todos os lados, mas refluía dele toda vez que tentava bebê-la; sobre sua cabeça pendiam galhos de frutas, que se contraíam quando ele estendia a mão para apanhá-las. Isto era interpretado no sentido de que quem morre cheio de desejos sensuais de qualquer espécie, depois da morte se sente ainda cheio de desejos, mas impossibilitado de satisfazê-los.

Outro conto é o de Sísifo, condenado a empurrar eternamente para o cimo de uma montanha um enorme bloco de pedra mármore, que tão logo alcançava o topo rolava de novo montanha abaixo. Isso representa a condição após a morte de um homem cheio de ambição pessoal, que passou sua vida a traçar planos com fins egoístas. No outro mundo continua traçando e executando planos, mas sempre descobre, no momento de completá-los, que não passaram de um sonho. O fígado de Tito era incessantemente devorado pelos abutres; isto simbolizava o desejo voraz que dilacera o homem até ser consumido pelo sofrimento.

Por muitos processos desse estilo é o desejo purificado, e o homem então pode passar a viver no mundo-céu, que era o tema da instrução dos Mistérios Maiores.

Tal como nos Mistérios do Egito, dentro dos Mistérios Menores existia uma escola interna para o preparo de candidatos especialmente selecionados. A estes se ensinava a despertar os sentidos do plano astral, de maneira a poderem verificar pessoalmente as instruções recebidas nos Mistérios. Como no Egito, as severas provas de coragem eram aplicadas somente aos poucos dentre os admitidos nos Mistérios que desejassem empreender um treinamento oculto positivo, e tornarem-se ativos trabalhadores nos planos astral e superiores. Dezenas de milhares de pessoas eram iniciadas sem essas provas. Um autor clássico mencionou uma reunião de trinta mil iniciados. Todas as pessoas de intenções sérias se inclinavam para esses Mistérios, da mesma maneira que os jovens de ambos os sexos da melhor categoria de nossos tempos sentem vocação pelas grandes universidades; e adicionalmente, muitos eram, então, os interessados por um ou outro dos sistemas de filosofia.

Esta escola interna era mantida secreta, de modo que ninguém, mesmo dentre os iniciados, conhecia sua existência até que fosse efetivamente recebido nela. A vestimenta do *mystae* era a policroma pele de corça (Nebris),* um adequado emblema do descontrolado corpo astral, que neste 1º grau tinha que ser educado e submetido ao domínio da vontade. Essa vestimenta correspondia à da pele de leopardo usado pelos sacerdotes egípcios, e à da pele de tigre ou antílope tão frequentemente utilizada pelos iogues orientais.

OS MISTÉRIOS MAIORES

Os Mistérios Maiores eram realizados em Atenas no mês de setembro (Boedromion). Em conexão com a sua celebração, toda a Grécia entrava em férias santas, e efetuavam-se esplêndidas procissões públicas, a que se reunia toda a massa popular, tanto de iniciados como de não iniciados. Estas procissões públicas foram descritas detalhadamente por escritores seus contemporâneos; mas além destas descrições exotéricas, nada se conhece no mundo externo acerca dos Mistérios Maiores, a não ser algumas obscuras insinuações. No 13º dia de Boedromion os jovens rapazes se

* *Recherches sur les Mystères du Paganisme.* Por M. le Baron de Sainte-Croix. Paris, 1817, Tomo I, p. 347.

reuniam em Elêusis para formar a escolta da procissão solene para Atenas, que distava de Elêusis uns dezenove quilômetros. No 14º dia, as relíquias (Hiera) eram solenemente escoltadas até a capital, acompanhadas do hierofante e seus oficiais, dos membros das famílias sacerdotais, do colégio de sacerdotisas e da comitiva do templo eleusíno.

As relíquias eram tratadas com a mais profunda reverência, e conduzidas em grandes cestas de vime seguradas por faixas de lã púrpura, colocadas num carro cerimonial. Só se permitia que as pegassem o hierofante e seus ministros, e ninguém que não fosse iniciado poderia vê-las, sob pena de morte. Durante o resto do ano elas permaneciam num santuário ou capela (Anactoron), no Templo de Elêusis, onde eram guardadas com o mais rigoroso cuidado e respeito, como sendo de origem divina.

Quando a procissão atingia os arredores da cidade de Atenas, as relíquias eram acolhidas pelos magistrados e pelo povo, e escoltadas com toda a pompa até o Eleusinion, ao pé do Acrópolis. Tal qual o Templo mater em Elêusis, este era circundado de altos muros, e a entrada só era permitida aos iniciados. No 15º dia do mês, o da lua cheia, reuniam-se os *mystae* que iam ser promovidos para os Mistérios Maiores, e fazia-se a solene proclamação, enumerando aqueles a quem estava proibido o acesso aos Mistérios... "Cujas mãos não estão limpas... cuja voz não é inteligível".* Esta última qualificação tem sido tomada como significando que só poderiam ser admitidos nos Mistérios as pessoas que falassem grego. Mas M. Foucart sugere a explicação mais provável de que a voz devia ser clara a fim de que as fórmulas sagradas pudessem ser pronunciadas corretamente, e compara esta qualificação ao título egípcio *Mat-heru,* que significava não apenas "de voz verdadeira", mas alguém que é capaz de exercer sem engano os poderes ocultos

* Libanius, citação de Foucart, *op. cit.*, p. 311.

do som.* Quando nos recordamos da tradição de Orfeu e compreendemos a importância do som nos Mistérios Gregos, percebemos não ser sem fundamento esta conjetura.

No 16º dia do mês os *mystae* tomavam um banho cerimonial de purificação no mar; no 17º e 18º dias tinham lugar em Atenas várias procissões públicas, ao passo que os *mystae* permaneciam reclusos no templo, recebendo instrução e preparando-se pela meditação para sua iniciação nos Mistérios Maiores. No 19º dia formava-se a grande procissão de iniciados a Elêusis; e as relíquias eram reconduzidas ao seu antigo repositório com a maior pompa e esplendor solenes possíveis. E os candidatos e irmãos marchavam triunfalmente até o templo de iniciação, acompanhados de vastas multidões populares.

Primeiro vinha o carro de laço, levando a estátua do "formoso jovem Deus", que era uma das formas de Dionísio, a "esplendente estrela da iniciação noturna" como o chama Aristófanes.** Depois marchavam os jovens, coroados de mirto, com escudos e lanças resplandecentes à luz solar cujo dever e privilégio eram escoltar as relíquias sagradas, erguidas no alto do carro cerimonial dentro das grandes cestas de vime, ainda atadas com lã de púrpura. Atrás delas vinham o hierofante e seus oficiais, vestidos de roupas de púrpura e levando coroas de mirto, seguidos pelos *mystae* a cargo dos mistagogos. Após eles marchava a vasta companhia de iniciados e povo, dispostos segundo suas tribos e demos, e precedidos pelos magistrados civis e conselho dos quinhentos. E toda a multidão era seguida por uma tropa bagageira conduzindo leitos e provisões para os poucos dias de permanência em Elêusis.

A procissão chegava à sagrada vila depois do anoitecer, e luzia qual rio de fogo à luz das chamejantes tochas conduzidas por to-

* *Ibid.*, p. 149.

** Aristófanes, *Frogs*, 346.

do o povo. Após tremenda ovação, eram as relíquias introduzidas no claustro sagrado pelo hierofante, que de novo as colocava no santuário secreto no interior do salão de iniciações (Telestérion). Nos dois dias seguintes, durante os quais se ministrava a instrução cerimonial efetiva, os iniciados permaneciam nos claustros do Templo. E concluía-se toda a gloriosa celebração com uma vasta reunião festiva fora dos muros do Templo, de que participavam todos os cidadãos, que depois regressavam pacificamente para seus lares.*

Nos Mistérios Maiores o ensinamento relativo à vida após a morte abrangia o mundo-céu, e correspondia assim ao nosso 2º grau. Os iniciados eram denominados *epoptae,* e sua vestimenta inicial não era mais uma pele de corça, mas um velocino dourado; daí, naturalmente, todo o mito grego de Jasão e seus companheiros.

Aqueles que contemplaram a esplêndida irradiação de tudo o que pertence a esse plano mental, ou mundo-céu; que notaram os inúmeros vórtices produzidos pela incessante emissão e impacto das formas-pensamento; que se lembram ser de um brilhante amarelo especial a cor que manifesta atividade intelectual, reconhecerão não ser esta nenhuma representação inepta.

Nesta classe, como na inferior, havia dois tipos de iniciados. Os primeiros eram os que podiam aprender a usar o corpo mental, e a formar em redor dele o vigoroso veículo temporário de matéria astral, que tem sido às vezes chamado *mayavi-raupa.* Os segundos eram constituídos pela grande maioria que não se achava ainda preparada para este desenvolvimento, mas podia, contudo, ser instruída quanto ao plano mental e aos poderes e faculdades apropriadas a ele. Assim como nos Mistérios Menores os homens aprendiam o exato resultado após a morte de certas ações e maneiras de viver no mundo físico sobre o mundo intermediário, assim também nos Mistérios Maiores aprendiam como é que

* *Les Mystères d'Eleusis,* Cap. XI e XII, *passim.*

atuavam no mundo-céu as causas geradas nesta existência inferior. Nos Menores esclareciam-se a necessidade e o método do domínio dos desejos, paixões e emoções; nos Maiores, ministrava-se a mesma instrução com referência ao domínio da mente.

Prosseguia-se também na instrução relativa à cosmogênese e antropogênese. Nos Mistérios Maiores, em lugar de limitar suas instruções aos amplos bosquejos da evolução pela reencarnação (que parece não haver sido ensinada claramente na religião externa), e das raças anteriores da espécie humana, os iniciados recebiam agora uma descrição de todo o esquema, ensinado atualmente pelos teósofos, incluindo as sete grandes cadeias de mundos e suas posições respectivas no conjunto do sistema solar. Seus termos diferiam dos atuais teosóficos, mas a essência da instrução era a mesma; onde falamos de sucessivos fluxos e ondas de vida, eles falavam de éons e emanações, porém não resta nenhuma dúvida de que conheciam plenamente os fatos, e os representavam a seus discípulos em maravilhosas visões dos processos cósmicos e suas analogias terrenas.

Tal como no caso dos estados *post-mortem,* tais representações eram primitivamente produzidas por métodos ocultos; porém mais tarde, quando faltaram, foram substituídos por processos mecânicos e pictóricos, cujos resultados eram muito inferiores. Para ensinar pela lei das correspondências a verdade da evolução cósmica, faziam ilustrações do desenvolvimento do embrião humano, por meio de figuras ou modelos, no mesmo estilo em que poderíamos mostrar alguns deles por meio de um microscópio. Cabe-nos lembrar que Madame Blavatsky adotou um método similar na *Doutrina Secreta* para ilustrar o mesmo processo evolutivo.* É provável que a compreensão errônea da representação de alguns desses processos de reprodução é que se degenerou na

* *Op. cit.,* Vol. III, p. 441 da edição inglesa, e Vol. VI, p. 153 da edição castelhana de 1946.

ideia de indecência, e assim se lançou a semente que mais tarde germinou nas falsas e insensatas acusações de cristãos ignorantes e beatos.

O cerimonial dos Mistérios Maiores culminava na exposição de uma espiga de trigo. Eis o que diz Hipólito a respeito:

> Ao mesmo tempo que iniciavam o povo nos Ritos Eleusinos, os atenienses descortinavam aos admitidos ao grau mais elevado desses Mistérios o poderoso, maravilhoso e mais perfeito segredo adequado a um iniciado nas mais elevadas verdades místicas: refiro-me a uma espiga de trigo silenciosamente colhida. Entre os atenienses também se considerava que esta espiga constituía a perfeita e grandiosa iluminação que descia do indescritível Uno, como o próprio hierofante o declara.*

Este símbolo aludia à vida divina de Deus, sempre mutável, sempre renovada, sepultada na terra dos planos inferiores, tão só para nascer em outras formas para uma vida mais plena e abundante, num ciclo infindo de manifestações sucessivas. O processo era explicado pelo hierofante aos iniciados, e a simplicidade do símbolo e a profundidade do seu significado formavam um apropriado clímax para uma maravilhosa cerimônia.

OS MITOS DOS MISTÉRIOS MAIORES

Nas instruções dadas aos iniciados se explicava detalhadamente o significado dos vários mitos. A lenda de Perséfone ou Prosépina (Kore) era evidentemente uma parábola oculta na descida da alma na matéria. Se nos lembrarmos do conto que nos relata haver Prosérpina se desviado enquanto colhia a flor do nar-

* Hipólito, *Refutation of All Heresies,* Book V, III (Ante-Nicene Library Ed.).

ciso, logo nos advém uma sugestão da sua conexão com esse outro mito da vida da alma. Representa-se Narciso como tendo sido um jovem de extraordinária formosura, que se apaixonou por sua própria imagem refletida num poço de água, e foi depois transformado pelos deuses numa linda flor. Ensinava-se que a alma não se achava originariamente imersa na matéria, e não necessitaria disso, não fosse o fato de haver sido atraída por sua própria imagem às condições inferiores da matéria, simbolizada pela água. Iludida por seu reflexo, ela se identifica com a personalidade inferior e, por fim se afunda por completo na matéria; contudo, a semente divina subsiste e acaba brotando como uma flor. Era enquanto estava inclinada sobre Narciso que Prosérpina foi presa e arrebatada pelo Desejo, que é o rei do mundo inferior. Embora ela fosse liberta do cativeiro completo pelo esforço de sua mãe, contudo, depois disso, teve que passar metade de sua vida no mundo inferior, e metade no mundo superior, isto é, parcialmente encarnada e parcialmente não.

O Minotauro, morto por Teseu, era a personalidade humana, "meio animal, meio homem". Teseu personifica o Eu superior, que foi gradualmente se desenvolvendo e concentrando energias até afinal poder manejar a espada de seu divino pai, o Espírito. Guiado através do labirinto da ilusão, que constitui estes planos inferiores, pelo fio do conhecimento oculto ministrado por Adriane (a intuição), capacita-se o Eu superior para matar o inferior e safar-se seguramente da teia da ilusão. Contudo lhe subsiste ainda o possível perigo de, com o desenvolvimento do orgulho intelectual, negligenciar a intuição, tal como Teseu negligenciou Adriane, e assim fracassar na tentativa de alcançar suas mais altas possibilidades. A lenda do assassínio de Baco pelos Titãs, o seu esquartejamento e a sua ressurreição dentre os mortos, era igualmente ensinada, com a mesma interpretação dada à lenda de Osíris nos Mistérios do Egito: a descida do Uno para tornar-se o múltiplo e a reunião do múltiplo no Uno através do sofrimento e do sacrifício.

A MAGIA DOS MISTÉRIOS MAIORES

Nos Mistérios Eleusinos eram os iniciados postos em íntima comunhão com a divindade por meio de alimento e bebida especialmente consagrados. Davam-lhes taças de água altamente magnetizada, e durante as cerimônias da iniciação se comiam bolos consagrados. São Clemente de Alexandria nos dá a fórmula ou a palavra de passe dos Mistérios Eleusinos, que por alguns foi tomada como se referindo a este sacramento: "Provei; bebi e trago; tirei da arca; tendo provado, coloquei na cesta, e da cesta, na arca".* Encontramos em muitas religiões método semelhante de se transmitir a divina bênção ao povo.

As relíquias (Hiera) já mencionadas eram objetos físicos saturados de elevado magnetismo, através dos quais se executava o lado mágico dos Mistérios. Eram propriedade pessoal da família sacerdotal dos Eumolpidas, que se sucediam de geração em geração. Tanto a sua exposição como a explicação do seu significado simbólico eram uma das atribuições do ritual eleusino.**

Um destes objetos era o caduceu, a vara do poder, cingido pelas serpentes enroscadas e encimado pelo pinhão. Era o mesmo que o tirso, e dizia-se que era oco para se enchê-lo de fogo. Na Índia se usa uma vara de bambu com sete nós, que representa a espinha dorsal com seus sete centros ou chakras.*** Um candidato, depois de iniciado, era frequentemente descrito como alguém que havia sido tocado pelo tirso, mostrando que este não era um simples emblema, mas tinha uma utilidade prática. Também indicava o cordão espinhal, terminado na medula, ao passo que as serpentes simbolizavam os dois canais chamados *Ida e Pingala* na terminologia oriental; e o fogo encerrado dentro dele era o fogo ser-

* Clem. Alex., *Exhortation to the Greeks.* Ed. Loeb, p. 43 (Lobeck).

** Foucart, *op. cit.,* p. 150.

*** Consultar *Os Chakras,* C. W. Leadbeater, Editora Pensamento, 1960.

pentino conhecido em sânscrito por *kundalini*. O hierofante o colocava nas costas do candidato, e assim o utilizava como um instrumento para lhe despertar as forças latentes e separar o astral do físico, a fim de capacitá-lo a passar plenamente consciente para os planos superiores. Para auxiliá-lo nos esforços que tinha pela frente, o sacerdote lhe transmitia assim algum de seu magnetismo próprio. Esta vara de poder era da máxima importância, e muito bem compreendemos o respeito que lhe tributavam quando entendemos algo de sua potência oculta.

Havia também o *krater* ou taça, sempre associada com Dionísio e que é um emblema do corpo causal do homem, que tem sido sempre simbolizado por uma taça cheia de vinho da vida e amor divinos. Sua tradição transpôs os séculos e se misturou com a do Santo Graal, que tão notável papel desempenhou no romance e na lenda medievais primitivos.

Entre os sagrados símbolos se encontravam ainda estátuas altamente magnetizadas e ricamente adornadas de joias, que haviam sido herdadas de um remoto passado, e eram a base física de certas poderosas forças invocadas nos Mistérios. Havia também uma lira, tida como a mesma de Orfeu, em que se tocavam certas melodias acompanhadas de cantos sacros e jogos de Baco, com os quais brincava quando foi preso e retalhado pelos Titãs; jogos dignos de nota e cheios de significação. Os dados com que ele brincava são os cinco sólidos platônicos, os únicos polígonos regulares possíveis em geometria. São lançados numa série fixa, que concorda com os diferentes planos do sistema solar. Cada um deles indica, não a forma dos átomos dos diferentes planos, mas as linhas pelas quais atua o poder que circunda esses átomos. Tais polígonos são o tetraedro, o cubo, o octaedro, o dodecaedro e o icosaedro. Se colocamos o ponto numa extremidade e a esfera na outra, teremos uma série de sete figuras, correspondentes ao número de planos de nosso sistema solar.

Em algumas das antigas escolas filosóficas dizia-se: "Não pode ingressar quem não conheça matemática". Isso não alude ao que atualmente conhecemos por matemática, porém àquela ciência que inclui o conhecimento dos planos superiores, de suas mútuas relações, e do processo da construção do conjunto pela vontade de Deus. Platão proferiu uma profunda verdade dizendo: "Deus geometriza", verdade que projeta muita luz nos métodos e mistérios da evolução. Estas formas não são concepções do cérebro humano, mas verdades inerentes aos planos superiores. Formamos o hábito de estudar os livros de Euclides, mas os estudamos agora por estudá-los e não como um guia para algo superior. Nossos antigos filósofos ponderavam neles porque conduziam à compreensão da verdadeira ciência da vida.

Outro brinquedo de Baco era um pião, o símbolo do remoinhante átomo desenhado na obra *Química Oculta*. Outro ainda era uma bola, que representava a Terra, essa parte particular da cadeia planetária a que o pensamento do Logos se dirige especialmente no momento. Havia ainda um espelho considerado sempre um símbolo da lua astral, em que as ideias arquetípicas se refletem e depois se materializam. Assim, cada um destes brinquedos indica uma parte essencial na evolução de um sistema solar.

OS MISTÉRIOS OCULTOS

As duas divisões de Mistérios Menores e Maiores anteriormente mencionados são geralmente conhecidas, todavia poucos sabem que sempre houve, no fundo e acima desses mistérios, o Mistério Maior da Senda da Santidade, cujas etapas são as cinco grandes iniciações igualmente mencionadas. A própria existência da possibilidade desse futuro progresso não era certamente conhecida nem pelos iniciados dos Mistérios Maiores, até que estivessem efetivamente preparados para receber os místicos apelos do seu interior. Conhecendo a situação histórica da época, pode-se compreender prontamente a razão desse sigilo. Os imperadores romanos, por exemplo, sabiam da existência dos Mistérios Menores e Maiores, e insistiam por serem iniciados neles. Pela história sabemos que muitos dos imperadores dificilmente reuniam condições que lhes permitissem desempenhar papel relevante numa corporação religiosa, mas teria sido muito difícil aos hierofantes recusarem a entrada a um imperador de Roma. Como certa vez se disse: "Não se pode arguir contra o senhor de trinta legiões". Muitos dos imperadores teriam certamente matado quem se opusesse a algo que desejassem. Por isso não se tornava pública a existência dos verdadeiros Mistérios, e ninguém sabia deles enquanto não fosse julgado por aqueles que o podiam fazer, digno de ser ali admitido. A instrução destes graus superiores é ainda franqueada aos dignos, e somente aos dignos; porém precisam preencher certas condições, como expliquei no livro *Os Mistérios e a Senda.*

Assim, os Mistérios de Elêusis correspondiam estreitamente aos do Egito, embora diferissem em pormenores; e ambos esses sistemas conduziam seus iniciados, quando convenientemente preparados, para essa sabedoria de Deus que existia "antes do começo do mundo". Na Maçonaria não herdamos diretamente a sucessão eleusina, ainda que alguma de sua inspiração e influência haja sido transmitida a certas escolas místicas da Idade Média. Não obstante, nossos ritos têm o mesmo propósito, simbolizam os mesmos mundos invisíveis, e visam preparar candidatos para a mesma augusta realidade velada igualmente em todos os verdadeiros sistemas de Mistérios.

A ESCOLA DE PITÁGORAS

O grande filósofo Pitágoras nasceu em Samos pelo ano de 582 a.C., e foi o fundador da escola que conservou o seu nome, e estudou seus ensinamentos na Grécia, Itália, Egito e Ásia Menor. Diz o Sr. G. R. S. Mead sobre a escola pitagórica:

Os mais refinados caracteres femininos que a Grécia nos apresenta foram formados na Escola de Pitágoras, e o mesmo é verdadeiro em relação aos masculinos. Os escritores da Antiguidade eram concordes em que esta disciplina havia sido bem-sucedida em produzir os mais elevados padrões, não somente da mais pura castidade e sentimento, mas também de simplicidade de maneiras, delicadeza e gosto por pesquisas sérias, que eram sem paralelo.*

Pitágoras viajou por muitos países da bacia mediterrânea, estudando durante alguns anos no Egito, onde foi iniciado em Sais. Iniciou-se também nos Mistérios Eleusinos, Cabeirico e Caldeu, e assim foi profundamente versado no conhecimento oculto do antigo mundo. Além de suas viagens, margeando pelas praias do Mediterrâneo, Pitágoras foi até a Índia, onde entrou em contato com o Senhor Buda e se tornou seu discípulo. Passou alguns anos na Índia, e relata-se que teve a subida honra de uma entrevista com o Instrutor do Mundo seguinte, a santa criança Shri Krishna, que o abençoou e fez regressar para a Europa, para fundar seu sistema de filosofia e instrução esotérica. Assim, na escola pitagórica se reúnem muitas linhas de tradição, que eram fundidos num ensinamento compreensivo sobre o lado oculto da vida.

Existe um curioso manuscrito antigo, chamado o *Leyland-Lock MS.*, que esteve por algum tempo na Biblioteca Bodleian, porém que recentes investigadores não puderam descobrir. Sua autenticidade tem sido discutida por algumas autoridades, "mas — diz o irmão Ward — sobre bases completamente impróprias".** Computa-se a data de 1436, e está escrito no antigo inglês castiço da época, sob a forma de perguntas e respostas. Na parte referente à Franco-maçonaria se pergunta onde ela começou, e se res-

* *Orpheus*, G. R. S. Mead, pp. 265 e 266.

** *An Outline History of Freemasonry*, de J. S. M. Ward, p. 24.

ponde haver começado com os primeiros homens do Oriente, os quais existiram antes do primeiro homem do Ocidente. Depois se pergunta quem a trouxe para o Ocidente, e se responde: "Os venezianos etc.".

E continua:

> O grego Peter Gower viajou para estudar no Egito, Síria e em todos os países onde os venezianos haviam fundado a Maçonaria, e tendo conseguido entrar em todas as Lojas, ele se instruiu muito. Depois regressou para a Magna Grécia, onde se revelou um poderoso exegeta, de grande renome; fundou uma famosa Loja em Groton e formou muitos maçons, dos quais alguns viajaram para a França e fizeram muitos maçons. Daquele país a arte passou para a Inglaterra.

Conta-se que este manuscrito intrigou muito John Lock, até que deduziu que Peter Gower fora *Pitagore* (pronúncia francesa de Pitágoras); que Groton fora Crotona, e que venezianos foram os fenícios.

Não é de se admirar que diga Mackey: "Nada tem de singular o fato de os antigos Maçons haverem chamado Pitágoras de seu 'antigo amigo e irmão'".

Pelo ano de 529 a.C. Pitágoras se estabeleceu em Crotona, no sul da Itália, e ali permaneceu até que, forçado por conflitos políticos, se transferiu para Metaponto. Em Crotona ele se tornou o centro de uma ampla e influente organização, uma fraternidade religiosa que se estendeu por todos os países de fala grega. "O número é grande e perfeito e onipotente, e o princípio e guia da vida divina e humana" dizia Filolau. Essa sentença expressa a tônica do sistema de Pitágoras. O número é ordem e limitação, e só ele torna possível o cosmos. Por números se move a natureza, e compreender os números é dominar a natureza. Daí por que os pitagóricos procuravam compreender a natureza dos números, e descobrir sua atuação no universo, quer nos vastos movimentos ordenados dos céus, quer nas disposições da terra. Daí também a sua dedicação pela matemática, a ciência que (pelo menos no concernente à Europa) se pode quase dizer haver sido criada por Pitágoras, tanto a aumentou e sistematizou. Encontrou-a como uma série de fatos esparsos e não relacionados, e deixou-a como uma ciência. A metempsicose ou reencarnação fazia parte essencial de seus ensinamentos; conseguia-se, pois, a purificação da alma pelas repetidas descidas à matéria, com os consequentes retornos aos mundos invisíveis para transmutar a experiência em faculdade.

OS TRÊS GRAUS

As escolas pitagóricas trabalhavam em estreita associação com o ensino dos Mistérios, mas sem as cerimônias; apresentavam uma exposição filosófica dos mesmos grandes fatos dos mundos internos. Os discípulos eram ali divididos em três graus, que correspondiam quase exatamente aos dos primitivos cristãos, que os denominavam os estágios da purificação, iluminação e perfeição, respectivamente, incluindo o último, aquilo que são Clemente de Alexandria chama o "conhecimento científico de Deus". No esquema pitagórico o primeiro grau era o dos *akoustokoi* ou ouvintes, que participavam das discussões e palestras, porém guardavam absoluto silêncio nas reuniões, durante dois anos, dedicando-se a escutar e aprender.

Ao finalizar tal período satisfatoriamente, eram os estudantes elegíveis para o segundo grau, o dos *mathematikoi.* A matemática que aprendiam não se restringia, no entanto, ao que atualmente entendemos por esse termo. Nós estudamos esta ciência com um fim em si, mas entre eles era apenas uma preparação para algo muito mais amplo, superior e mais prático. A geometria que conhecemos atualmente, era ensinada no mundo externo, na vida comum, como uma preparação; mas dentro destas grandes escolas o assunto era muito mais ampliado, até o estudo e compreensão da quarta dimensão e das leis e propriedades do espaço superior.

A geometria pode, assim, ser perfeitamente compreendida se a tomamos em seu conjunto, não parcialmente e como uma introdução para um desenvolvimento superior. Ela leva o homem até a compreensão de todas as oitavas de vibrações, tanto para vastas áreas de que a ciência ainda nada conhece, como, também, até as intrincadas relações ocultas dos números, cores e sons, as várias dimensões tridimensionais do poderoso cone espacial, e a verdadeira configuração do universo. O estudo da matemática proporciona vasta soma de conhecimentos aos que sabem empreendê-lo corretamente e ensina-nos a verificar como são construídos os mundos.

Os *mathematikoi* punham os diversos ramos da matemática (geometria, álgebra e aritmética) e a música em relação umas com as outras, e descobriam suas mútuas correspondências, que são notáveis. Quem saiba algo de música não ignora que existe uma proporção fixa entre os comprimentos das cordas que produzem determinados sons. Um piano pode ser afinado segundo um certo sistema de quintetos, e a relação dos diferentes tons, um para com o outro, pode ser expressa pelo número de vibrações de cada tom; assim uma corda harmônica pode ser regulada matematicamente. Isto foi descoberto primeiro por experiências; mais tarde os matemáticos descobriram quais deveriam ser as proporções, e depois, outra vez pela experiência, se verificou sua exatidão. Mas a peculiaridade está em que os números que produzem uma corda harmônica mantêm entre si a mesma relação existente entre certas partes dos sólidos platônicos. Nossa escala, tão diferente da antiga escala grega, que consistia de cinco tons, pode ainda deduzir-se das proporções daquelas cinco figuras platônicas, que se estudavam há mais de dois mil anos na Grécia. Pode-se julgar não haver muita relação entre a matemática e a música, mas por aqui vemos que ambas são partes de um grande todo.

O terceiro grau dos pitagóricos era o dos *physikoi;* não os físicos no moderno sentido desse termo, mas os estudantes da verdadeira vida interna, que aprendiam a distinguir a vida divina sob todos os seus disfarces, e assim podiam compreender o curso de sua evolução. Desses estudantes se exigia a mais exaltada pureza de vida. De Mackey é o seguinte relato da Escola de Crotona:

> Os discípulos desta escola usavam roupa simplíssima, e tendo em seu ingresso entregue todas as suas posses ao fundo comum, submetiam-se durante três* anos à pobreza voluntária, e durante esse período se mantinham em rigoroso silêncio. Os estudantes eram divididos em Exotéricos e Esotéricos. Esta distinção fora traçada por Pitágoras, imitando os sacerdotes egípcios, que ministravam processo similar de instrução. Os estudantes exotéricos eram os que assistiam às reuniões públicas, em que o sábio comunicava as instruções éticas comuns. Mas apenas os esotéricos constituíam a verdadeira escola, e só a estes chamava Pitágoras, segundo Jâmblico, seus companheiros e amigos. Antes da admissão do candidato aos privilégios da escola, sua conduta anterior era rigidamente esquadrinhada, na iniciação preparatória se lhe prescrevia o sigilo por meio de um juramento, e se submetiam sua fortaleza e autodomínio às mais severas provas. Os irmãos, cerca de seiscentos em número, com suas esposas e filhos, residiam num grande edifício. Todas as manhãs se planejavam as ocupações e deveres, e à noite se apresentava um relatório das atividades do dia. Levantavam-se antes de amanhecer o dia, para dedicar seus atos devocionais ao sol, e recitavam versos de Homero, Hesíodo, ou algum outro poeta. Dedicavam vá-

* Devem ser apenas dois anos.

rias horas ao estudo, após o que havia um intervalo antes do jantar, que era ocupado em andar e em exercícios ginásticos. A alimentação consistia principalmente de pão e mel.

Conquanto não encontremos nenhum nexo direto entre a Escola de Pitágoras e os graus da Maçonaria moderna, foi profunda a influência de Pitágoras sobre nossos Mistérios, como os maçons sempre o reconheceram. A tradição de Pitágoras se transmitiu para as escolas Neoplatônicas, e dali muitos de seus ensinamentos internos vieram ter a mãos cristãs, e formaram a base de muitas das escolas de instrução mística, que nos tempos medievais guardaram alguns dos segredos que se mantêm atualmente nos graus maçônicos superiores.

Existe uma sucessão de ideias, tanto quanto de poder sacramental, e pode-se seguramente dizer que a escola de Pitágoras é um dos elos da cadeia da filosofia maçônica, ainda que atualmente a maior parte dessa filosofia tenha se desvanecido de nossos ritos. A Pitágoras se atribui o descobrimento da 47ª proposição de Euclides, que constitui a atual joia do P. M. I. na Maçonaria inglesa, e é o fundamento não só de grande proporção da geometria exotérica, como também, num sentido místico, de todo o sistema dos Mistérios, e com efeito, de todo o universo. É impossível uma exata apreciação da influência de qualquer determinada linha de tradição. Só podemos dizer que alguns dos ensinamentos pitagóricos, provavelmente transmitidos por diversas linhas de descendência mutuamente interatuantes, se misturaram com a Maçonaria da Idade Média e formaram parte da instrução interna que esteve ligada às cerimônias herdadas de fontes judaicas pelos construtores operativos. Esses foram conservados secretos, sob juramento, e emergiram na Maçonaria Especulativa depois da Reforma, vindo assim a fazer parte de nosso presente sistema maçônico.

OUTROS MISTÉRIOS GREGOS

Uma outra linha de tradição é a dos Mistérios de Dionísio (ou de Baco, como o chamavam os romanos), que se aproximavam muito mais do esquema egípcio de iniciação do que os ritos eleusinos. Foram celebrados em toda a Grécia e Ásia Menor, porém principalmente em Atenas, e transplantados para Roma, constituíram depois um elo da cadeia da descendência maçônica. Sua lenda capital trata do assassínio de Dionísio pelos Titãs, e de sua subsequente ressurreição.

Começavam os mistérios pela consagração de um ovo, simbolizando o ovo mundano de que provieram todas as coisas. O candidato era coroado de mirto, vestido de roupas sagradas, exortado a ter coragem, e depois conduzido através de cavernas escuras, entre uivos de feras selvagens e outros ruídos temíveis, enquanto fatos de luz revelavam monstruosas aparições à sua vista. Depois de três dias e noites desta espécie de experiência, ele era deitado numa maca, numa cela solitária, onde se ouvia um súbito estrépido de águas, representando o dilúvio, e a execução do assassinato de Dionísio, cujos membros eram espalhados nas águas. A seguir, entre lamentações, começava Réa a busca dos restos mortais de Dionísio, e guinchos e gemidos estrugiam pelos cômodos, acompanhados das danças fanáticas dos Coribantes.* Subitamente se encontrava o corpo, a cena se transformava em alegria, e o aspirante era liberto de seus constrangimentos.

Depois disso ele descia às regiões infernais, onde via os sofrimentos dos maus e as recompensas dos bons, e em seguida se tornava um *epopt* ou vidente: aquele que do alto podia observar o mundo, vê-lo como um todo, e portanto, compreendê-lo. Entre os seguidores desta forma báquica dos Mistérios se achavam os célebres Artífices Dionisianos, uma sociedade secreta, comprometida

* Sacerdotes da deusa Cibele, da mitologia grega. (N. do T.)

pelos mais rígidos juramentos a não revelar seus s.·.s e p.·. de p.·., e adotando emblemas emprestados do ofício de construtores. Estes grupos nômades de operários construíram templos em toda a Síria e Ásia Menor, tal como os grupos de maçons construíram depois igrejas na Europa.

Sobre eles escreveu o irmão Ward:

> Parece haverem atingido a Ásia Menor procedentes do sudeste, e segundo Estrabão, poderiam descobrir-se vestígios seus em toda Síria e Fenícia, via Pérsia e Índia. Aparentemente chegaram na Fenícia uns cinquenta anos antes da construção do templo do R. S. e só a sua presença pode explicar a maneira como se construiu aquele templo. Com efeito, a própria Bíblia torna indiscutivelmente claro que o templo não foi construído por judeus, que naquela época eram um povo agrícola, totalmente incapaz de empreender a tarefa de construir um edifício tão bem elaborado.
> Da mesma fonte aprendemos que os principais arquitetos e homens vieram da Fenícia, e nas fundações admitidas como do primeiro templo, foram encontradas letras fenícias... Da Fenícia se espalharam primeiro para a Ásia Menor, e depois, para a Grécia, de onde, no decurso do tempo, sem dúvida colonizadores gregos levaram membros da corporação para a Magna Grécia, antiga denominação do sul da Itália.*

Diz-se que esse culto de Dionísio sobreviveu na Trácia até 1908, numa forma ligeiramente modificada em Viza, e talvez ainda exista.**

No mesmo território da Fenícia, celebravam-se os mistérios de Adônis ou Tamuz em Biblos ou Gebal, onde viviam os gibelins

* *An Outline History of Freemasonry,* de Ward, p. 22.

** R. M. Dawkins, *Journal of Hellenic Studies,* XXVI (1906), pp. 191-206.

ou pedreiros, derivando seu nome do da cidade. A lenda destes mistérios é uma interessante combinação dos do Egito e Elêusis, sendo a morte e ressurreição de Adônis entretecidas com um tema sobre seu exílio durante seis meses do ano, o que nos lembra o destino de Prosérpina.

Este culto aparece sob muitas formas, algumas delas selvagens e sanguinárias, evidentemente derivadas das tenebrosas e aviltadas crendices de tribos pré-históricas e mesmo canibais. No relato feito à página 67 se pode ver alguma sugestão a este respeito.

Os mistérios de Átis e Cibele na Frígia tinham muitos pontos em comum com o último aqui mencionado, sendo a morte e a ressurreição de Átis o mito central. Existiram também outros cultos de mistério, todos ensinando ideias similares. O dos *Kabeiroi,* na Samotrácia, que na antiguidade foi mantido muito honrosamente, é considerado por alguns eruditos como o mais antigo de todos, e esta teoria é apoiada pelos nomes bárbaros das divindades nele envolvidas. Mas mesmo esses são mitos de morte e ressurreição, e a divindade, neste caso, se chamava Kasmilos.

Parece provável que quando Virgílio, no sexto livro da *Eneida,* descreveu a descida de Eneias ao inferno, teve a intenção de oferecer uma representação do que acontecia em alguns desses Mistérios.

6. Os Mistérios Mitraicos

ZARATUSTRA E O MITRAÍSMO

Sob muitos aspectos, os Mistérios de Mitra se assemelhavam aos da Grécia, porém sempre mantiveram certas características específicas, e a linha de sucessão que transmitiam diferia da dos três graus da Maçonaria Azul. Alguns de seus traços mais importantes parecem haver se incorporado ao 18º grau. Andavam impregnados de uma forte índole militarista, e exigiam de seus devotos uma pureza de vida quase ascética.

Assim como os Mistérios do Egito e Grécia nasceram das encarnações do Instrutor do Mundo como Tot e Orfeu, respectivamente, também o esquema mitraico nasceu de Sua encarnação como Zaratustra, na Pérsia, cerca de 29.700 a.C. Referia-se a Mitra, capitão das hostes do deus da luz e salvador do gênero humano.

O MITRAÍSMO ENTRE OS ROMANOS

Tem se dito que o Mitraísmo foi transmitido primeiro ao mundo romano, durante o século I a.C., pelos piratas sicilianos capturados por Pompeu; mas, como já vimos, antes dessa época apareceram nas comunidades essênicas na Palestina. Durante cerca de dois séculos não granjeou grande importância em Roma, e apenas no fim do século I d.C. começou a atrair seriamente a atenção. Pelos fins do século II, o culto havia se espalhado rapidamente entre o exército, a classe mercantil e os escravos, classes essas muito encontradiças entre os asiáticos. Medrou especialmente nos postos militares e rotas comerciais, onde foram descobertos os seus monumentos em maior abundância. Ainda existem uns vinte dos templos mitraicos, os quais mostram certos pontos de semelhança com nossas Lojas maçônicas. O templo era retangular, com uma plataforma levantada no extremo oriental, amiúde em forma apsidal, e bancos contínuos acompanhando suas paredes nas alas mais compridas, para acomodar os irmãos, e com seu teto construído de forma a simbolizar o firmamento.

Jerônimo (*Epist.* CVII) diz-nos que o sistema consistia de sete graus: *Corax*, o Corvo, assim chamado não só porque na mitologia mitraica o corvo era o servo do sol, mas porque o corvo só pode imitar a fala e não criar ideias próprias;* *Cryphius*, o Oculto, um grau em que o místico, ao recebê-lo, era talvez ocultado dos demais, no santuário, por um véu, cuja remoção exigia um solene cerimonial; *Miles*, o Soldado, significando a guerra santa contra o mal, no serviço do Deus; *Leo*, o Leão, simbolizando o elemento fogo, que desempenhava papel tão importante na religião persa; *Perses*, o Persa, vestido de costume asiático, uma reminiscência da antiga origem da religião; *Heliodromus*, o Correio do Sol, com quem Mitra estava identificado, e *Patter*, o Pai, um grau que punha o místico entre aqueles que tinham a direção geral do culto durante o resto de sua existência.

Não é fácil traçar as correspondências exatas entre esses sete estágios e os nossos graus, devido à diferença entre os sistemas. O *Corax* emparelha-se bem com o Ap., e os *Cryphius* e *Miles*, com o

* Cf. os *Akoustikoi* de Pitágoras, e o fato de que o *due-guard* do 1º mostra que o Ap. deve limitar-se ao que se ensina no V. da C. S.

Comp., distinguindo-se o último do segundo pelo conhecimento adicional que pode ser comparável ao do grau Marco.

Essas três classes juntas eram, de certa forma, encaradas como subalternas; o estágio seguinte, Leo, era o primeiro cujos membros se chamavam "participantes" e eram admitidos ao sacramento mitraico. Podemos considerar os três estágios de Leo, Perses e Heliodromus como divisões do grau M. M. O primeiro dava acesso à integral associação com a fraternidade mitraica; o segundo submetia quem o recebia a uma cerimônia muito impressionante, no decurso da qual era morto e ressuscitado em honra de Mitra, e o terceiro o colocava de posse de conhecimento adicional equivalente ao que se supõe nos seja ministrado no Santo Arco Real. Pois só quando ele possuísse esse conhecimento do nome e qualidades da divindade, é que se acharia habilitado a sair como um mensageiro do Sol, para levar sua força e vida ao mundo.

O Pater correspondia ao nosso M. I., o único capacitado para conferir os vários graus e transmitir a sucessão à posteridade.

OS RITOS MITRAICOS

O culto mitraico era essencialmente uma religião de soldados, uma autêntica fraternidade de armas. As mulheres nunca eram admitidas em seus ritos de iniciação, ainda que seja provável que nos tempos primitivos o fossem em graus separados. O poder que fluía através dos ritos dava especialmente coragem e pureza, e os requisitos sobre estas duas qualidades, requeridos dos candidatos, eram sumamente elevados. Entre os iniciados de Mitra havia uma intensidade de sentimento fraternal raramente realizado em nossas Lojas atuais; juravam lutar pelo direito, e o faziam ombro a ombro contra todos os inimigos.

O sacramento mitraico consistia de pão, vinho e sal, e sua consagração era feita com uma solene cerimônia nos Mistérios.

Vinculava-se ao aspecto da divindade representado por Mitra, e era carregado de energia através das linhas características da pureza, coragem e fraternidade, auxiliando a unir os irmãos num corpo de soldados da luz e da verdade. Esta mesma eucaristia nos foi transmitida através da linha tradicional dos culdeus ou antigos monges irlandeses, no cerimonial da Rosa-Cruz de Heredom; mas as energias que fluem por ela têm sido modificadas em alguma medida, de sorte que ao invés de uma fraternidade das armas, temos uma fraternidade de amor. O poder do amor substitui a influência militar da coragem, embora o método da consagração nos mundos superiores seja o mesmo; isto em consequência de uma fusão com a linha de tradição egípcia.

São muito estreitas as analogias entre o Mitraísmo e o Cristianismo, e foram bem resumidas na *Enciclopédia Britânica* nestes termos:

> O espírito fraternal e democrático das primeiras comunidades e sua origem humilde; a identificação do objeto de adoração com a luz e o Sol; a lenda dos pastores com suas dádivas e adoração, o dilúvio e a arca; a representação artística da carruagem de fogo, a extração de água da rocha; o uso de campainha e vela, água benta e comunhão; a santificação do domingo e do dia 25 de dezembro; a insistência sobre conduta moral e a importância dada à abstinência e autodomínio; a doutrina do céu e inferno, da revelação primitiva, da mediação do Logos emanando do divino, o sacrifício expiatório, a guerra constante entre o bem e o mal e o triunfo final do primeiro, a imortalidade da alma, o Juízo Final, a ressurreição da carne e a destruição do Universo pelo fogo: eis algumas das semelhanças. Suas raízes provêm mais de uma origem comum oriental do que de algo tomado emprestado.*

* *Enc. Brit.* (11ª edição), verbete *Mithras*.

Parece que em certa época as poderosas inteligências impulsionadoras da evolução cogitaram seriamente em tornar o Mitraísmo a religião da quinta sub-raça ariana, para substituir o mutilado Cristianismo que havia rejeitado sua própria gnose e alijado seus Mistérios. Mas tão elevado era o ideal da pureza mitraica, que provavelmente teria sido impossível aos homens segui-lo durante a Idade Negra, e outra objeção séria a esse sistema era que ele havia excluído de maneira absoluta o elemento feminino. Por isso deixou-se o Mitraísmo mergulhar no ocaso e desaparecer. Não obstante, conserva-se ainda a antiga sucessão e os ritos permanecem sob a custódia do C. D. T. O. V. M.; de sorte que o Mitraísmo poderá ainda vir a desempenhar importante função na vida religiosa do futuro.

Além dos Mistérios de Mitra, havia uma tradição atlante dos Mistérios, a que já nos referimos como a linha caldeia de sucessão. Em seu período áureo os ritos caldaicos punham o iniciado em relação com os grandes anjos estelares, que foram adorados naquela crença poderosa. No lado oculto de certos graus dos ritos de Mênfis e de Mizraim se encontram ainda relíquias desta tradição. O método caldeu de se sentarem os Oficiais Principais de uma Loja é ainda preservado na Maçonaria Continental e também se adotou em certos graus superiores.

OS COLÉGIOS ROMANOS

Podemos agora retornar à principal linha da descendência maçônica, que é a dos três graus operativos. Já constatamos como os Mistérios Judaicos transmitiram as partes essenciais de nossos ritos maçônicos; resta-nos examinar sua transmissão às nossas Lojas modernas. O elo seguinte da cadeia são os colégios romanos, em que teve lugar a transição da Maçonaria Especulativa para a Operativa.

Já verificamos que a ciência da arquitetura esteve sempre estreitamente ligada aos Mistérios, e que nosso ritual operativo maçônico, quando apropriadamente executado, pretende construir um templo superfísico no estilo da ordem jônica da arquitetura, a qual foi escolhida por ser o veículo do tipo especial da força que flui através da Maçonaria Operativa.

Os graus superiores constroem outras formas, pertencentes às diferentes espécies de arquitetura, segundo as influências que através deles se irradiam. De maneira que nos achamos em face de uma ciência de construção espiritual, da qual a arquitetura material é apenas um reflexo na matéria densa do plano físico. Cada ordem arquitetônica expressa uma ideia e é o canal de certos tipos de influência associados com essa ideia, atraindo a atenção de certas categorias de anjos que trabalham nas diretrizes dessa ideia nos mundos invisíveis. Cada sub-raça tem seu próprio tipo característico de arquitetura, assim como seu próprio tipo de música, e ambos são comumente utilizados pelos grandes seres ocultos para imprimir no povo certas características que se façam necessárias à sua evolução.

Nos antigos Mistérios se ensinavam os princípios desta ciência interna de construção, e os templos das diferentes crenças eram planejados pelos sacerdotes, com pleno conhecimento do lado oculto do que faziam. Foi por esta razão que os construtores sempre estiveram associados aos templos e cultos templários, e se guardavam cuidadosamente os segredos da construção, como uma parte dos ensinamentos dos Mistérios. Assim, a confusão entre os especulativos e operativos, propositalmente criada por ocasião da dissolução do Império Romano, não apresentou nenhuma dificuldade às poderosas inteligências ocultas, já que ambos esses aspectos haviam sempre trabalhado em íntima associação, e era simplesmente uma questão de realçar um e fazer o outro cair temporariamente em maior silêncio e segredo. Não foi necessária nenhuma modificação fundamental.

A OBRA DO REI NUMA

Diz-nos Plutarco que os Colégios romanos foram originariamente fundados por Numa, o segundo rei de Roma, que viveu durante o século VII a.C.* Numa é uma figura meio lendária de nossos modernos historiadores, mas foi uma personagem muito real, e o verdadeiro fundador dos Mistérios Romanos, bem como de corporações comerciais. Sobre seu caráter diz Plutarco:

> A natureza o dotara de uma alma raramente equilibrada e predisposta à virtude, que ele ainda mais poliu pela disciplina, vida austera e estudo de filosofias.... Baniu de seu lar toda luxúria e languidez, e enquanto seus concidadãos e os estrangeiros encontravam nele um juiz e conselheiro incorruptível, na vida privada ele não se dedicava a divertimentos ou ganhos, mas ao culto dos Deuses imortais e racional contemplação de seus divinos poderes e natureza.**

Numa era "profundamente versado, tanto quanto se poderia sê-lo naquela época, em todas as leis, divinas e humanas",*** diz Livy; ao passo que Cassiano nos fala que foi ele o modelador das instituições políticas e pacifistas de Roma, assim como Rômulo havia determinado a sua diretriz militar.**** Além de todas essas habilidades externas, era muito avançado na Senda da Santidade e um alto iniciado da Loja Branca. Foi sua tarefa especial estabelecer, nos primórdios do estado romano, os fundamentos internos da futura grandeza de Roma. Modelou tanto a religião externa como seus Mistérios internos, que mais tarde teriam de ser o canal da-

* Plutarch's *Life of Numa,* A. H. Clough, Vol. I, p. 152.

** *Ibid.,* pp. 130 e 131.

*** Livy, Livro I, XVIII (Ed. Loeb).

**** Dio's *Roman History* (Ed. Loeb), p. 29.

quela força espiritual que tornaria Roma poderosa entre as nações, um dos maiores impérios que o mundo jamais conhecera.

Numa enviou mensageiros ao Egito, Grécia, Caldeia, Palestina e outros países, para estudar todos os sistemas de Mistérios existentes, de maneira que pudesse adotar em Roma os mais adequados ao desenvolvimento de seu povo. Sua elevada posição oculta lhe abriu todas as portas, e como Pitágoras, um iniciado ainda maior aparecido mais tarde, ele pôde sintetizar muitas linhas de tradição num todo compreensivo. Parece que o sistema adotado em Roma foi o dos Mistérios de Dionísio ou Baco, que, como já vimos, correspondiam de perto ao sistema egípcio; e aqui deparamos com o primeiro dos elos com os Artífices Dionisianos, dos quais fala reiteradamente a tradição maçônica.

Numa introduziu a linha egípcia de sucessão, e assim os hierofantes de seus Mistérios eram Ms. Is. à maneira dos sacerdotes do Egito e maçons de hoje. Esta sucessão parece haver sido transmitida secretamente entre os Colégios de arquitetos até a época em que o Cristianismo começou a dominar o mundo romano, no começo do século III d.C. Variaram muito os destinos dos colégios ou corporações assim formadas; gradualmente ascenderam a uma grande potência política; foram abolidos pelo senado cerca do ano 80 a.C., e restaurados de novo vinte anos depois. De época em época os imperadores expediram éditos contra eles, mas permitindo subsistirem os que provassem sua antiguidade ou caráter religioso. Finalmente, foram abolidos no ano de 378 d.C.

OS COLÉGIOS E AS LEGIÕES

Cada um destes Colégios de arquitetos estava incorporado a uma legião romana, para lhe construir fortificações em tempo de guerra, e templos e casas em tempo de paz. Foi dessa maneira que os Mistérios romanos foram levados para o norte da Europa. Onde quer que os romanos se estabelecessem, os Colégios executavam seus ritos, e com o correr do tempo se iniciavam soldados nativos em suas fileiras, até que o sistema se radicou profundamente em todas as colônias romanas. Estreitamente ligados a estes ritos estavam os de Mitra, que, como vimos, foram também espalhados pelos exércitos romanos, embora se conservassem sempre separados e distintos os dois sistemas.

Como o demonstra farta documentação, a organização dos Colégios correspondia sob muitos aspectos à de nossas Lojas modernas. "*Tres faciunt Collegium*" — "Três formam um Colégio" era um de seus princípios; e a regra era tão indispensável, que se tornou uma máxima da lei civil. O Colégio era dirigido por um *Magister* ou Mestre, e dois *Decuriones* ou Guardiães; e entre outros oficiais havia um tesoureiro, subtesoureiro, secretário e arquivista.* Havia também um *Sacerdos ou Capelão,* que era encarregado do lado religioso do trabalho. Os membros do Colégio se dividiam em três graus estreitamente correspondentes a Aprendizes, Companheiros e Mestres; e os arquivos anotam o fato de que possuíam ritos semirreligiosos, conservados rigidamente secretos, e de que também aduziam interpretações simbólicas aos seus instrumentos profissionais, como o esquadro e o compasso, o fio de prumo e o nível. Tomavam deuses pagãos por seus patronos, da mesma maneira que as corporações que os sucederam adotaram santos cristãos. Os Quatro Mártires Coroados, os santos patronos da Maçonaria, foram membros cristãos de um Colégio, que foram torturados até a morte pelo imperador Deocleciano, por se recusarem a fazer uma estátua de Esculápio.** Foram mais tarde confundidos com os Quatro Irmãos de Hórus.

O irmão J. S. Ward descreve um edifício dos Colégios desenterrado em Pompeia em 1878, soterrado em 79 d.C., durante a

* R. F. Gould, *History of Freemasonry,* Vol. I, p. 42.

** J. S. Ward, *Freemasonry and the Ancient Gods,* pp. 144 e 145.

grande erupção do Vesúvio. Contém surpreendentes correspondências maçônicas. Ali existem duas colunas, e nas paredes, dois triângulos entrelaçados. Sobre um pedestal no centro foi encontrada uma laje de mármore embutida, com uma caveira, nível e fio de prumo, bem como outros desenhos maçônicos de trabalho mosaico. Um afresco em outro edifício vizinho mostra uma figura no ato de ordenar o C. S. S.*

Os Colégios romanos dos Arquitetos foram introduzidos na Inglaterra pelo exército romano. Uma legião comandada por Júlio César fundou uma colônia em Eboracum ou York, mais tarde proeminente na lenda e tradição maçônicas. Outro centro foi Verulam, depois conhecido como Santo Albano.

A INTRODUÇÃO DA FORMA JUDAICA

A introdução da forma judaica das cerimônias maçônicas foi intencionalmente preparada pelas poderosas inteligências que se acham atrás da Franco-maçonaria, quando o Cristianismo ganhava ascendência no Império Romano. Teria sido quase impossível a continuação dos Mistérios de Baco ou os de Mitra em sua forma original, enquanto houvesse tanta oposição entre a fé cristã e a antiga religião pagã. Tal oposição já não existia na época romana contra os judeus, de cujo seio nasceu e se nutriu em sua infância a fé cristã. E assim, a forma judaica dos Mistérios foi a adotada pela Loja Branca como o melhor meio de transmitir os antigos ritos através da Idade Negra, quando a Igreja perseguia rigorosamente todos os que não estivessem de acordo com suas doutrinas. O principal agente na obra da transição foi então conhecido como Santo Albano, porém hoje o reverenciamos como o Mestre Conde de St. Germain, o Chefe de todos os verdadeiros maçons em todo

* J. S. M. Ward, *Freemasonry and the Ancient Gods,* pp. 144 e 145.

o mundo. Dei algumas informações sobre ele em sua encarnação romana, em *A Vida Oculta na Maçonaria.**

A TRANSIÇÃO PARA OS OPERATIVOS

Os Mistérios de Baco foram muito natural e gradualmente substituídos pela forma judaica da mesma tradição, à proporção que o Cristianismo se tornava cada vez mais poderoso. Essa forma não era incomparável com a fé cristã, o que não se daria com as tradições gregas e egípcias, e os segredos especulativos foram cada vez mais confundidos com a terminologia operativa, até que se completou a transição. Quando o Império Romano do Ocidente foi destruído, o poder político veio progressivamente parar nas mãos da Igreja, que passou a suspeitar das sociedades secretas, e as suprimiu com intenso vigor. Todavia, ela não perseguiu os maçons operativos, que ela encarava como uma corporação de homens detendo sabiamente os segredos de sua profissão, que ela supunha relacionados com as medidas de colunas e arcos, quantidades para a mistura de argamassa, e outras coisas semelhantes.

Todavia, intencionalmente a Loja Branca confundiu o trabalho simbólico com o operativo, e assim preservou a Maçonaria Azul, mas permitindo que se perdesse de vista temporariamente a sabedoria superior. Para essa tarefa providenciaram o nascimento na Europa de egos que não poderiam desenvolver-se com os ensinamentos mais bárbaros impropriamente denominados Cristianismo.

Foi bem-sucedido este esforço para preservar os Mistérios na Idade Negra, porque os maçons especulativos adotaram quanto puderam da terminologia dos maçons operativos, e lhes confiaram os mesmos segredos. Os operativos então continuaram fiel-

* *Op. cit.*, pp. 22-24.

mente com as formas, sem compreender mais que a metade de sua significação.

Depois os que sustentavam ideias filosóficas que a Igreja não aprovaria, aliaram-se aos maçons operativos, tornaram-se membros da fraternidade e assistiram suas reuniões. Não ingressaram nas corporações como maçons operativos, e por isso não eram engajados como aprendizes, e sim, como *livres* (ou francos) maçons *aceitos* na corporação operativa, mas não pertencentes a ela por decorrência de trabalhos no plano físico.

A tradição dos Colégios se introduziu nas Lojas das corporações, como veremos no próximo capítulo, e a antiga sucessão de Ms. Is., que na Inglaterra recebemos através de Santo Albano, foi transmitida ininterruptamente de século em século. Em consequência desta perseguição, e da restauração parcial da Maçonaria sob diferentes formas e em diferentes países, sua história externa havia sido obscurecida e confundida o mais possível. Este é um assunto que sem dúvida poderia ser elucidado por uma longa e penosa pesquisa, mas seria uma tarefa que demandaria dispêndio enorme de tempo e energia.

7. A Maçonaria Operativa nos tempos medievais

MÉTODOS EVOLUCIONÁRIOS

A teoria da evolução humana que comumente nos é apresentada é a de um lento progresso da humanidade desde condições extremamente primitivas e quase animais, através das Idades da Pedra, do Bronze, do Ferro, até que o homem atingiu seu atual nível, o qual, segundo esta hipótese, é o mais elevado até agora alcançado. Este conceito só é verdadeiro em parte. Só num sentido muito amplo e geral, que admite um desenvolvimento se estendendo por muitos milhões de anos, e num sentido puramente local, que afeta uma ou duas sub-raças, é que se pode dizer ser absolutamente verdadeiro, pois tal conceito omite totalmente alguns dos fatores mais importantes no caso.

Que ninguém duvide jamais ser a evolução um fato: Deus tem um plano para o homem, e esse plano é o do eterno progresso e desenvolvimento, que o conduzirá aos pináculos da glória e esplendor, dos quais presentemente não temos a menor concepção.

> Contudo, não duvidemos que através das idades atua um só propósito eterno.
> E os pensamentos dos homens se ampliam com a marcha dos sóis.*

* *Locksley Hall*, por Lord Tennyson.

Mas se é nosso desejo compreender algo deste maravilhoso esquema, devemos começar pela tentativa de apreender seus princípios gerais. Primeiramente, não se trata de nenhum simples crescimento casual; esse esquema está sendo definitivamente impulsionado por uma corporação de homens perfeitos, a que chamamos a Grande Fraternidade Branca, corporação essa que existe para executar a vontade do Logos do sistema solar. Atua através de um maquinismo tão vasto e complicado, que do plano físico jamais poderemos ver senão um tênue ângulo de sua operação, e por isso estamos constantemente concebendo-o de maneira errônea e subestimando-o.

Segundo, seu método de trabalhar é cíclico. A alma do homem progride ocupando uma sucessão de corpos, cada um dos quais nasce, cresce lentamente até a maturidade, vive sua vida, aprende (ou deixa de aprender) sua lição, e depois morre. É exatamente assim que a humanidade progride, encarnando-se numa sucessão de raças, cada uma das quais passa pelo seu estágio de infância, adolescência, plena virilidade e decadência. Frequentemente o período de decadência parece triste, tanto com o homem como com a raça; frequentemente o estudante de história não pode deixar de lamentar o desaparecimento de uma civilização outrora poderosa e esplêndida, para abrir caminho a uma outra possivelmente mais viril, porém certamente mais selvagem, grosseira e bárbara.

Flagrante exemplo disso foi a destruição da bela e amena civilização do Peru pelos incrivelmente cruéis e atrozes métodos dos espanhóis invasores. Outro caso muito semelhante foi o sumamente injustificável ataque à civilização romana pelas ferozes hordas dos godos e vândalos vindos do Norte. Tão rudes e tão brutais foram, que seus próprios nomes se tornaram proverbiais, e atualmente os empregamos para indicar os extremos da destruição brutal e desenfreada. Todavia, também foram um instrumento nas mãos do Divino Poder, e sua crassa ignorância continha em seu bojo a semente de certas qualidades que corriam o perigo de se extinguirem e ser esquecidas entre as raças decadentes das quais estavam destinados a servir de levedura e ser os substitutos parciais.

O RETRAIMENTO DOS MISTÉRIOS

O retraimento dos Mistérios como instituições públicas ocorreu antes mesmo da destruição do Império Romano, e esse fato foi principalmente devido à excessiva intolerância desenvolvida pelos cristãos. Sua pasmosa teoria de que ninguém, senão eles, seriam "salvos" do inferno que eles próprios haviam inventado, naturalmente os levou a lançar mão de todos os meios, mesmo das perseguições mais cruéis e diabólicas, para forçar os outros crentes a aceitar seu particular *shibboleth.** E já que os Mistérios constituíam o coração e o poderoso sustentáculo de uma crença mais racional, foi contra esses que se opuseram asperamente os cristãos, esquecidos de que nos primórdios de sua religião também haviam proclamado possuir o conhecimento oculto, tanto quanto qualquer outro sistema.

OS MISTÉRIOS CRISTÃOS

Ainda hoje é muito comum pensar que o Cristianismo não teve nenhum mistério, e alguns de seus sequazes se jactam de que ele nada tem de oculto. Essa ideia errônea tem sido tão frequentemente inculcada no mundo, que leva muita gente a sentir certa

* *Shibboleth*, "espiga de trigo", "arroio". Palavra hebraica que empregaram os gileaditas como contrassenha para identificar e degolar os efraimitas (cf. *Juízes* 12:6). (N. do T.)

repulsa pelas crenças mais sábias que satisfazem todas as necessidades, e as considera como ocultando desnecessariamente parte da verdade ou dando-a com relutância ao mundo. Antigamente não se pensava de maneira tal, mas se reconhecia que tão só os que haviam alcançado certo padrão de vida estavam aptos para receber a instrução superior, e que os que a desejassem deveriam qualificar-se para recebê-la. Conhecimento é poder e os indivíduos precisam provar sua aptidão antes de lhes serem confiados poderes, pois o objetivo de todo o esquema é a evolução humana, e o interesse da evolução não seria atendido com a divulgação promíscua de verdades ocultas.

Aqueles que mantêm a opinião anteriormente mencionada acerca do Cristianismo, não se acham familiarizados com a história da Igreja. Embora muitos dos primitivos escritores cristãos fossem asperamente hostis aos Mistérios, eles rejeitariam com indignação a sugestão de que em sua Igreja nada havia digno desse nome, e proclamariam que seus Mistérios eram sob todos os aspectos tão bons, profundos e amplos quanto os de seus oponentes "pagãos". Diz são Clemente: "Aquele que foi purificado no batismo e depois iniciado nos Mistérios menores (isto é, que tenha adquirido os hábitos de autodomínio e reflexão), torna-se maduro para os Mistérios Maiores, a Epopteia ou Gnose, o conhecimento científico de Deus".* Também disse o mesmo escritor: "Não é lícito revelar aos profanos os Mistérios do Logos".

Orígenes, o mais erudito e brilhante de todos os padres eclesiásticos, afirma, igualmente, a existência do ensino secreto da Igreja, e fala claramente da diferença entre a fé ignorante da multidão atrasada, e a fé racional e superior que se encontra no conhecimento definido. Distingue entre "a fé popular irracional" que conduz ao que chama "Cristianismo somático" (a forma religiosa meramente física) e o "Cristianismo espiritual" oferecido

* Citação de *Some Glimpses of Occultism,* Cap. II, de C. W. Leadbeater.

pela Gnose ou sabedoria, deixando perfeitamente claro que por "Cristianismo somático" entende a fé baseada na história evangélica. E pergunta: "Que melhor método se poderia imaginar para auxiliar as massas?" Na obra *Christian Mysticism* de Dean Inge é ele citado como ensinando que:

> O gnóstico ou sábio não necessita mais do Cristo crucificado. O evangelho eterno ou espiritual que ele possui, mostra claramente as verdades concernentes ao Filho de Deus, de que tanto os Mistérios desvendados por suas palavras como os atos por ele praticados eram símbolos... Orígenes encara a vida, morte e ressurreição de Cristo como apenas a manifestação de uma lei universal, que era realmente decretada, não neste mundo de flutuantes sombras, mas nos eternos conselhos do Altíssimo. Considera ele que se acham plenamente convencidos das verdades universais reveladas pela encarnação e expiação, não precisam preocupar-se com suas manifestações particulares no tempo.*

Aqui deparamos com referências distintas e repetidas à instrução oculta, muito superior às conhecidas pela Igreja da atualidade, e que conduz os que a estudam a um nível muito superior, até agora jamais atingido pelos discípulos da ortodoxia. Que foi feito desta magnífica herança do Cristianismo? É verdade que atualmente a Igreja divulga tudo quanto sabe, porém isso acontece porque ela esqueceu os mistérios que antes costumava manter ocultos. É essa uma das principais razões por que ela perdeu o domínio dos seus filhos mais intelectuais, e portanto, falhou em seu dever de educar e instruir o povo nas coisas mais importantes da vida, e deixou que, nesse sentido, a nossa época se tornasse a menos operante de todos os tempos.

* *Op. cit.*, p. 89.

Viemos a este mundo para viver nossas vidas e não para ganhar dinheiro, e da maneira como vivermos dependerá a condição de nossas futuras existências. As escolas deveriam ensinar estas matérias a seus estudantes. É uma coisa certa que todos têm que morrer, mas ninguém nos diz nada que valha a pena conhecer sobre este importante assunto. Ao contrário, o Cristianismo exotérico, na época de seu domínio, proibiu que a esse respeito falassem os que conheciam algo, e impôs com as mais terríveis armas o seu incrível mandamento: "Não pensarás".

Felizmente, esta maravilhosa sabedoria não está de todo perdida, pois nos ensinos da Franco-maçonaria se preservou boa parte dela. Na época em que o Cristianismo começou a dominar o mundo, existiam muitos milhares de pessoas que preferiram expor suas concepções nas formas mais antigas. À medida que o Cristianismo se tornava mais estreito e agressivo, e menos tolerante nesse particular, aqueles que conheciam algo da verdade e desejavam custodiá-la nas formas mais antigas, passaram a *realizar* reuniões cada vez mais secretas, pois a Igreja era excessivamente intolerante para com quem ousasse divergir dela, mesmo em assuntos menores.

REPRESSÃO AOS MISTÉRIOS

No ano 399 d.C. o imperador Teodósio expediu seu célebre édito, que foi um profundo golpe assestado contra a manifestação externa da antiga crença pagã:

> Quaisquer privilégios que foram concedidos aos sacerdotes, ministros, hierofantes de coisas sagradas, por antigas leis ou qualquer outra denominação, ficam doravante abolidos, e que ninguém se julgue protegido por qualquer privilégio outorgado, depois de conhecida a condenação de sua profissão religiosa pela lei.

Pelo ano 423 d.C. se tornaram mais severas as penalidades contra os que se ativessem às antigas crenças, pois num édito posterior do mesmo imperador vamos encontrar:

> Conquanto os pagãos restantes devam estar sujeitos à punição capital caso, em qualquer tempo, sejam descobertos praticando os abomináveis sacrifícios dos demônios, que o exílio e a confiscação de seus bens sejam a sua punição.*

Onde foi possível, os templos dos deuses foram destruídos e as antigas bibliotecas queimadas; as estátuas e outras relíquias foram despedaçadas pelas mãos brutais de selvagens cristãos, e afinal, a destruição que no Império Ocidental ainda restava por fazer, foi completada pelos não menos bárbaros invasores. Assim pereceu o culto externo dos deuses da Grécia e Roma, e os Mistérios foram recolhidos a inviolável segredo, que permaneceu intacto até depois da Reforma,** quando a Igreja perdeu seu poder para queimar e torturar todos os que pretendessem, no mínimo, discordar de suas doutrinas.

CRUZAMENTO DE TRADIÇÕES

Este retraimento se operou em vários países, simultaneamente, e assim surgiram diversas tradições que, segundo os sistemas de mistério de que derivaram, diferiam consideravelmente em seus detalhes, embora invariavelmente se baseassem num plano comum. Estas tradições se entrelaçaram e reentrelaçaram recíproca e constantemente através dos séculos; influenciaram-se mutuamente

* *Codex Theodosianus* XVI, 10, 14 e 23, citado em *A Source Book for Ancient Church History*, Ayer, p. 371.

** A Reforma apareceu só no começo do século XVI. (N. do T.)

em todas as categorias de processos secretos, e foram levadas de país a país por muitos mensageiros. De sorte que a Maçonaria emergida no século XVIII traz a marca de muitas linhas de descendência, de muitas escolas interoperantes de filosofia mística.

Por trás destes diferentes movimentos, totalmente desconhecida, exceto pelos poucos discípulos incumbidos da tarefa de manter aceso o fogo sagrado durante a Idade Negra, erguia-se a Loja Branca, estimulando tudo o que havia de bom nesses movimentos, e guiando e inspirando todos os que se demonstrassem desejosos de se abrir a tal influência.

Com o decorrer do tempo, a verdadeira filosofia tem se desvanecido de quando em quando de tais movimentos, e de época em época os adeptos têm se aproveitado de alguma oportunidade favorável, para restaurá-la um pouco, ora fundando um novo rito ou escola, ora insinuando o estabelecimento de graus adicionais num rito já existente. Por isso, constatamos a existência de certo número de correntes de tradição paralelas e igualmente válidas, fluindo secretamente através da Idade Média, e emergindo aqui e ali em movimentos que são parcialmente conhecidos no mundo externo. A continuação real da Maçonaria pode ser assim comparada às raízes de uma planta arrastando-se por baixo do solo, e surgindo a intervalos como plantas aparentemente separadas. Existem, todavia, linhas de descendência externa mais ou menos interrompidas, que podem ser traçadas até certo ponto no plano físico, e são estas que abordaremos nos capítulos seguintes.

AS DUAS LINHAS DE DESCENDÊNCIA

Já indicamos que a única porção da tradição maçônica que antigamente era dividida em graus definidos, é a que atualmente denominamos Maçonaria Operativa ou simbólica, descendente direta dos Mistérios Menores e Maiores do Egito e Judeia, e estreitamente aparentada com os Mistérios da Grécia. Aos poucos que se esforçavam por preparar-se para os verdadeiros Mistérios da Loja Branca eram conferidos maiores poderes sacramentais e instruções espirituais mais profundas; mas estes não podem ser chamados graus, à maneira da Maçonaria Operativa, pois mesmo no antigo Egito não estiveram assim organizados. Ambas estas linhas de sucessão nos vieram através da Idade Média; os graus operativos eram deliberadamente confundidos com a construção operativa, e eram assim transmitidos, embora em segredo, no mundo externo. Mas a instrução superior continuava pertencendo somente a poucos; era comunicada sob sigilo ainda mais profundo e introduzida de época em época no coração das várias escolas místicas, que por sua vez eram muito mais exclusivistas na seleção de seus membros do que os construtores operativos.

Os graus operativos possuíam a essência das cerimônias que atualmente ligamos ao grau de Ilustre Mestre Marco Maçom, relacionado, como sempre, com o 2°, e à Ordem Suprema do Santo Real Arco de Jerusalém, que trabalha em conjunção com o 3°. Nossos presentes rituais para esses graus não são necessariamente antigos, pois todos eles estiveram sujeitos a muitas edições e refusões modernas.

Parece ter sido também transmitido um corpo de lendas e tradições explanatórias do cerimonial, cuja relíquia foi manufaturada em graus cerimoniais separados, em épocas relativamente recentes. Tais foram, por exemplo, certos estágios primitivos do Rito Escocês Antigo e Aceito, e seus cognatos entre os graus colaterais ou adicionais praticados na Inglaterra e América.

OS CULDEUS

Entre os culdeus da Irlanda, Escócia e Iorque se encontra uma linha de tradição digna de nota, em alguma extensão ligada à Maçonaria Operativa, porém ainda mais à Real Ordem da Escócia e ao 18°. Poucas fontes de informação dignas de crédito existem a seu respeito, conquanto hajam sido o centro de muitos belos sonhos. Mas os estudiosos têm admitido que os culdeus constituíram uma antiga ordem monástica com colônias na Irlanda e Escócia,* ou, num sentido mais amplo, representaram os monges e clérigos da Igreja Celta sem restrições, bem como os seus sucessores em épocas posteriores.**

Fala-se de sua existência na Irlanda desde o século IX até o XVII; na Escócia do século IX ao XIV, onde mantiveram diversas comunidades monásticas influentes, inclusive uma na santa ilha de Iona, que foi um dos maiores centros espirituais da cristandade celta, muito antes que a palavra culdeus fosse mencionada em seus registros históricos. No século XII existiu em Gales uma exígua comunidade de culdeus, que viveram na ilha de Bardsey, a ilha santa de Gales; ao passo que na Inglaterra os encontramos como o clero oficiante da Catedral de São Pedro em Iorque, durante o reinado do rei Athelstan, intimamente ligado à tradição maçônica inglesa.*** Diz-se que, depois de haver suplicado as preces dos culdeus pela sua vitória sobre os escoceses e depois de se sentir vitorioso, ele lhes concedeu um donativo perpétuo de trigo, para lhes permitir continuar suas obras de caridade.

O termo *culdeus* se derivou do celta *Céle-Dé,* com a acepção de Companheiro ou Servo de Deus, e do latim *colidei* (adoradores de Deus). Outros admitem que proveio do celta *cuill dich,* (homens reclusos), mas desconhece-se a exata etimologia da palavra.

* *Enc. Brit.,* verbete *Culdees* (11ª edição).

** *Hist. Freemasonry,* R. F. Gould, Vol. I, p. 47.

*** *Idem, idem,* p. 50 e segs.

Godfrey Higgins opinou que a palavra *culdee* (culdeu) equivalia a *chaldee* (caldeu), e lhes atribui origem oriental, embora não aduza nenhuma prova autêntica de sua asserção.*

O CRISTIANISMO CELTA NA INGLATERRA

Os estudantes da história da igreja inglesa sabem que o Cristianismo foi introduzido na Grã-Bretanha muito antes das missões de são Patrício e santo Agostinho, e que tem havido o sentimento persistente de que este Cristianismo não era o de Roma, porém tinha mais afinidades com os ritos orientais.** Muitas tradições, nenhuma delas apoiada em documentos autênticos, comprovam esta crença e apontam o caminho para uma verdade subjacente. Existe a bela lenda de José de Arimateia e do Santo Espinho de Glastonbury, bem como a versão relatada por Teodureto e Fortunato, de que são Paulo visitou a Inglaterra, a qual parece confirmada por são Clemente de Roma, ao passo que Eusébio, o grande historiador eclesiástico, menciona que alguns dos doze apóstolos visitaram as ilhas britânicas.*** Em verdade, foi só no século XII que o Cristianismo celta passou a adotar os usos do Catolicismo romano.****

A santa ilha de Iona, outrora o coração da antiga Igreja Celta, está situada na costa ocidental da Escócia, entre as Hébridas Internas. Era denominada Hy ou Icolmkill (a ilha de Columba da Igreja), e pelos montanheses escoceses, Innis van Druidhneah (a

* Citação do irm. A. E. Waite: *A New Encyclopaedia of Freemasonry*, verbete *Culdees*.

** Neander, *General History of the Christian Religion and Church*, Vol. I, p. 117. Citação de Gould, *loc. cit.*

*** *Foundation Stones*. Austin Clare, p. 16.

**** *Enc. Brit.*, *loc. cit.*

ilha dos Druidas), subentendendo-se daí que antes da vinda de S. Columba em 563 d.C., ela fora um consagrado centro do antigo culto dos celtas.* Os monges de Iona espalharam sua ciência pela Escócia e norte da Inglaterra, e os primitivos bispos celtas tinham como sede espiritual a abadia de Iona. Em 717 os monges foram expulsos da Escócia pelo rei picto Nechtan, porém seu lugar foi em grande parte preenchido pelos culdeus da Irlanda,** que parecem ter seguido a mesma tradição. Depois do ano 1382 d.C. não se fez menção alguma aos culdeus na Escócia.***

Achamos que a primitiva Igreja inglesa, da qual os culdeus foram sobreviventes ulteriores, possui uma forma bela e mística de Cristianismo, derivada de fontes orientais e estreitamente ligada às tradições dos essênios, que foram os seguidores imediatos de Nosso Senhor. Ela teve a sucessão apostólica da Igreja Cristã, mas seus ensinamentos eram menos definidos e rígidos, mais místicos e poéticos do que a escolástica romana que ultimamente a absorveu por completo. Em adição aos sacramentos cristãos, os missionários originais trouxeram para a Inglaterra certos ritos secretos, pertencentes à linha mitraica da sucessão e que, como já vimos, eram praticados entre os essênios. E com toda a probabilidade entre eles também existiu uma sucessão de Maçonaria Judaica sem conexão com os Colégios Romanos.

OS MISTÉRIOS DRUÍDICOS

Estas várias linhas de tradição foram assimiladas em alguma extensão pelos Mistérios indígenas dos druidas, que, no entanto, haviam perdido muito do esplendor dos primeiros tempos, e

* *Enc. Brit.*, verbete *Iona.*
** *Idem, idem.*
*** Gould, *loc. cit.*

mesmo os ritos externos cristãos foram afetados por essa particular beleza que constitui a herança dos celtas. Deparamos com a confirmação da lenda de que a esplêndida etinia celta, denominada o Tuatha De Denann, que floresceu na Irlanda antiga, veio originariamente da Grécia, através da Escandinávia, e o mesmo se deu com outros rebentos do tronco celta, que se estabeleceram em Gales, Cornwall e Bretanha. Todos eles formavam um ramo da quarta sub-raça, de que descenderam também os últimos gregos e romanos. Ao passo que a origem dos Mistérios dos druidas se pode traçar até o grande Instrutor do Mundo, em Sua encarnação como Orfeu, o cantor de Helas, embora eles fossem também um tanto influenciados pelos Mistérios ainda mais antigos da Irlanda, que datam dos tempos atlanteanos. A lira de Apolo se tornou a harpa de Angus; e o antigo culto de Deus, como sendo a divina beleza se manifestando através da música, passou assim para a Grã-Bretanha.

Os Mistérios Druídicos exerceram certa influência nos importados ritos romanos ou normandos. Estrabão e Artemidoro os comparam aos ritos de Samotrácia, e Dionísio os equipara aos de Baco, ao passo que Manassés se refere às suas correspondências cabíricas. De Diógenes Laércio e César aprendemos que o método druídico de instrução era por símbolos, enigmas e alegorias, e que eles ensinavam oralmente, considerando ilícito confiar seus conhecimentos à escrita.

Diz-se que suas cerimônias de iniciação requeriam muita purificação física e preparo mental. No primeiro grau se representava a morte simbólica do aspirante, e no terceiro, a sua regeneração do ventre da gigantesca deusa Ceridwin e da entrega confiante do recém-nascido às ondas num pequeno bote, símbolo da arca. Suas doutrinas se assemelhavam às de Pitágoras, incluindo a reencarnação e a existência de um Ser Supremo. Além de umas poucas referências esparsas em autores clássicos, conhecemo-las hoje principalmente através das canções bárdicas atribuídas ao poeta gaulês Talisien, do século VI d.C., que se dizia portador da iniciação druídica. Os culdeus de Iorque fundiram o misticismo cristão com estes ritos pré-cristãos e assim os encadearam à moderna Maçonaria.

Houve muitos outros mistérios, tais como os da Irlanda, estreitamente ligados aos dos druidas e escandinavos, nos quais a morte e a ressurreição de Balder eram o tema principal. E sem dúvida todos eles estiveram enlaçados com a fonte de nossa presente Maçonaria, sendo ramos da mesma árvore, ainda que hajam desaparecido os traços externos de suas relações no passado.

O SANTO GRAAL

Como parte desta herança indireta dos Mistérios Gregos, veio o bem conhecido símbolo do *Krater* ou Copo, que, entrelaçando-se com o primitivo Cristianismo britânico, foi identificado como o Santo Graal, o cálice usado por nosso Senhor na Última Ceia, para a instituição da Santa Eucaristia. O rei Artur, frequentemente tido como um herói imaginário, foi um governante muito real, amantíssimo e sagaz, de quem pode a Inglaterra orgulhar-se bastante. Sua Távola Redonda é também um fato e não uma ficção, e seus cavaleiros usavam um rito dos Mistérios Cristãos, que girava em torno da bela história da busca do Santo Graal.

Alguns houve que interpretaram a lenda literalmente e empreenderam infindáveis peregrinações pelo mundo em busca de um corpo terreno; outros sabiam que o significado místico do Santo Graal é a união entre o Eu superior e o Eu inferior, união essa que é um dos requisitos para a iniciação nos verdadeiros Mistérios da Loja Branca, pois o cálice representa simbolicamente o corpo causal em que se verte o "sangue" do Mistério.

Os Mistérios do Santo Graal foram celebrados simultaneamente em vários centros, tanto na Grã-Bretanha como no continente europeu, onde indubitavelmente se misturou com outras linhas de tradição; e neles encontramos evidentes traços das escolas secretas em que resplandeceu a chama da sabedoria oculta durante o começo da Idade Média.

A tradição do Graal e de sua Cavalaria Espiritual entrou para a literatura pelas mãos de Chrétien de Troyes, Wolfram von Eschenbach e outros escritores; daí deriva, de um lado, a *Morte d'Arthur* de Sir Thomas Malory, de que Tennyson extraiu os materiais para o seu *Idylls of the King*, e do outro lado, a gloriosa música de *Parsifal*, em que Wagner reconstruiu tão magnificamente a tradição germânica da Fraternidade do Graal.

HEREDOM

Na Escócia, estes Mistérios secretos do Oriente e Ocidente se transmitiram de geração em geração, em vários centros, dos quais o principal foi a ilha sagrada de Iona. Entre os iniciados, a Iona dos ritos de Culdee era chamada Heredom, que na tradição maçônica se diz ser uma montanha mística, e como tal é, com efeito, o monte da iniciação além dos véus do espaço e do tempo. Todavia Heredom era também o nome secreto do centro físico dos Mistérios, e esse centro foi Iona. Um outro desses centros na época medieval foi a Abadia de Kilwinning, e assim os ritos que se originaram em parte de fontes cúldicas foram sempre designados como de Kilwinning e de Heredom.

A invasão saxônica da Inglaterra empurrou os habitantes celtas das planícies para as montanhas do oeste e norte, e assim ocorreu uma ulterior mistura dos Mistérios Judaicos dos Colégios com os ritos cúldicos. Os culdeus de Iorque entre os guardiães da tradição maçônica no século X e as Antigas Ordenanças nos falam de uma assembleia de maçons realizada em Iorque durante o reinado do rei Athelstan, quando então se efetuou a reorganização da Oficina.

Durante muitos séculos foi Iorque um poderoso centro da Maçonaria. Temos uma curiosa peça do testemunho dado em 1835 por Godfrey Higgins, que se declarava possuidor de um documento maçônico pelo qual poderia provar que "não há muito tempo" os culdeus ou caldeus de Iorque eram franco-maçons; que eles constituíram a Grande Loja da Inglaterra e realizaram suas reuniões na cripta sob a grande catedral daquela cidade.* Como logo veremos, foi em Iorque que surgiram certos graus maçônicos importantes no século XVIII.

Aos monges da Igreja Celta se deve em grande parte a introdução do Cristianismo na Alemanha. "Aonde quer que fossem, levantavam igrejas e habitações para seus sacerdotes, derrubavam florestas, lavravam a terra virgem, e instruíam os gentios nos primeiros princípios da civilização."** Algumas autoridades germânicas sustentam que os monges diretores destas operações deveram muito de seu sucesso aos remanescentes dos Colégios Romanos da Gália e Bretanha, e que por último fundaram o sistema de "craft guild" ou grêmios profissionais da Alemanha. Gould rejeita este ponto de vista, baseando-se em que na época da influência celta não havia grêmios profissionais na Alemanha.*** Não obstante, alguns dos ritos e tradições secretas dos monges celtas foram introduzidos nos mosteiros germânicos e formaram uma das linhas de descendência dos pedreiros que construíram as grandes catedrais alemãs da Idade Média.

Na Escócia, a tradição do Mistério Celta foi transmitida independentemente das ulteriores Lojas operativas, pois não há traço de nenhum dos graus elevados nas atas ainda existentes no Kilwinning Mater nº 0, no rolo da grande Loja da Escócia,

* Citado em *New Encyclopaedia*, verbete *Guldes*, de Waite.

** Gould, *Hist. Freem.*, Vol. I, p. 107.

*** *Idem, idem*, p. 109.

que data de 1652.* Há veracidade na lenda da vinda de certos Cavaleiros Templários franceses para a Escócia depois de sua proscrição em 1307, tendo havido também mistura de suas doutrinas com os ritos escoceses. Uma linha de descendência passou da Escócia para a França, onde se fundiu no século XVIII com a tradição egípcia para formar o rito de Heredom ou de Perfeição, sob a direção do Conselho dos Imperadores do Oriente e Ocidente, como se explicará depois no capítulo XI. Outra linha se transmitiu na Escócia e Inglaterra, fundindo-se com a tradição judaica e surgindo nos graus de *H.R.D.M-R.S.Y.C.S.*, que agora denominamos a Real Ordem da Escócia. O curioso ritual rimado da Real Ordem são provas internas da época, e embora o seu cristianismo tenha sido implacavelmente adaptado aos interesses protestantes, não deixa de revelar traços das antigas ideias místicas da Igreja Celta.

* *History of the Lodge of Edinburgh* (Mary's Chapel) nº 1, de D. Murray-Lyon, pp. 340, 434.

8. A Maçonaria Operativa na Idade Média

OS AGENTES CUSTÓDIOS TEMPORÁRIOS

Num estudo completo da Maçonaria Operativa medieval seria necessário incluir um tratado sobre as várias escolas da arquitetura medieval e sobre as tendências nacionais e econômicas, que influíram em sua criação e desenvolvimento. Neste livro só nos interessam os construtores operativos como agentes custódios que foram da ciência especulativa dos Mistérios; mas para o maçom é de considerável valor o estudo da arquitetura, pois no plano físico ela é o reflexo de poderosas ideias existentes nos mundos internos, e é pelo estudo da arquitetura que se podem perceber e compreender certas leis de construção espiritual.

Como maçons, é nobre e magnífica nossa linhagem especulativa, pois sob esse aspecto somos os descendentes diretos dos reis, profetas e sacerdotes da Antiguidade, que então foram os portadores da Luz Oculta para os homens, durante incontáveis gerações. Mas podemos também orgulhar-nos de nossos antepassados operativos, que tão fielmente guardaram a tradição nos dias de trevas, pois o zênite de sua arte não foi excedido em riqueza e esplendor pelas realizações de qualquer outro período na Europa. As grandes catedrais e mosteiros que eles construíram para a glória de Deus e a serviço de Sua Igreja, estão tocadas pelo dedo da divina inspiração; o frio mármore é transfigurado em quase incrível graça e delicadeza. São verdadeiros sonhos de beleza materializados em pedra. Os maçons operativos também nos transmitiram muitos de seus costumes e usos, e convém compreendermos isto, como adição ao que derivamos de outras fontes.

Quando a Europa foi devastada pelas tribos germânicas e o Império do Ocidente ficou destruído, a maioria dos Colégios romanos desapareceu com os outros frutos da civilização. Os Mistérios que eles guardavam sobreviveram numa forma mais ou menos reprimida na Itália, França e Inglaterra, embora se conservassem sumamente secretos, pelo receio dos bárbaros invasores. Foi destes Mistérios sobreviventes que derivaram as Lojas dos maçons guildos da Idade Média.

DECLÍNIO DOS COLÉGIOS

Mackey, mostrando como decaíram os Colégios após a queda de Roma e como surgiram novas guildas e reviveram outras antigas sob o patrocínio do clero cristão, declara que depois do século X toda a Europa foi percorrida por grupos de peregrinos chamados franco-maçons ambulantes, que erigiram igrejas e mosteiros em estilo gótico.

As autoridades divergem seriamente em suas opiniões sobre se as fraternidades que construíram as grandes catedrais obedeciam ou não a qualquer organização central. Tanto no estilo arquitetônico nos diferentes países como nos sinais maçônicos em edifícios, há muitas semelhanças indicando suas ligações, porém é de se supor que a organização central haja permitido muita atitude a suas ramificações, por serem também grandes as diferenças de estilo. As catedrais que os franco-maçons ambulantes construíram com tanta habilidade e inspiração artística, obedeceram a um plano simbólico, usualmente baseado na cruz e na *vesica piseis*, e existem algumas provas de que preceituavam uma moral baseada em seus instrumentos de trabalho. É indubitável que foram homens do mais elevado intelecto e espiritualidade, e nós, os modernos maçons, não temos nenhuma razão para envergonharmo-nos de nossa associação com esses artífices operativos.

OS COMACINI

É na Lombardia que vamos encontrar os primeiros sinais de um renascimento na arte arquitetônica, os primeiros estremecimentos daquele espírito criativo que, mais tarde, se desabrocham no estilo gótico, na plenitude de sua glória. Foi dali que se originou o chamado estilo romanesco, que afinal se espalhou por toda a Europa.

Segundo a tradição, de Roma o Colégio de Arquitetos emigrou nos últimos dias do Império para o seguro refúgio oferecido pela pequena república de *Comum*, outrora a pátria de Plínio, o Moço, e abrigou-se na formosa ilha ainda conhecida como *Isla Comacina*, no Lago Como, ao norte da Itália.* No ano 568 d.C. o país limítrofe caiu nas mãos dos lombardos e longobardos, assim chamados devido às suas longas barbas e estranha aparência, e cuja morada original havia sido na bacia inferior do Elba. Embora no início tivessem sido detestados pelos italianos, com surpreendente rapidez eles desenvolveram o entusiasmo pelas artes e o seu refinamento no país que haviam conquistado.**

A primeira menção em escritos contemporâneos dos famosos Mestres Comacinos, descendentes daquele Colégio romano, ocorre no código do rei lombardo Rothares (643), em que figuram como Mestres maçons, com poderes para celebrar contratos de obras arquitetônicas e empregar operários e trabalhadores.*** Também aparecem mencionados no *Memoratorio* do rei Luitprand

* *The Cathedral Builders*, Leader Scott, pp. 11, 140.

** *History of Art*, H. B. Cotterill, Vol. I, p. 232.

*** *The Cathedral Builders*, p. 5.

em 713,* quando receberam os privilégios de cidadãos livres no Estado lombardo. A seu gênio criador se deve a arquitetura romanesca, e com toda a probabilidade eles adaptaram os tradicionais métodos romanos às exigências de seus mestres lombardos. Evidencia-se pelo Édito que se tratava de arquitetos muito hábeis. De uma carta de Teodorico, o Grande, a um arquiteto que ele havia nomeado, depreendemos que a profissão estava sumamente desenvolvida. Um arquiteto devia ter aptidões para construir um edifício dos alicerces ao teto, assim como decorá-lo com escultura e pintura, e trabalhos de mosaico e em bronze. Esta inclusividade prevaleceu em todas as escolas medievais até 1335, quando os pintores sieneses se cindiram, e consequentemente, outros ramos também se separaram em guildas distintas.

> Ao primeiro alvorecer do novo estilo (600) se seguiu um longo período de obscurantismo, não diverso da Idade Negra que na evolução da arte grega se seguiu à conquista dórica. Depois, com estranha rapidez, irrompeu (1000) em maravilhosa perfeição o novo estilo, que prontamente se estendeu entre a maioria da cristandade do oeste e norte. Esta rapidez é facilmente explicável pelo fato de que os mestres construtores e os operários eram frequentemente convocados para irem a localidades muito distantes dos conhecidos centros de arquitetura. Da mesma forma que de Veneza e Ravena se mandou procurar construtores bizantinos em Constantinopla, Carlos, o Grande, e muitos outros príncipes bem como cidades, procuraram obter na Itália hábeis arquitetos romanescos, tais como os Mestres Camocinos. As características deste lombardo romanesco se encontram não somente na Alemanha e França, mas até na Inglaterra.**

* *Ibid.*, p. 24.

** *History of Art.* Vol. I, p. 230.

Os cronistas italianos relatam que o Papa Gregório, o Grande, enviou arquitetos e construtores à Inglaterra com santo Agostinho, e pelo Venerável Bede sabemos que são Benedito Biscop mandou procurar na Gália maçons para construir a igreja monástica em Monk Wearmouth "segundo o estilo romano que ele sempre apreciara".* São Bonifácio visitou a Itália antes de empreender sua missão à Alemanha em 715; o Papa Gregório II lhe deu instruções e credenciais, e o fez acompanhar um séquito de monges versados na arte arquitetônica, e de irmãos leigos também arquitetos, para ajudá-lo.** Leader Scott contesta que estes construtores fossem Mestres Comacinos, e baseia seus argumentos nas provas dos métodos de construção e semelhança dos estilos empregados. Pelo mesmo processo descobre traços dos *Comaciai* na França, Normandia, Sul da Itália e Sicília, e mesmo na Irlanda, isto é, onde haja penetrado o estilo arquitetônico romanesco.

AS LOJAS COMACINAS

As Guildas Comacinas herdaram não só as tradições dos Colégios, mas também os seus Mistérios secretos. Foi em grande parte devido ao impulso dado por estes, que ocorreu um renascimento geral das Lojas europeias existentes. Nesta época se manifestou um intercâmbio de influências muito considerável; fundaram-se novas Lojas e restauraram-se antigas Lojas, pois, embora a inspiração primária proviesse da Itália, os construtores dos diversos países logo aprenderam a modificar o novo estilo de acordo com as exigências e gostos nacionais. Muitos dos irmãos superiores, os *Magistri* das Guildas, eram dotados de ampla cultura e educação, e muito conhecedores do significado interno dos ritos e cerimônias

* *The Cathedral Builders*, pp. 143, 154.

** *The Cathedral Builders*, p. 133.

transmitidos entre eles. Pode ser que alguns deles possuíssem o conhecimento agora pertencente aos graus superiores, pois em suas obras se encontram acidentalmente sinais de altos graus. Todavia, a maioria dos artífices provavelmente pouco mais sabia além da existência de significados simbólicos para as suas cerimônias e instrumentos de trabalho, e procurava ordenar suas vidas consequentemente.

Como assinalou muito claramente o irmão J. S. M. Ward, os *Comacini* revelavam marcantes analogias com o nosso moderno sistema maçônico. Estavam organizados em Mestres e Discípulos, sob o governo de um Gastaldo ou Grão-Mestre. Seus locais de trabalho se chamavam Lojas. Tinham Mestres e Guardiães, sinais, insígnias, toques, palavras de passe e juramentos de sigilo e fidelidade. Os Quatro Mártires Coroados eram os seus Santos Patronos; usavam aventais e luvas brancas, e entre os símbolos associados a eles encontramos o Leão de Judá, o nó do rei Salomão, o esquadro e o compasso, o nível e o fio de prumo, a rosa e o compasso.

Sobre um púlpito em Ravelo, numa de suas produções do século XIII vê-se Jonas saindo da boca da baleia, fazendo o S. C. do C.* Na Catedral de Coire na Suíça, que é de estilo romanesco e contém provas abundantes de obra comacina, se veem nos capitéis das colunas, no coro e santuário pintadas diversas figuras de s.·.s maçônicos, notavelmente o S. de L. do C., o G. e o S. da R., e diversos s.·.s atualmente associados com a Rosa-Cruz, os Cavaleiros Templários, e outros altos graus da Franco-maçonaria.** No muro de Basileia existe um afresco de Hans Dyg, pintado em 1519, em que notamos os mesmos s.·.s, e também um do grau Marco.

O nó do rei Salomão é o nome tradicional entre os italianos de hoje, dado à esmerada obra de pedra entrelaçada, executada

* *Freemasonry and the Ancient Gods*, J. S. Ward, Cap. XVIII, *passim*.

** *An Outline History of Freemasonry*, J. S. M. Ward, p. 34.

pelos Mestres Comacinos do século XI. Consiste sempre de um simples cordão tecido e entretecido dos mais belos e complexos desenhos. Leader Scott refere-se a ela como "essa intrincada e infindável variedade de uma simples e ininterrupta linha de unidade, emblema das múltiplas variedades de poder do Deus uno, sem começo nem fim".*

OUTROS RENASCIMENTOS DOS COLÉGIOS

Antes de passarmos a considerar o aparecimento da arquitetura gótica, que marca o clímax das realizações operativas na Idade Média, convém indicarmos outros renascimentos dos Colégios e de seus Mistérios. Pois, embora o grande impulso para restaurar a arte construtiva tivesse vindo através dos Mestres Comacinos, outras Lojas haviam existido na Europa desde os tempos dos romanos, que, sob a influência da inspiração italiana, reconquistaram seu poder e vitalidade. Na França, especialmente, é evidente que a organização dos Colégios nunca foi destruída e que as guildas profissionais (*Corps d'Etat*) da Idade Média se originaram deles em ininterrupta continuidade.

> A verdadeira origem da corporação se encontra na vida social dos romanos, e entre os vencidos gálios, que sempre constituíram a população principal das cidades e fielmente conservaram, sob a direção de seus novos senhores, a lembrança e traços de sua antiga organização.**
> A arquitetura, indústria e arte civis romanas, em resumo toda a tradição romana, se perpetuaram na França até o século X.

* *The Cathedral Builders*, p. 72.

** Levasseur, *Histoire des Classes Ouvrières en France*, Vol. I, p. 104, citação de Gould, I, p. 182.

Mesmo os conquistadores romanos, embora conservando suas próprias leis, costumes e usos nacionais, aceitaram toda a indústria gaulesa que encontraram.*

Não somente se manteve intacta a organização profissional, mas os Mistérios internos dos Colégios de Arquitetos foram transmitidos às guildas construtoras medievais da França, ainda que, sem dúvida, fortemente influenciados pelos Mestres italianos que praticaram os mesmos Mistérios e o mesmo glorioso Ofício.

O COMPANHEIRISMO**

Um renascimento interessante das guildas profissionais medievais da França se viu numa associação de operários jornaleiros franceses para mútuo auxílio e assistência durante suas viagens. Antes do século IX, não se conheceu praticamente nada acerca das atividades do Companheirismo, ainda que os Doutores da Sorbonne tivessem extraído em 1651 uma revelação parcial de uma de suas seções componentes (*Enfants de Maitre Jacques*), e não sem razão estigmatizaram os seus processos como impiedosos e sacrílegos. Em 1841 foi publicado o *Livre du Compagnonnage* por Agricol Perdiguier, um operário francês de certa cultura, que empreendeu a tarefa de revelar tanto da história e tradições do Companheirismo quanto lhe permitia seu juramento, a fim de pôr um cobro às contendas que surgiam incessantemente entre suas seções.

O Companheirismo consistia de três organizações perpetuamente em guerra umas com as outras, cada qual apresentando uma interessante história tradicional e se arrogando detentora da

* Monteil, *Histoire de l'Industrie Française*, prefácio de C. Louandre, p. 76, citação *ibid.*, p. 183.

** O original consigna o termo francês *Compagnonnage.* (N. do T.)

principal. A divisão mais antiga foi a dos Filhos de Salomão, originariamente consistindo apenas de pedreiros, conquanto mais tarde houvessem admitido também marceneiros e ourives. A segunda era a dos Filhos do Mestre Jacques, que igualmente admitia membros destas três profissões, e mais tarde de muitas outras, notavelmente seleiros, sapateiros, alfaiates, cutileiros e chapeleiros. Ao passo que a terceira seção seguia o Mestre Soubisé; foi originariamente composta somente de carpinteiros, mas posteriormente passou a admitir também estucadores e telhadores.

Geralmente se concorda que os Filhos de Salomão eram os mais antigos de todos, e outro fato notável é que os maçons (que se devem cuidadosamente distinguir dos pedreiros) nunca foram admitidos. Nas cidades mais importantes da França existiam albergarias pertencentes a estas três associações, e os operários jornaleiros ambulantes tinham direito a alojamento e assistência nos albergues de suas respectivas fraternidades, enquanto procuravam trabalho.

As três seções do Companheirismo conservavam lendas concernentes ao rei Salomão e seu Templo. Pouco se conhece da forma da lenda corrente entre os Filhos de Salomão, mas subsistem curiosas indicações de que a lenda da morte de Hirão (não contida na Bíblia) lhes era conhecida. Perdiguier nos fala pouco, mas dá certas sugestões:

> Entre eles (os Filhos de Salomão) tinha curso uma antiga fábula relativa, segundo uns, a Hirão, e segundo outros, a Adoniram, e em que eram representados crimes e punições. Também se nos conta "que os marceneiros do Mestre Jacques usam luvas brancas, porque, segundo eles, não banharam suas mãos no sangue de Hirão".

Além disso, com referência à palavra *chien* (cão) aplicada a todos os Companheiros do Dever, ele diz:

Creem alguns ter-se derivado do fato de que foi um cão que descobriu o lugar onde o corpo de Hirão, arquiteto do Templo, jazia sob os entulhos, depois do que todos os companheiros que se separaram dos assassinos de Hirão, foram chamados *cães*.

Alguns têm concebido, e entre eles o próprio Perdiguier, que estas são indicações de uma lenda que pode ter sido emprestada dos franco-maçons, no entanto, indicam claramente uma linha independente de tradição transmitida entre os pedreiros da França. Tanto o *Maitre Jacques* como o *Maitre Soubise* têm igualmente suas histórias tradicionais, que retrocedem até os dias do Templo de Salomão. Na do primeiro se apresenta um bem preparado relato da morte do *Maitre Jacques*, que pode também ser um eco da morte de outro Mestre maior, pois é evidente seu sentido simbólico.

Existe ainda uma sugestão de que a empregavam com referência à morte de Jacques de Molay, o último Grão-Mestre dos Cavaleiros Templários. Muito resta ainda por descobrir acerca do Companheirismo, pois até agora não se fez nenhuma investigação completa em seus arquivos. E pode acontecer que futuras pesquisas mostrem claramente que os maçons especulativos da Inglaterra e os operários jornaleiros da França derivem suas tradições de um antepassado comum nos antigos Mistérios. Esta foi, pelo menos, a opinião de R.F. Gould, o maior dos historiadores maçônicos.*

OS CANTEIROS DA ALEMANHA

Uma outra linha do renascimento das tradições antigas se encontra entre os Canteiros da Alemanha. Já delineamos a influên-

* Veja-se Gould, *Hist. Freem.*, Vol. I, Cap. IV e V, para se ter um relato completo do que se sabe acerca das Guildas Operárias Francesas e do Companheirismo.

cia de duas correntes de tradição na Alemanha: uma emanada da Bretanha através dos monges celtas, e outra provinda da Itália através de são Bonifácio. As guildas profissionais da Alemanha se desenvolveram, independentemente da influência monástica, mas segundo Gould é provável que no século XII peritos maçons dos mosteiros se amalgamaram com os construtores operários das cidades, e juntos formaram a sociedade posteriormente conhecida em toda a Alemanha como os Steinmetzen.*

Pelas Ordenações de Torgau de 1462 sabemos que os Canteiros veneravam os Quatro Mártires Coroados como seus santos patronos, e a Constituição de Estrasburgo de 1459 contém uma devota invocação dos nomes do "Pai, Filho e Espírito Santo; de nossa misericordiosa Mãe Maria, e de seus benditos servos, os Quatro Mártires Coroados, de perpétua memória".** No *Brother-Book* (*Livro do Irmão*) de 1563 aprendemos que eles trocavam um cumprimento e aperto de mão que não podiam ser descritos graficamente;*** e uma curiosa prova parcial veio à luz no começo do século IX, quando certo arquiteto, que havia se associado a um grupo sobrevivente dos Canteiros, reconheceu o toque do Ap. como idêntico ao dos *Steinmetzen* de Estrasburgo.**** Entre eles usava-se uma cerimônia de admissão, mas não se sabe em que consistia.*****

Em Daberan, Maclenburg, existe uma gravura da Última Ceia, em que os apóstolos aparecem pintados nas conhecidas atitudes maçônicas,****** ao passo que, segundo o *Bulletin* do Supremo Conselho do Rito Escocês Antigo e Aceito (Jurisdição Sul, EE.UU.), a lenda de Hirão Abiff se acha inscrita em pedra em

* *Concise History of Freemasonry*, R. F. Gould, p. 17.

** *Concise History of Freemasonry*, R. F. Gould, p. 19.

*** *Hist. of Freem.*, Vol. I, p. 128, Gould.

**** *Idem*, p. 146.

***** *Concise History*, Gould, p. 22.

****** *An Outline History of Freemasonry*, J. S. Ward, p. 35.

Estrasburgo.* Na catedral de Wurzburg, dois pilares com a inscrição Jachin e Boaz, que originariamente se erguiam no pórtico ou entrada, se encontram atualmente removidos para o interior do edifício. Diz Stieglitz em sua obra *Early German Architecture* que esses pilares visavam constituir uma referência simbólica à fraternidade.** Num convento próximo de Schaffhausen há um baixo-relevo representando uma figura fazendo um dos s.·.s do M. I.*** No ano de 1459 os Canteiros da Alemanha se fundiram para formar uma Grande Guilda, governada por quatro Lojas Capitais, das quais a de Estrasburgo era a principal. Tão estreitos são os paralelos entre sua organização e a da moderna Maçonaria Especulativa, que muitos escritores alemães têm sustentado que os Steinmetzen foram os criadores do sistema especulativo. Não resta dúvida de que nos tempos modernos não houve nenhum intercâmbio entre as duas corporações, e a moderna Maçonaria Operária Alemã derivou claramente da Inglaterra.****

AS GUILDAS INGLESAS

Três distintas linhas de tradição contribuem para a Maçonaria das guildas inglesas. Uma se conservou entre os celtas, como já vimos, e se misturou mais tarde com as correntes oriundas de outras fontes. Outra foi a dos Colégios romanos, que sobreviveu em certa extensão na Inglaterra depois da partida dos romanos. Os saxônicos encontraram-nos e não se opuseram a ele.***** A terceira linha decorreu do influxo dos construtores continentais, come-

* *Op. cit.*, VII, 200.

** Gould, *Concise History*, p. 24.

*** J. S. M. Ward, *An Outline History of Freemasonry*, p. 11.

**** Gould, *Concise History*, p. 24.

***** Coote, citado em *The Cathedral Builders*, Leader Scott, p. 140.

çando na época de santo Agostinho, porém consideravelmente aumentada após a conquista normanda sob o patrocínio do arcebispo Lanfranc, o primeiro arcebispo normando de Canterbury, lombardo de nascimento e famoso patrono da arquitetura mesmo antes de sua vinda para a Inglaterra.*

Todas estas correntes de tradição foram representadas nas guildas medievais, e foram transmitidas a vários centros. As guildas operárias francesas conservam narrações semelhantes às encontradas nas Antigas Ordenações Inglesas, referentes à assistência dada aos maçons por Carlos Martel.**

Os Mistérios secretos do Ofício, comuns, salvo para certas modificações locais secundárias, a todas as linhas de descendência, celta, saxônica e continental foram transmitidos às Lojas dos maçons medievais, que eram unidades de organização e trabalho dentro das guildas. Esses Mistérios nunca foram escritos, mas transmitidos oralmente de geração em geração, passando a sucessão de Mestre para Mestre, como ocorre presentemente.

O trabalho primário das Lojas era certamente operativo, ao passo que o ritual especulativo que era transmitido tão fielmente nas partes essenciais, considerava-se como sendo uma antiga herança para ser escrupulosamente transmitida à posteridade; mas com toda a probabilidade só muito poucos reconheciam seu verdadeiro objetivo, isto é, como contendo mais do que um simples código moral de vida. É devido à rígida observância do J. "nunca escrever esses segredos" (J. que teria sido reforçado por certas penalidades e sofrimentos desconhecidos aos maçons atuais), que em nenhum documento anterior a 1717 se pode encontrar qualquer traço do ritual. E é por causa desta omissão em todos os registros que muitos eruditos maçônicos creem que o ritual só foi compilado no começo do século XVIII. Mesmo nos séculos XIV e XV,

* J. S. M. Ward: *Freemasonry and the Ancient Gods*, p. 147.
** Gould, *Concise History*, p. 30.

quando foram escritas as Antigas Ordenações, não se fez nenhuma menção à lenda de Hirão, pois formava parte do ritual secreto e, portanto, não podia ser divulgada. Uma figura representando o Deus Sol no pórtico da Catedral de Peterborough, se acha pintada fazendo o S. de L. do C.,* o que demonstra que pelo menos este s.·. era conhecido de nossos antigos irmãos operários.

O NASCIMENTO DA ARQUITETURA GÓTICA

A construção operária medieval atingiu o seu clímax nos séculos XII e XIII, com o nascimento e desenvolvimento da arquitetura gótica, que foi inspirada diretamente pelo chefe de todos os verdadeiros franco-maçons em todo o mundo, como parte do plano para o desenvolvimento da quinta sub-raça ou a teutônica. Tem-se aventado muitas teorias para explicar o rápido desenvolvimento do novo estilo.

> Ponto muito controverso é se a admirável transformação de estilo que em poucos anos se difundiu pela maioria da Cristandade Ocidental, foi primariamente devida ao descobrimento das possibilidades do arco pontiagudo ou às da chamada abóbada ogival. Provavelmente foi devida a ambos, e também, por certo, a determinados movimentos, sociais e políticos tendentes a favorecer imensamente qualquer novo entusiasmo. É que uma nova consciência nacional ganhava rapidamente força, especialmente na França. Tanto cidades como comunas rivalizavam na ereção de vastos edifícios — primeiramente catedrais e depois edifícios cívicos. Então os arquitetos eram na maioria leigos, os fundadores e doadores eram frequentemente corporações municipais ou ricos cidadãos, e os operários eram, não

* Cotterill, *History of Art*, Vol. I, p. 278.

raro, voluntários provindos da massa popular. A antiga era monástica do romanesco cedeu prontamente lugar a uma nova, a da arquitetura popular e cívica, e dentro de um tempo surpreendentemente curto se repetiu muito do que deparamos depois da passagem do decisivo ano 1000 d. C., quando segundo o velho Raoul Glaber, o Cristianismo se desvencilhou de seus ornatos antiquados e os substituiu pelo novo manto branco das igrejas recém-construídas.

Todavia, não necessitamos de especular ou teorizar sobre as causas determinantes do rápido desenvolvimento do novo estilo, pois contamos com a vantagem de saber que esse movimento sempre teve por timoneiro oculto e decidido o C. D. T. O. V. M., tendo sob sua direção um corpo de hábeis auxiliares.

Como já disse, a arquitetura exerce poderosa influência sobre a consciência do povo, por ser um dos meios escolhidos pela Loja Branca para atuar no desenvolvimento das várias nações, de acordo com o plano do Grande Arquiteto do Universo. Para compreender o significado do estilo gótico, temos de considerar por um momento um fato importante da história oculta, que entre os estudiosos é conhecido tecnicamente como mudança cíclica de raio. Os sete raios, ou tipos da divina consciência e atividade, a um ou outro dos quais pertencem todos os seres vivos, influenciam o mundo, cada um por seu turno, e esta mudança cíclica produz as modificações do conjunto, que se podem observar no decorrer dos séculos sucessivos.

Cada raça, e sub-raça tem suas próprias qualidades especiais para desenvolver. A quinta raça-raiz, a que nós pertencemos, está, como um todo, empenhada no desenvolvimento do intelecto; porém cada uma de suas sub-raças tem igualmente que cultivar uma qualidade. À quarta sub-raça, ou à celta, concernia a evolução do intelecto através das emoções e assim produziu os povos amantes da beleza na Grécia e na Irlanda; ao passo que a quinta sub-raça, a teutônica, a que pertencem os anglo-saxões e escandinavos, está se esforçando por desenvolver o intelecto operando na mente concreta, e produzindo assim as nações científicas e industriais que lideram o mundo atual.

Estas mudanças cíclicas de raio, que também fazem parte do grande plano, originam outras não menos definidas modificações na consciência incorporada. Na Grécia vimos algo do quinto raio, o raio do conhecimento, atuando na quarta sub-raça com seu amor ao belo, resultando esse tipo intelectual de arte tão característica da idade clássica. A Idade Média revela as qualidades do sexto raio, que é o da devoção, atuando na quinta sub-raça ou teutônica, e produzindo como seu fruto intelectual característico a filosofia escolástica com sua intelectualidade sutilmente superdiscriminativa, baseada numa devoção quase fanática.

A devoção foi, com efeito, a grande característica da Idade Média. Os séculos XII e XIII, tão ricos nos anais do misticismo cristão, foram adornados por homens e mulheres cujo poder de devoção atingiram alturas raramente galgadas em qualquer outra época. O grande são Bernardo (que entre outras assinaladas obras criou o Regulamento da Ordem dos Cavaleiros Templários), Ricardo de são Vítor, são Hildegarde, são Francisco de Assis e santo Antônio de Pádua, e um pouco mais tarde, são Boaventura e são Tomás de Aquino, foram todos como que faróis a iluminar muitas gerações. Na Igreja Católica ocorreram profundas mudanças durante estes anos significativos, e a Europa ascendeu da Idade Negra para a plenitude de glória de uma era de cultura e arte.

O escopo da arquitetura gótica foi elevar a devoção das massas a alturas maiores do que as havia induzido a contemplação do estilo sarapanel romanesco. Pelas suas altaneiras linhas, pela riqueza de sua ornamentação e magnífica complexidade de seus desenhos, pela sua estupenda graça e delicadeza, ela teve o poder de elevar os corações dos homens nas asas de sua música silenciosa até o próprio trono de Deus, de lhes modelar e enriquecer a devoção por processos sutis e invisíveis, de verter-lhes influências espirituais que ajudariam na magna obra de transformação que precisava ser executada.

A mudança do romanesco para o gótico foi, pois, deliberadamente efetuada. A inspiração dada a certos mestres construtores nos diferentes países partiu do C. D. T. O. V. M., e a ereção das grandiosas catedrais de então foi levada a cabo por grupos volantes de nações, passando de centro em centro e sem dúvida empregando os construtores locais na obra efetiva da construção.

Esta foi, como dissemos, uma idade de devoção, e cada pedra era talhada com extremo carinho para glória de Deus, e destarte carregada da adoração dos hábeis artífices, que trabalhavam de maneira tão altruísta. As poderosas influências espirituais geradas por todo este cuidado afetivo contribuíram grandemente para a extraordinária beleza das catedrais góticas, e para o seu peculiar poder de, mesmo na época presente, despertar devoção e reverência em todos os que se aproximam delas.

As expressões particulares do Gótico variam nos diferentes países, e mesmo em diferentes regiões do mesmo país; esse é sempre o caso em todo estilo de construção. Mas por trás da ordem em conjunto da arquitetura gótica existe uma grandiosa ideia, a da altaneira e apaixonada devoção sempre se elevando até os pés de Deus; tal é o que se observa com modificações nacionais na Inglaterra, França, Alemanha, Itália e Espanha. Esta foi a grande idade da Maçonaria. No seu ocaso começou a declinar o poder das corporações corporativas, até que na Inglaterra e Alemanha, especialmente, o movimento impropriamente chamado Reforma matou a arquitetura eclesiástica, e a construção de igrejas como fina arte cessou praticamente.

No século XIV as guildas mercantis, que organizaram toda uma indústria, se descentralizaram, e emergiu gradualmente um novo sistema de guildas operárias, que organizaram diferentes ramos de cada indústria. Esta mudança de organização foi devida a uma profunda mudança de pensamento no povo, que havia de ser conduzido à grande irrupção da Renascença e do crescimento da consciência nacional, operada nos diferentes países. É neste período que pela primeira vez aparecem as Antigas Ordenações de nossos antepassados irmãos, e que passaram a ser escritas à medida que os franco-maçons se tornavam mais e mais desorganizados, a fim de evitar que caíssem em esquecimento os registros orais mais antigos.

AS ANTIGAS ORDENANÇAS

Em não pequena medida estas Antigas Ordenanças refletem a ignorância da época em matéria de geografia e cronologia; no entanto, contêm um relato do amplo esboço da descendência maçônica do Egito, através da Judeia, até a Europa. Certamente seria muito difícil supor que tivessem sido fabricadas pelos construtores operários, que não tinham nada de mistério oculto para transmitir. Dou abaixo um breve sumário do manuscrito de Dowland, que bem representa a tradição comum para todos. É reproduzido de *Old Charges* de Hughan (1872), e extraído da *Encyclopaedia* de Mackey.*

Começa a lenda com um relato de Lameque e de seus quatro filhos, que fundaram todas as ciências do mundo antes do dilúvio. Essas ciências foram gravadas em duas colunas, uma das quais foi mais tarde achada por Hermes, que ensinou seu conteúdo ao povo. Depois se menciona Nimrod como tendo empregado maçons na construção da Torre de Babel, aos quais expôs suas primeiras Ordenações. A seguir diz-se que Abraão e Sara ensinaram as sete ciências aos egípcios, e especialmente a um "worth Scoller that hight Ewclyde" ("eminente erudito chamado Euclides"). O último foi in-

* Verbete *Legend of the Craft.*

cumbido pelo rei de ensinar Maçonaria a grande número de filhos do "senhor e cidadãos do reino". A lenda passa depois para Davi, que, quando iniciou o templo de Jerusalém, aprendeu do Egito as Ordenanças e costumes dos maçons e os ensinou a seu povo. Salomão prosseguiu na construção do templo depois da morte de Davi, buscou maçons em todos os países e confirmou as Ordenanças dadas por seu pai. Não existe nenhuma referência à lenda do 3° em qualquer das Antigas Ordenanças antes da segunda edição da Constituição de Anderson, publicada em 1738, exceto a menção de Ainon, o filho de Iram, como sendo o "chief Maister" (Grão-Mestre) de todos os maçons, e "Mestre (ou Guardião) de todas as suas gravuras e esculturas, bem como de todos os demais objetos maçônicos pertencentes ao templo". A lenda, desafiando toda a cronologia, declara em seguida que "um curioso maçom chamado Maymus Crecus", que havia assistido à construção do templo de Salomão, ensinou Maçonaria a Carlos Martelo da França. Desde que o último morreu no ano 741 d.C., o primeiro teria tido cerca de setecentos anos de idade, a não ser que sejamos levados a admitir que as Ordenanças pressupõem que ele havia se reencarnado!

Formula-se um relato lendário da obra de Santo Albano pelos maçons no século III, e especialmente de sua instituição de Assembleias Gerais. Diz-se também que para esses maçons ele havia obtido uma Carta Constitutiva, promulgado Ordenanças e ajustado melhores salários. Diz-se que, mais tarde, Athelstan construiu muitas abadias e torres, e "muito amou os maçons". Seu filho Edwin, que os amava ainda mais, realizou uma Assembleia em Iorque e lhes outorgou uma Carta Constitutiva. Neste período foram coligidos todos os escritos, "alguns em francês, outros em grego, uns em inglês e diversos em outras línguas". Estes antigos escritos foram resumidos na Constituição de Iorque que resultou desta Assembleia em 924 d.C. é desta fonte que extraímos o material agora incorporado nas Antigas Ordenanças.

9. A transição dos operativos para especulativos

A REFORMA

O alvorecer de uma nova era foi iniciada pela Renascença da instrução e cultura clássicas no século XV, uma época de imensa atividade criativa, de queima de grilhões, de desencadeamento de um novo e vital espírito de liberdade, cujo resultado direto foi o que se costuma chamar a Reforma. A causa desta mudança foi uma reação geral contra o espírito da Idade Média.

> A Renascença se originou daquele anseio de emancipação das algemas do passado, que provavelmente sente cada nova geração, e que, de quando em quando, favorecido por condições especiais, logra realizar seus ideais. [...] Neste caso, os ideais eram alegria, liberdade e personalidade; libertação do ascetismo medieval, do patriarcado sacerdotal medieval, do dogma medieval; libertação do anátema, alicerçada nos direitos naturais do homem, na liberdade de pensamento e no julgamento moral; libertação da lei tradicional e da autoridade autoconstituída e restauração do autogoverno intelectual e moral do próprio indivíduo.*

Um dos fatores que ajudaram a efetuar este notável renasci-

* Cotterill, *History of Art,* Vol. I, p. 390.

mento da instrução, foi o desmantelamento do Império Oriental pelos maometanos, a tomada de Constantinopla e a conquista da Grécia, forçando a refugiar-se na Itália todos os que possuíam meios próprios. Nesta época vieram para a Itália muitos eruditos, que trouxeram consigo preciosos manuscritos dos antigos escritores gregos; e a restauração da instrução clássica, arquitetura clássica e arte clássica constituíam os traços mais marcantes da Renascença. A invenção da imprensa possibilitou uma difusão mais ampla da instrução, e a Europa foi invadida por uma onda de entusiasmo criativo, que deixou sua marca nas artes, literatura e filosofia de então, renovando, com efeito, todas as coisas.

Toda a elite pensante daquele período sentia claramente que era essencial uma reforma da Igreja, pois nos santuários haviam se insinuado todas as espécies de abusos e corrupções. Fez-se primeiro uma tentativa para criar uma concepção mais ampla da doutrina cristã dentro da Igreja Romana, e eruditos tais como Finício, os platônicos da Itália, Erasmo e Sir Thomas More, procuraram reinterpretar o Cristianismo à luz da filosofia de Platão e Plotino. Mas essa tentativa fracassou, e consequentemente, operou-se a Reforma fora da Igreja no século XVI. Esta foi uma tentativa para purificar a Igreja de seus abusos, proporcionar-lhe ensinamentos mais consentâneos com as novas ideias; mas tem que se admitir que pouco contribuiu para melhorar as coisas do ponto de vista espiritual, embora conseguisse liberdade de crença e de intelecto para o indivíduo investigar a verdade por si mesmo. Tão grande era a ignorância e fanatismo dos reformadores que eles alijaram o bom com o mau e construíram uma teologia mais intolerável do que a de Roma, ao passo que lhe rejeitaram grande parte dos tesouros sacramentais e contemplativos.

O REAPARECIMENTO DA MAÇONARIA ESPECULATIVA

Depois da Reforma na Inglaterra, a arquitetura eclesiástica cessou praticamente como uma atividade das guildas, e as Lojas caíram em decadência, uma vez que os seus trabalhos se tornaram desnecessários. Mas se a Reforma prejudicou assim a Maçonaria, ela assegurou na Europa a ressurreição de uma relativa publicidade das artes especulativas. As guildas tinham aceitado sempre patronos ricos e influentes, e não havia nada de novo na introdução de maçons teóricos nas Lojas. Alguns negaram a possibilidade da existência de qualquer Maçonaria Especulativa antes do Renascimento; mas a especulação era mais uma regra do que exceção em todas as guildas, e não apenas nas maçônicas; e naquela época devocional se podia notar operários de todas as profissões emprestando sentido moral aos seus instrumentos de trabalho.

Mas entre o período em que a Maçonaria Operativa esteve no apogeu de seu poder e inspiração, e o renascimento das artes especulativas no começo do século XVIII, houve uma fase negra em que a luz da Maçonaria, tanto operativa como especulativa, pareceu quase extinguir-se. Muitas Lojas operativas haviam perdido quase todo traço de trabalhos ritualísticos, bem como esquecido tanto os segredos tradicionais da arquitetura como os seus antigos segredos do seu simbolismo arquitetônico. É a este período de trevas e decadência, assim como ao J. de não se escreverem tais segredos, que podemos atribuir a escassez de registros referentes à tradição do Mistério entre tantas das antigas Lojas operativas; mas graças à direção dos Grandes Seres, essa tradição foi definitivamente preservada e transmitida de várias fontes para o nosso Ofício moderno.

AS PRIMEIRAS ATAS

É durante o período posterior à Reforma, em que as antigas Lojas haviam quase esquecido a glória de sua herança, tanto operativa como especulativa, que pela primeira vez encontramos atas reais das reuniões de Loja. Tais atas mostram em que condições caiu o Ofício naquela época; como é de se esperar, elas quase silenciam sobre todas as questões do ritual, segredos e simbolismo, ao passo que há indicações incidentais de encobrimento de uma tradição oculta. É também neste período que ocorrem na literatura contemporânea as primeiras referências aos segredos da franco-maçonaria, e por meio deles podemos traçar em alguma medida a gradual emersão dos Mistérios especulativos.

ATAS ESCOCESAS

Nos arquivos da Loja de Edimburgo, Capela de Maria, rolo nº 1 da Grande Loja da Escócia, se encontra a mais antiga Ata de Loja atualmente existente, datada de 1598. Sabemos que desde épocas as mais primitivas havia sido costume das Lojas operativas "aceitarem" irmãos não operativos; mas o primeiro registro autêntico deste fato consta dos mesmos arquivos, que dizem que John Boswell de Auchinlech foi admitido no ano de 1600.* A assinatura de Boswell, da qual a admirável *History* de Murray-Lyon apresenta um fac-símile, é seguida de sua marca, uma cruz dentro de um círculo, símbolo esse utilizado frequentemente pelos irmãos Rosa-Cruz e que envolve um profundo significado em conexão com os seus Mistérios.

Na Escócia e em relação com a Maçonaria, circula uma das mais primitivas referências à Rosa-Cruz na Grã-Bretanha, pois em *The Muses Threnodie* de Henry Adamson (datada de Perth, 1638) deparamos com as seguintes palavras:

* *The Brotherhood of the Rosy Cross*, A. E. Waite, p. 375.

> Uma grosseira dissolução é o que pressagiamos,
> Pois somos irmãos da *Rosie Cross,*
> Temos a Palavra do Maçom e a segunda visão.
> Podemos predizer corretamente os eventos futuros.

The Rosicrucion Manifestos, que são as primeiras memórias literárias da Ordem (1614), só foram traduzidos e publicados em inglês em 1652, quando Thomas Vaughan, famoso alquimista e místico, que escreveu sob o pseudônimo de Eugenius Philalethes e é agora um adepto da Loja Branca, empreendeu essa tarefa.* Assim, já em 1638 a Maçonaria estava associada tanto como a Fraternidade Rosacruciana como com o poder oculto conhecido como segunda visão. Ao nosso próximo capítulo pertence a conexão da Rosa-Cruz com a Maçonaria.

A *Palavra do Maçom* é o único segredo aludido nas primitivas Atas da Loja na Escócia. Ainda não se sabe o que então significava, embora haja curiosas indicações provindas de dois escritores que não pertenceram à Ordem. O Rev. George Hickes, posteriormente Deão de Worcester, a descreve pelo ano de 1678 como "um sinal secreto que os maçons usam em todo o mundo para se conhecerem mutuamente". Em 1691 diz Robert Kirk que é:

> Qual uma Tradição Rabínica, à guisa de um comentário sobre Jachin e Boaz, no Templo de Salomão se erguiam as duas colunas (I. Reis, VII, 21), com a adição de algum sinal secreto transmitido de mão para mão, pelo qual eles se conheciam e familiarizavam uns com os outros.**

Tanto havia a Ordem esquecido as suas tradições na Escócia, que parece claro que só existia um grau, no concernente à comu-

* *The Brotherhood of the Rosy Cross*, A. E. Waite, p. 375.

** Gould, *Concise History*, p. 183.

nicação de segredos. Aos Aprendizes se revelava a Palavra do Maçom, sob um "Grande Juramento", e é provável que se lia um compromisso, mas não há qualquer indicação quanto ao processo ritualístico. O atingir do grau de Membro da Oficina ou Mestre era meramente uma questão de idade e habilitação, e nos Estatutos de Schaw de 1598 se ordenava que deveria realizar-se na presença dos Aprendizes, excluindo-se assim quaisquer segredos peculiares ao grau.* A proporção que decorriam os anos, nas Lojas escocesas se admitiam cada vez mais não operativos, até que passou a predominar inteiramente o elemento especulativo.

ATAS INGLESAS

Na Loja da Aceitação adida à Companhia dos Maçons de Londres, cujos arquivos remontam a 1356,** encontra-se uma indicação da transmissão secreta da Maçonaria Especulativa. São de 1620-21 as primeiras referências que nos chegam sobre aquela Loja, quando ela era uma corporação distinta da Companhia, pois o Mestre Maçom do rei, Nicholas Stone, embora Mestre da Companhia em 1633, e também em 1634, não foi registrado entre os "Maçons Aceitos" até 1639.*** Pessoas não pertencentes à Companhia eram igualmente elegíveis para admissão, embora se lhes exigisse uma taxa elevada pelo privilégio da iniciação. Elias Ashmole, o famoso estudante de alquimia, que em sua obra *Theatrum Chemicum Britannicum* coligiu certos textos desta ciência abstrusa, foi iniciado numa Loja não operativa de Warrington, Lancashire, em 1646.**** Em 1682 foi ele convocado para assistir aos trabalhos de uma Loja

* *History of the Lodge of Edinburgh*, de D. Murray-Lyon, p. 10.

** Gould, *Concise History*, p. 105.

*** Gould, *Concise History*, p. 111.

**** *Idem*, p. 112.

na Câmara dos Maçons de Londres — que é quase certo ter sido de Aceitação — e esteve presente na iniciação de seis candidatos, dois dos quais não eram membros da Companhia de Maçons.*

Cita-se às vezes Elias Ashmole como tendo sido o fundador real da Maçonaria Especulativa, e também como irmão rosa-cruz. É possível a última sugestão, embora não exista prova alguma desse particular, mas a primeira não pode, evidentemente, ser aceita por aqueles que sustentam haver a Maçonaria descendido dos antigos Mistérios. O irmão A. E. Waite formula uma especulação num recente livro, relatando a Aceitação de Robert Fludd, o grande filósofo rosacruciano inglês (1576-1637). Diz ele:

> Minha tese é que a Aceitação, como e quando quer que haja aparecido, pode haver incluído um grupo de estudantes herméticos, dos quais existiam muitos naquele período; que Fludd os reuniu ou figurou entre eles; que, à maneira deste ou da Rosa-Cruz, eles principiaram a falar de construção espiritual numa Câmara de Maçons, de uma Arte Hermética em alvenaria, e que, portanto, eles podem ter contribuído de certa maneira para o nosso inacabado projeto de construção figurativa.**

Nos arquivos da Aceitação havia um *Livro de Constituição* "doado pelo Sr. Elood".

No Manuscrito de Harleian, nº 2054, se acha um tosco *memorandum* datado de 1665, contendo as seguintes sentenças, que parecem notas de uma Obrigação, usada provavelmente na Loja de Chester:

> Existem palavras e sinais diversos de um maçom livre para vos serem revelados à medida que responderdes: perante

* *Ibidem*, p. 116.

** *Emblematic Freemasonry*, p. 43.

Deus no grande e terrível Dia do Juízo, eu conservarei o Segredo e jamais o revelarei aos ouvidos de quem quer que seja, a não ser aos mestres e companheiros da referida Sociedade; assim me ajude Deus etc.*

Em sua *Natural History of Staffordshire* (cap. III), publicada em 1686, o Dr. Robert Plot se refere à admissão de maçons, "a qual consiste principalmente na comunicação de certos *sinais secretos*, por cujo meio eles se reconhecem uns aos outros em toda a nação". Também fala de um "grande *rolo de pergaminhos* contendo a História e Regulamentos do ofício da Maçonaria".** No manuscrito de Aubrey da *Natural History de Wiltshire*, o Dr. Plot alude à adoção de Sir Christopher Wren como franco-maçom.*** As Atas da Loja de Antiguidades nº 2, a antiga Loja que se reunia no *Gosse e Gridiron* (no Gancho e na Grade), datadas de 1723, se referem a uma coleção de castiçais ofertada pelo "seu digno e antigo Mestre, Sir Christopher Wren à Loja".****

A "antiga Loja da Cidade de Iorque" prosperou em 1705, mas não existe nenhuma prova documentária que evidencie sua história primitiva, embora nos *Fabric Rolls* do Mosteiro de Iorque, de 1352, se mencione uma *Logium Fabricae.* Desde 1705, ou talvez antes, a Loja Iorque foi exclusivamente o centro da Maçonaria Especulativa ou simbólica. As atas mais primitivas guardadas se encontram num rolo de pergaminho datado de 1712-1730; Descreve-se a maioria das reuniões como *Privativas,* enquanto algumas são referidas como *Lojas Gerais,* conquanto em ambas se admitissem, aparentemente, candidatos. Os novos membros eram "Jura-

* *Emblematic Freemasonry,* p. 115.

** *Idem,* p. 119.

*** *Ibidem,* p. 120.

**** *The Builders,* Vol. X, nº 2, p. 55.

mentados e Admitidos", sendo esse o único traço documentário de qualquer trabalho ritualístico.*

Como veremos, a Loja de Iorque se proclamava a "grande Loja de Toda a Inglaterra" em 1725, oito anos após a fundação da Grande Loja da Inglaterra, e apenas alguns meses após a formação da Grande Loja da Irlanda. Ela vegetou até os últimos anos do século XVIII, quando parece ter sido silenciosamente absorvida por suas rivais. Em suas *Constitutions* de 1738 se refere Anderson a Grandes Lojas que derivaram de outras fontes que não a Grande Loja da Inglaterra, e lhes presta definitivo reconhecimento:

> Mas a antiga Loja da Cidade de Iorque, e as Lojas da Escócia, Irlanda, França e Itália, pretendendo independência, têm seus próprios *Grão-Mestres*, embora, em substância, suas *Constituições, Deveres, Regulamentos etc.*, sejam os mesmos de seus irmãos da *Inglaterra.***

Esta declaração é significativa, pois as Lojas "pretendendo independência", das quais uma é admissivelmente "antiga", *não* adotam de bom grado as inovações procedentes do exterior. Se se desejar uma prova de que a Maçonaria não foi uma invenção de Anderson, temo-la aqui em suas próprias palavras.

Dois ensaios de Steel em *The Tatler*, de 1709 e 1710, aludem à existência de sinais e toques entre franco-maçons. Nas Atas da Antiga Loja de Iorque e da Capela de Maria de Edimburgo existem provas do exame de irmãos antes de serem admitidos na Loja, sendo que a última admissão se relaciona com nada menos que o Dr. Desaguliers, que em 1721 foi julgado qualificado em todos os pontos da Maçonaria por seus irmãos escoceses. Este incidente mostra a identidade dos segredos entre as Lojas escocesas e ingle-

* Gould, *Concise History*, p. 122.

** *History of the Lodge of Edinburgh*, de D. Murray-Lyon, p. 159.

sas.* A mesma transição gradual de filiação operativa para não operativa ocorreu entre as Lojas inglesas e escocesas, e foi esta infiltração de homens educados e cultos que tornou possível os momentosos acontecimentos de 1717.

ATAS IRLANDESAS

As pesquisas encontram certas dificuldades na Maçonaria irlandesa, pois entre os maçons irlandeses era um ponto de honra, no século XVIII, destruir todos os documentos, cartas constitutivas, certificados, registros de Loja, livros de ata, de preferência a deixá-los cair em mãos estranhas.** Diz o Dr. Chetwode Crawley que existia uma Loja especulativa do tipo inglês em Doneraile, em 1710-12 que empregava métodos de iniciação não diferentes dos perpetuados na época do Renascimento. Nesta Loja foi iniciada Elizabeth St. Leger, a famosa dama maçônica, e deve ter trabalhado em pelo menos dois graus. Observa o Dr. Crawley:

> Esta última dedução necessitará ser muito bem justificada pelos irmãos que sustentam que as primitivas Lojas inglesas não puderam trabalhar com mais de um grau, porque as primitivas Lojas operativas escocesas permitiram que o ritual fosse reduzido a mais simples forma de reconhecimento.***

Este período de transição constitui o laço conectivo entre a antiga e a nova dispensação. Estavam terminados os dias da Maçonaria Operativa como era praticada nas Lojas medievais; não haviam ainda alvorecido os da Maçonaria Especulativa tal qual a

* *Idem*, p. 197.

** Dr. Chetwode Crawley, *A. Q. C.*, XVI, 69.

*** *A. Q. C.*, VIII, 55.

conhecemos hoje. Não mais era necessário sigilo; o temor da morte e tortura já não compelia os servos da Luz Interna a buscarem refúgio nas oficinas dos construtores em alvenaria. Liberdade de pensamento, liberdade de palavra, liberdade de ação haviam sido finalmente conquistadas. E como no crepúsculo que precede a aurora podemos discernir os lânguidos contornos misteriosos de alguma formosa paisagem oculta sob o manto da escuridão, até que, à proporção que resplandece cada vez mais poderosa a luz do sol nascente, se revestem de colorido e beleza mais ricos; assim também nesta idade crepuscular podemos vislumbrar no mundo externo as densas sombras dos Mistérios Ocultos, à proporção que emergem de sua longa noite de segredo e silêncio para a liberdade do dia, e a Arte Real é mais uma vez contemplada pelos homens.

A GRANDE LOJA DA INGLATERRA

O único registro existente da fundação da Primeira Grande Loja do mundo se encontra na Constituição do Dr. Anderson, publicada em 1738. Antes do ano de 1723 não se descobriu nenhuma ata da Grande Loja. O que se segue faz parte do relato que ali aparece sobre este importante acontecimento na história da Maçonaria Operativa:

> Depois de terminada a Rebelião, em 1716 d.C., as poucas Lojas de Londres... julgaram oportuno consolidar-se sob a direção de um *Grão-Mestre*, como o centro de União e Harmonia, isto é, as Lojas que se reuniram:
> 1. Na Adega Goose e Gridiron do cemitério da Igreja de São Paulo.
> 2. Na Adega da Coroa era Parker's Lane, próxima a Druroy-Lane.
> 3. Na Taverna Macieira da Rua Charles, Jardim do Convento.
> 4. Na Taverna Rummer e Grapes em Channel-Row, Westminster.

"Eles e alguns dos irmãos se reuniram na referida Macieira, e havendo colocado na presidência o mais idoso Mestre Maçom (atualmente o Venerável de uma Loja), se constituíram numa Grande Loja pró Tempore na Devida Forma, e imediatamente restabeleceram a Comunicação Trimestral dos Oficiais de Lojas (chamadas a GRANDE LOJA), e resolveram realizar a assembleia e festa anuais, e depois escolher um grão-mestre dentre eles, até que tivessem a honra de possuir um nobre irmão como Chefe." A Grande Loja foi consequentemente formada no Dia de São João Batista de 1717, com Anthony Sayer como seu primeiro Grão-Mestre.*

O irmão Calvert demonstrou que as primeiras três Lojas foram provavelmente compostas de maçons operativos, e cada uma contava com cerca de quinze irmãos, ao passo que a quarta Loja tinha um quadro de setenta membros e era a Loja especulativa, a que pertenceram todos os homens eminentes do Ofício dos primitivos dias, inclusive Payne, Anderson e Desaguliers, e grande e influente corporação de nobres.

No começo parece que poucas foram suas realizações e não parece que os fundadores originais tivessem a menor ideia de iniciar um movimento mundial; porém, com o advento do Duque de Montagne à curul do Grão-Mestre em 1721, a Sociedade ganhou rapidamente fama e êxito.

A primeira tarefa foi a compilação e "seleção" das Antigas Constituições Góticas, que, como já vimos, foram herdadas das Lojas da época operativa, e este trabalho foi feito por Anderson em 1721. A Constituição foi impressa em 1723, e em 1738, quando o sistema especulativo foi firmemente estabelecido sob os auspícios da Grande Loja, fez-se uma subsequente edição um pouco alterada. Jorge Payne, o segundo Grão-Mestre, esboçou o regula-

* A. F. Calvert. *The Grand Lodge of England,* citado em *The Builders,* Vol. X, p. 84.

mento; Anderson "selecionou" o assunto em geral de "nova e melhor maneira"; o Dr. Desaguliers, o terceiro Grão-Mestre, escreveu o Prefácio e Dedicatória, e o quarto Grão-Mestre, o Duque de Montagne, ordenou que o livro fosse impresso depois de sua aprovação formal pela Grande Loja.*

Talvez a característica mais importante desta Constituição seja a definida eliminação de todas as barreiras religiosas para filiar-se à Ordem. Nossos antigos irmãos operativos haviam sido, certamente, cristãos e católicos, mas agora a universalidade dos Mistérios tinha que ser de novo demonstrada pela exclusão de todas as limitações sectárias. Não foi feliz a linguagem em que se exprimiu isto, mas é possível que tenha sido dada alguma inspiração sobre este ponto, pois está, sem dúvida, de acordo com a política da Loja Branca. A Maçonaria é realmente o coração de todas as religiões, e não deve, definitivamente, limitar-se a nenhuma, embora todo maçom seja livre para professar qualquer crença mais afim consigo, pois todas as fés são facetas da verdade.

A RECOMPOSIÇÃO DOS RITUAIS

Entre os escritores maçônicos se têm suscitado muito debate e controvérsias quanto à origem de nossos modernos rituais especulativos, dos quais não existe nenhum traço documentário antes do renascimento de 1717. Que houve um cerimonial maçônico definido por aquela época, no-lo informa o Dr. Stukely, que nos diz que "sua curiosidade o levou a ser iniciado nos mistérios da Maçonaria, que suspeitara fossem remanescentes dos Mistérios dos antigos".** Ele foi iniciado na Ordem em 6 de janeiro de 1721, e diz: "Durante anos, fui eu a primeira pessoa tornada um franco-ma-

* *Idem*, p. 205.

** Gould, *Concise History*, p. 54.

çom. Tínhamos grandes dificuldades em encontrar membros suficientes para executar a cerimônia".* As Cartas de Manningham também oferecem testemunho de que os rituais da Maçonaria pertencem a um período anterior a 1717. O Dr. Manningham, Deputado Grão-Mestre da Grande Loja da Inglaterra, escreve em 1757 sobre:

> Um velho irmão de noventa anos, com quem conversei recentemente. Assegura-me este irmão que se fizera maçom em sua juventude e tem frequentado Lojas constantemente, até quando o incapacitou a sua idade avançada; que nunca ouvira nem conhecera quaisquer outras cerimônias ou palavras, a não ser as usadas geralmente entre nós; que tais fórmulas lhe foram reveladas, e ele as guardou.**

Este testemunho é significativo, pois um maçom de noventa anos de idade em 1757 teria cinquenta em 1717; de sorte que se ele foi iniciado em sua juventude, nossas cerimônias devem datar, pelo menos, da segunda metade do século XVII. É de se recordar que o juízo de R. F. Gould é preciso sobre este ponto:

> Se, retrocedendo, transpusermos o ano de 1717, isto é, penetrarmos no domínio da Antiga Maçonaria e de novo alongarmos nossa vista para o passado, a visão será perfeitamente ilimitável, sem um resquício ou sombra que interrompa a oportunidade da visão que se nos apresenta.***

A decadência das Lojas operativas, citada no começo deste capítulo, produziu desastroso efeito sobre o antigo ritual, que ha-

* *Idem*, p. 223.

** *Ibidem*, p. 249.

*** R. F. Gould, *A. Q. C.*, XVI, 30.

via sido transmitido oralmente de Loja para Loja e de Mestre para Mestre desde os dias dos Colégios romanos. Jamais se podia escrever uma palavra do ritual, que tinha de ser aprendido de cor pelos Mestres e oficiais das Lojas. Todavia, na época que alcançamos, e que é a do renascimento, esta tradição oral havia se corrompido muito, e conquanto fossem ainda recordadas as antigas ações rituais, as palavras que a acompanhavam haviam se degenerado em mera geringonça verbal, frequentemente de todo ininteligível aos que a recitavam. Bastará um exemplo para indicar o estado a que chegaram as coisas. Na Inglaterra diversas estalagens são chamadas "The Goat and Compasses", e como tal essa frase não tem nenhum significado, a não ser que se interprete como se referindo à frase anual de "cavalgar o bode". Sua derivação real é das palavras "God encompasses us" ("Deus nos envolve"), degenerada em "Goat and Compasses". Fora em estado algo semelhante que caíra todo o ritual nos dias de Anderson e Desaguliers, que após haverem fundado a nova Grande Loja, se puseram em atividade para transformar o caos em ordem.

Eles passaram a coligir e rever todos os trabalhos chegados ao seu conhecimento, revestindo o esqueleto do ritual do estilo linguístico inglês do século XVIII, tão familiar hoje a nossos ouvidos. No conjunto, sua tarefa foi bem executada, e embora tivessem sido muitas as perdas ocorridas antes de 1717, a parcela que Anderson trouxe consigo foi uma típica representação do caos geral. Evidentemente não foi Anderson um homem de gênio, conquanto fizesse o melhor possível, e é admissivelmente pesaroso que para exprimir os antigos Mistérios, se tenha escolhido a trôpega linguagem do mais obtuso dos obtusos períodos, em vez do elegante e inspirado inglês de um século antes. Mas, tavernas não são condutores para a inspiração espiritual, e foi nas tavernas que se operou este renascimento dos Mistérios.

DOIS E TRÊS GRAUS

Quer me parecer que no início só se trabalhou com dois graus, pois a Constituição de 1723 (*Regulation* XIII), fala de "Aprendizes" e de "Mestres e Companheiros Operativos" que poderiam ser constituídos apenas na Grande Loja, "a não ser por uma dispensação".* Esta regra foi revogada em 1725, quando a Grande Loja decretou que "o Mestre de cada Loja, com o consentimento dos Vigilantes e da maioria dos irmãos, sendo Mestres, poderiam constituir maçons ao seu critério".**

Nesse mesmo ano há uma menção de três graus nos trabalhos da "Grande Loja da Inglaterra" em Iorque, quando foi proferido um discurso pelo Dr. Francis Drake, Segundo Grande Vigilante, em que ele menciona Ap., Comp., e M. M. R. F. Gould sustenta que "a Parte do Aprendiz consistia no que agora conhecemos como o 1° e 2°, e que a Parte do Mestre era o nosso 3°, contendo a lenda de Hirão".***

Ele considera ponto pacífico:

> Que não somente o que agora chamamos terceiro grau existiu antes da era das Grandes Lojas, porém que, tendo passado por um longo declínio, seus símbolos haviam se corrompido, e seus significados (em grande extensão) esquecidos, quando o passo — então conhecido como a "Parte do Mestre" — é pela primeira vez ouvido (isto é, inequivocamente referido) em qualquer dos impressos ou manuscritos até então assinalados (1723).****

* *The Constitutions of Freemasons* (Bi-centenary Ed.), p. 61.

** *A. Q. C.*, XIV, 38.

*** *A. Q. C.*, XVI, 36.

**** Gould, *Concise History*, p. 223.

Parece provável que os trabalhos originais tenham sido condensados em dois graus, e que a subsequente divisão em três graus tenha sido um reajustamento do material à antiga tradição. Prova de que se trabalhava com três graus aparece já em 1725 em Londres, nas *Transactions of the Philo-Musicae et Architeturae Societas,* em que certos irmãos estão registrados como "Mestres regularmente aprovados", "Companheiros Operativos regularmente aprovados" e "Companheiro Operativo e Mestre regularmente aprovados", embora não se saiba claramente o que tenha sido feito.* Pelo ano de 1738 o procedimento nas Lojas parece ter sido geralmente similar ao atualmente conhecido entre nós.

OPOSIÇÃO

É fato que no começo houve alguma desconfiança e aversão pelo novo movimento da parte dos maçons mais antigos.

Na segunda edição das *Constitutions* (1738) diz Anderson que, em 1720:

> Em algumas Lojas privativas, diversos manuscritos (pois ainda não tinham nada impresso) muito valiosos, concernentes à Fraternidade, suas Lojas, regulamentos, deveres, segredos e costumes (particularmente um escrito pelo Sr. Nicholas Stone, o Vigilante de *Inigo Jones*) foram precipitadamente queimados por alguns irmãos escrupulosos, para que tais papéis não caíssem em mãos estranhas.**

Sabemos que havia outras Lojas não incluídas inicialmente na Grande Loja, e é muito provável que alguns dos irmãos mais

* *Ibid.*, p. 228.

** *A. Q. C.*, XVI, 33. Veja-se *ante*, p. 246.

antigos, encarando com suspeição a nova aventura, tenham destruído seus arquivos para evitar que caíssem em mãos de inovadores. Existe também a sugestão de que algures foram conservadas outras tradições mais completas, como veremos em relação ao cisma dos "Antigos". Mas, embora a Grande Loja tivesse sido inaugurada, humildemente, ela logo começou a atrair a atenção do Duque de Montagne, e seu êxito como movimento se firmou imediatamente.

A SUCESSÃO DOS MS. IS.

A sucessão dos Ms. Is. foi preservada sob a nova dispensação, conquanto em Londres existam poucos indícios de um grau definido no sentido de trabalhos ritualísticos. Tal grau fazia parte do trabalho autorizado dos "Antigos" em 1751, conquanto não o houvessem adotado os "Modernos" até 1810.* Todavia, o poder atual foi transmitido pelo ato da instalação que constitui parte essencial do sacramento, e na "maneira de se constituir uma nova Loja de acordo com os antigos usos dos maçons" aprendemos que depois de haver o novo Mestre se submetido aos Deveres de um Mestre "como o têm feito os Mestres em todas as épocas", o Grão-Mestre "o instalará por certas cerimônias significativas e antigos usos".**

AS GRANDES LOJAS DE IORQUE, IRLANDA E ESCÓCIA

Posto que o impulso para o renascimento tenha nascido claramente em Londres, com a ereção da Grande Loja da Inglaterra,

* Gould, *Concise History*, p. 225.

** *The Constitutions of Freemasons* (Bi-centenary Ed.).

não era a Taverna da Macieira o único templo dos Mistérios. Tanto na Inglaterra como em suas comunidades existiam outras Lojas, e também outras correntes igualmente válidas de tradição começaram a surgir em diferentes centros. Durante muitíssimos anos Iorque foi um poderoso e consagrado santuário da Maçonaria Especulativa, e em 1725 a "antiga Loja" de Iorque se proclamou uma Grande Loja. É mesmo possível que já houvesse adotado antes essa denominação, pois existe um escrito de 1778, emanado do Grande Secretário de Iorque, que prova haver a Grande Loja de Iorque antecipado a Loja de Londres em doze ou mais anos.*

É evidente que existiam antigos trabalhos de Iorque, e que entre nós subsiste algo na tradição desses trabalhos, passada pela "Antiga" Maçonaria Irlandesa e fundida com as tradições herdadas de Anderson. As antigas paredes de Iorque exercem fascínio semelhante aos que circundam Kilwinning e o santuário que foi Heredom; cabe-nos contemplar também York como um dos centros-guardiães de nossos mistérios.

De um estudo da Maçonaria Irlandesa e dos "Antigos", tão intimamente aliado ao primeiro, se evidencia que do passado se herdou muito mais do que os três graus azuis. Tal qual se apresentam, esses graus não são completos sem o simbolismo que nos preservaram o Santo Real Arco e outros graus similares, que pelo que parece não vieram do Sul. A primeira menção do Santo Real Arco nos vem de Youghal, na Irlanda, em 1743; a segunda emana de Iorque em 1744. Embora nada tivessem que ver com a "Grande Loja de Toda a Inglaterra" em Iorque, ainda assim os "Antigos" se diziam persistentemente "Maçons de Iorque", atribuindo-se, pois, um parentesco com a tradição de Iorque.

Por outro lado, Murray Lyon demonstra que os arquivos não revelam nenhum traço de operação ritualística ou de Maçonaria Especulativa, tal qual o conhecemos hoje, antes da fundação da

* A. E. Waite, *Emblematic Freemasonry*, p. 59.

Grande Loja da Inglaterra em 1717, nem que o ritual especulativo haja derivado da Inglaterra depois desse acontecimento. Não há nenhuma prova que demonstre haver a Loja Kilwinning (a segunda Loja da Escócia, consoante os Estatutos de Schaw, cujas Atas ainda existentes remontam a 1642), trabalhado em qualquer tempo com quaisquer graus além dos pertencentes à Maçonaria Operativa, tanto antes como depois da fundação da Grande Loja.

Um Mestre Passado* da Loja Canongate Kilwinning me chama a atenção para um sério engano que cometi na obra *A Vida Oculta na Maçonaria* (p. 119),** ao descrever essa Loja histórica como tendo sido fundada em 1723. Diz ele:

> A Loja Canongate Kilwinning nº 2 recebeu Carta Constitutiva da Loja Mater de Kilwinning em Ayrshire (atualmente conhecida como Loja Mater Kilwinning nº 0), datada de 20 de dezembro de 1677, e registrada nas Atas da Loja Kilwinning naquela data.

Diz-nos a história da Loja que:

> No começo do século XVIII a Loja contava entre seus membros com os mais proeminentes nobres e gentis-homens da Escócia, devotados à causa dos Stuarts.
>
> O fracasso do levante de 1715 mandou para o exílio os que haviam escapado da morte no campo de batalha. Durante a confusão que dominou aqueles dias, os arquivos da Loja foram perdidos ou destruídos, e nenhum indício deles se pode encontrar no presente. Por último os sobreviventes, um gru-

* Em inglês "Past Master": *Mestre passado ou examinado,* ou *excelente maçom.* E o primeiro grau da Maçonaria do Real Arco, do Rito de Iorque. (N. do T.)

** Refere-se à primeira edição inglesa; na edição brasileira corresponde à p. 91, onde essa informação está corrigida. (N. do T.)

po pequeno mas de confiança, se reuniam pelos começos de 1735 e recomeçaram as reuniões.

A primeira Ata em preservação está datada de 13 de fevereiro de 1735, e principia assim:

Cannangate, 13 *de fever., A. D.* 1735 *A. M.* 5735.

A Loja, havendo se reunido dentro do prazo, resolve...

A Loja nunca se fecha, mas prolonga-se até o próximo dia fixado para a reunião.
A maioria das Lojas se instala no Dia de São João Evangelista, 27 de dezembro. A Loja Canongate Kilwinning instala-se no Dia de São João Batista, 24 de junho. A primeira referência das Atas desta Loja (ou de qualquer outra escocesa) à admissão de Mestres Maçons data de 31 de março de 1735.
Peço escusas pelo erro cometido em meu livro anterior, e providenciarei sua correção numa segunda edição, se for necessário.
A Grande Loja da Irlanda parece ter vindo à existência em 1725, e os rituais irlandeses derivaram evidentemente de uma linha de tradição algo diferente das conservadas no sul da Inglaterra, estando, com efeito, intimamente aliados aos trabalhos de Iorque.
A Grande Loja da Escócia foi formada em 1736, e aqui também deparamos com marcantes diferenças de ritual e mesmo de segredos, embora não haja provas no plano físico que demonstrem a origem desta Maçonaria distintamente escocesa.
Destas três Primeiras Grandes Lojas e da Grande Loja dos Antigos, agora amalgamadas na Grande Loja da Inglaterra, é que nasceu toda a Maçonaria Anglo-Saxônica e também, provavelmente, muito da Maçonaria Continental. Os detalhes de seus trabalhos podem diferir em particularidades não essenciais, mas os mesmos sagrados Mistérios são herança de todas, e através delas penetram no mundo todo "a fim de se-

rem uma luz para os que permanecem nas trevas" e "guiarem seus pés no caminho da paz".

OS "ANTIGOS"

Uma indicação posterior de que a Grande Loja da Inglaterra não havia herdado apenas a tradição corrente no Reino Unido, é encontrada na Grande Loja cismática dos "Antigos", formada em 1751 em Londres, sob o título de "Grande Loja da Inglaterra, segundo as velhas Instituições". As pesquisas do Sr. Henry Sadler nos arquivos da Grande Loja provam que o estabelecimento desta corporação se deveu à atividade de certo número de maçons irlandeses residentes em Londres.* Eles proclamavam sua afinidade com a tradição Iorque, conquanto não com a Grande Loja de Iorque, e é claro que diferiam consideravelmente da Grande Loja Moderna ou regular da Inglaterra. O Grande Secretário de ambas, Lawrence Dermott, diz:

> Os Antigos, sob a denominação de Livres e Aceitos Maçons segundo as velhas Instituições, e os Modernos, sob a denominação de Franco-maçons da Inglaterra, embora se assemelhem na denominação, diferem sumamente nas ações, cerimoniais, conhecimento, linguagem maçônica e instalação, tanto que sempre foram, e ainda continuam a ser, duas sociedades distintas e totalmente independentes uma da outra.**

Além disso, aduz-nos algo da natureza de tais diferenças:

> Um Maçom Moderno pode comunicar com segurança todos

* Gould, *Concise History,* p. 252.

** Citação, *loc. cit.*

os seus segredos a um Antigo Maçom, mas um Antigo já não pode comunicar com a mesma segurança todos os seus segredos a um Maçom Moderno, sem mais cerimônia. Pois assim como uma ciência compreende uma Arte (embora uma Arte não compreenda uma Ciência), assim também a Antiga Maçonaria contém tudo o que os Modernos consideram precioso, e muitas outras coisas que se não podem revelar sem cerimônias adicionais.*

Subsiste alguma dúvida de que estas diferenças consistiam de mudanças no 3º grau de M. I. e no Santo Arco Real; resultaram, evidentemente, da herança de uma corrente diferente da tradição maçônica. É quase certo que os Modernos não introduziram inovações no ritual. Parece que eles trocaram as palavras dos Primeiro e Segundo Graus, por causa do caráter público de *Masonry Dissected* de Samuel Pritchard, que alcançou enorme venda na Inglaterra e no continente, e conserva-se ainda a antiga ordem na Maçonaria Continental, especialmente nas Lojas que trabalham com o denominado Rito Francês.

O SANTO ARCO REAL

A primeira menção em escritos contemporâneos do Santo Arco Real aparece em Youghal, Irlanda, em 1743. Em 1744 a encontramos também no escrito do Dr. Dassing, *Serious and Impartial Enquiry into the cause of the Present Decay of Freemasonry in the Kingdom of Ireland* ("Investigação Séria e Imparcial da causa da Presente Decadência da Franco-maçonaria no Reino da Irlanda"), em que o autor nos fala da existência de uma Assembleia de Maçons do Real Arco em Iorque, de cuja cidade foi esse grau in-

* *Ibid.*, p. 256.

troduzido em Dublin; que essa Assembleia fora conhecida e realizada em Londres "um pouco tempo antes", e que seus membros constituíram "uma corporação organizada de homens que ocuparam a curul".*

Já verificamos como antigamente o Real Arco esteve associado com o 3°, e o Marco com o 2°. Ambos estes itens de cerimonial parecem haver sido incluídos no corpo de tradição chegado às mãos de Anderson em 1717, mais ou menos, e também haver trabalhado privativamente em certas Lojas desde época imemorial, embora, segundo consta, não tenham sido formalmente sancionados pela Grande Loja. A primeira menção exotérica do grau Marco ocorre no Livro de Atas de um Capítulo do Real Arco em Portsmouth, em 1769.**

Um cuidadoso estudo dos rituais vigentes de ambos estes graus mostra existirem consideráveis diferenças nos trabalhos ingleses, escoceses e irlandeses, e é evidente que também aqui foram transmitidas muitas linhas de tradição. O Irmão A. E. Waite refere-se a um ritual da Antiga Loja Marco de Iorque, em seu poder, que difere completamente de qualquer de nossos atuais trabalhos.*** Não é difícil assinalar as diferenças de ritual entre "Antigos" e "Modernos", quando consideramos o número e variedade de tradições transmitidas através dos séculos.

A GRANDE LOJA UNIDA

Em 1813 se uniram formalmente as duas Grandes Lojas rivais da Inglaterra, e daí em diante a Grande Loja Unida da Inglaterra tem sido o corpo governante da Maçonaria Operativa nesse país.

* Citação, *loc. cit.*, p. 199.

** *Idem, idem*, p. 263.

*** *Emblematic Freemasonry*, p. 62, nota.

Com essa união, amalgamaram-se as duas linhas de tradição, e a Maçonaria Operativa inglesa deve seus métodos de trabalho à Irlanda e a Iorque, como também à Taverna da Macieira. Segundo as Cláusulas da União já assinaladas, estabeleceu-se que para o futuro:

> A Pura Maçonaria Antiga consiste de três graus e nada mais, isto é, do grau Aprendiz, do Companheiro e do Mestre Maçom (incluindo a Ordem Suprema do Santo Arco Real). Mas esta cláusula não visa impedir qualquer Loja ou Capítulo de efetuar uma reunião em qualquer dos graus das Ordens dos Cavaleiros, segundo as Constituições dessas Ordens.*

A tradição maçônica fixou-se nessa sábia decisão, cuja essência se mantém inalterada nos dias de hoje.

A MAÇONARIA OPERATIVA EM OUTROS PAÍSES

Sustenta-se comumente que foi da Inglaterra que a Maçonaria se introduziu na França em 1732, ainda que alguns admitam que isso ocorreu sete anos antes, sob os auspícios dos jacobistas. Em realidade ela antecede completamente essa data, pois a tradição maçônica existira de algum modo na França desde épocas imemoriais, e quando o rei Jaime II se refugiou na Abadia de Clermont, em 1688, encontrou ali um centro maçônico, que ele procurou utilizar em vão para fins políticos. Não há certeza (pois não há nenhuma prova sobre este particular) se com a Maçonaria indígena manteve qualquer liame o rito inglês que trabalhava naquela data, porém a Maçonaria francesa divergiu consideravelmente dos trabalhos ingleses.

Sob muitos aspectos, os graus simbólicos ou azuis do Antigo

* *A. Q. C.*, XVI, 63.

e Aceito Rito Escocês parecem conservar uma tradição mais completa, e provavelmente representam uma outra linha de descendência, pois empregam o antigo método caldeu de os três oficiais principais se sentarem em triângulo isósceles. Como na Grande Loja regular da Inglaterra anterior a 1810, não havia nenhum grau de M. I. trabalhando no continente, exceto nas Lojas cuja autoridade derivava da Grande Loja de Londres. O Venerável eleito é empossado sem cerimônia, tal qual nos trabalhos mais antigos ingleses. Só em 1872 é que a Grande Loja da Escócia reconheceu o grau cerimonial. Derivou das fontes acessíveis aos "Antigos", possivelmente de York. Encontram-se certos sinais desse grau nas paredes dos templos egípcios, e quando se estuda seu lado interno ou oculto, nota-se que a instalação na C.·. do R.·. S.·., fez parte da tradição genuína e imemorável dos Mistérios.

Diz-se que a Maçonaria apareceu na Alemanha em 1733, embora a primeira Loja conhecida fosse estabelecida em Hamburgo em 1737. Na Suécia data de 1735, ao passo que a Maçonaria holandesa foi inaugurada em 1731, quando o Duque de Lorena foi iniciado em Haia pelo Dr. Desaguliers.* Foi introduzida na América antes de 1733, quando se fundou em Boston a primeira Loja com autoridade outorgada por escrito pela Grande Loja da Inglaterra**. Em realidade ela vinha funcionando na América antes da data da fundação da Grande Loja, sendo trasladada para ali por alguns dos primeiros colonos. Muitas Lojas foram constituídas com cartas constitutivas escocesas, irlandesas e "Antigas", que respondem pelas muitas variações encontradas nos trabalhos americanos. Atualmente existem na América mais de cinquenta Grandes Lojas com um mínimo de dois milhões de membros, muitos dos quais também pertencem a várias Obediências de alto grau.***

* Gould, *Concise History*, p. 306.

** *Ibid.*, p. 333.

*** *Ibid.*, p. 345.

Existem nove grandes Lojas no Canadá, com duzentos e cinquenta mil membros, e sete Grandes Lojas na Austrásia, com setenta e cinco mil membros.* Igualmente, a Maçonaria Operativa floresce em muitos outros países, e é incontestavelmente uma das maiores potências do bem neste mundo do século XX.

* *Ibid.*, pp. 348 e 349.

10. Outras linhas de tradição maçônica

A CORRENTE DAS SOCIEDADES SECRETAS

Em nome de Cristo, o Senhor do amor e compaixão, a corporação que se dizia Sua Igreja e professava segui-lo, havia estabelecido um reinado de terror em toda a Europa, e mergulhado numa louca orgia de crueldade e desenfreada perversidade tal que o mundo raramente presenciara, mesmo entre os selvagens mais degradados. Foi esta desesperadora ordem de coisas que tornou necessária a intencional confusão das verdades internas da Franco-maçonaria com os segredos profissionais das guildas operárias. Mas não foi esse o único método adotado pelos poderes ocultos para fazer prosseguir a tradição da Luz por aqueles dias da mais tenebrosa obscuridade. Havia também certas sociedades, secretas ou semissecretas, com o propósito expresso de perpetuar um nobre e puro ensinamento.

Por haverem trabalhado tão cautelosa e silenciosamente, não é fácil encontrar traços da atividade destas organizações. Mas a Senhora Isabel Cooper-Oakley, maçônica muito ardorosa, dedicou anos de paciente, laboriosa e original investigação em muitas partes da Europa, ao estudo deste assunto, cujos resultados publicou em sua obra *Traços de Uma Tradição Oculta na Maçonaria e Misticismo Medieval.* Dali extraiu a lista abaixo de sociedades místicas, tendo inserido alguns nomes de místicos individuais:

No século III encontramos Manés, o filho da Viúva, o elo para todos os que creem na grande obra realizada pelos "Filhos da Viúva" e a Fraternidade de Magos.

No século IV a figura central para todos os estudantes ocultos é o grande Jâmblico, o precursor dos Rosacrucianos.

Do século III ao IX aparecem as seguintes organizações e seitas: Maniqueus; Euquistos; Artífices Dionisianos; Ofitos; Nestorianos; Eutiquianos, e os *Magistri Comacini,* sobre os quais podemos consultar a *History of the Inquisition de Llorente e I Maestri Comacini* do Professor Merzario. Diz esse autor: "Nesta obscuridade que se estendeu por toda a Itália, só uma pequena lâmpada permanecia acesa, qual brilhante centelha na vasta necrópole italiana. Reluzia dos *Magistri Comacini.* Seus nomes eram desconhecidos, seus trabalhos individuais não especializados, mas o sopro de seu espírito se pode sentir através de todos aqueles séculos, e seu nome coletivo é legião. Podemos seguramente afirmar que dos trabalhos artísticos entre os anos 800 e 1000 d.C., a melhor e maior parte se deve a essa fraternidade — sempre leal e frequentemente secreta — dos *Magistri Comacini*".

No século X encontramos novamente os Maniqueus e os Euquistos, como também os Paulicianos e os Bogomilos.

Século XI: os Cátaros e Patarinos, condenados pela Igreja Romana, derivaram ambos dos Maniqueus; os Paulicianos, com a mesma tradição e também perseguidos; os Cavaleiros de Rodes e de Malta; os Místicos Escolásticos.

Século XII: aparecem os Albigenses, derivados provavelmente dos Maniqueus que se estabeleceram em Albi; os Cavaleiros Templários, publicamente conhecidos; os Cátaros, amplamente espalhados na Itália; os Hermetistas.

Século XIII: a Fraternidade dos Winkelers; os "Apostolikers"; os Begardos e os Beguinos; os Irmãos e Irmãs do Espírito Livre; os Lolardos; os Albigenses, esmagados pela Igreja Católica; os Trovadores.

Século XIV: os Hesicastos, perseguidores dos Quietistas; os Amigos de Deus; o Misticismo Germânico, conduzido por Nicolau de Basileia; João Tauler; Cristiano Rosenkreutz; a grande perseguição templária; os "Fraticelli".

Século XV: os *Fratres Lucis de Florença,* também a Academia Platônica; a Sociedade Alquímica; a Sociedade da Trolha; os Templários; os Irmãos Boemianos ou *Unitas Fratrum;* os Rosacrucianos.

Século XVI: os Rosacrucianos se tornam largamente conhecidos; a Ordem de Cristo, derivada dos Templários; Cornélio Agripa de Nettesheim, em conexão com uma associação secreta; Santa Tereza; são João da Cruz; Filipe Paracelso; os Filósofos do Fogo; *Militia Crucifera Evangélica,* dirigida por Simão Studion; os Mistérios dos Mestres Herméticos.

Século XVII: os Rosacrucianos; os Templários; os Irmãos Asiáticos; a Academia dos Segredos, na casa de João Batista Porta; os Quietistas, fundados por Miguel de Molinos; e todo o agrupamento de místicos espanhóis.

Século XVIII: os *Fratres Lucis,* ou os Cavaleiros da Luz; os Rosacrucianos; os cavaleiros e Irmãos Iniciados de são João, o Evangelista, derivados da Ásia ou do Irmão Asiático; os Martinistas; a Sociedade Teosófica, fundada em Londres em 1767 por Benedito Ghastamer, místico maçom; os Quietistas; os Cavaleiros Templários; algumas corporações maçônicas.

Não se deve entender que as várias seitas e corporações aqui discriminadas houvessem pertencido exclusivamente ao século em que foram classificadas. Esta lista indica apenas que tais seitas predominaram mais marcadamente durante o século em que se acham colocadas.*

* *Op. cit.*, pp. 27-9.

A Senhora Cooper-Oakley também faz profunda apreciação da obra executada pelos Trovadores:

> Depois da Morte de Manés em 276 d.C.; houve uma íntima aliança, uma fusão mesmo, com algumas das principais seitas gnósticas, e daí se origina a mistura das duas mais ricas correntes da Sabedoria Oriental. Uma procedeu diretamente da Índia através da Pérsia, e a outra, atravessando o maravilhoso período egípcio e enriquecida pela sabedoria dos grandes instrutores herméticos fluiu para a Síria e Arábia, e daí com força acrescida — haurida nos divinos poderes manifestados no profundo mistério do bendito Jesus — atingiu a Europa através da África do Norte, estacionando na Espanha, onde criou raízes profundas. Deste tronco floresceu, exuberante na riqueza de oratória e canção pela qual sempre viveram os Trovadores, os Maniqueus que modulavam e cantavam a Sabedoria Esotérica que não ousavam proferir.
>
> Vemo-los depois dispersos em seitas, tomando denominações locais, separados apenas nominalmente, mas usando a mesma linguagem secreta e os mesmos sinais. Assim, aonde quer que fossem, e qualquer que fosse o nome que os designasse, conheciam-se reciprocamente como "os filhos da Viúva", empenhados e unidos numa Busca Mística, numa só comunidade, por força de uma ciência secreta. Com eles veio do Oriente um ideal cavalheiresco, entoando o amor e o canto dos céus. Mas esse amor era um Amor Divino, e o céu era a sabedoria e a paz daqueles que buscavam a vida superior.*

Tomamos dois longos extratos do livro da Senhora Oakley, por ser o único que sei tratar detalhadamente destas pequenas seitas. Duas delas se destacam como mais conhecidas ou, de certa

* *Ibid.*, p. 124.

forma, mais discutidas do que as outras, e ambas exerceram considerável influência sobre nossos modernos rituais maçônicos, especialmente os dos graus superiores. São os Cavaleiros Templários e os Irmãos Rosa-Cruz.

OS CAVALEIROS TEMPLÁRIOS

A Ordem dos Cavaleiros Templários, também denominada os Cavaleiros Pobres de Cristo e do Templo de Salomão, foi fundada em 1118 por Hugues de Payens (Hugo de Paganis), um cavaleiro de Burgundy, e Godofredo de Santo Omer, um cavaleiro do norte da França, a fim de proteger os peregrinos que acorriam à Terra Santa depois da Primeira Cruzada. A esses dois cavaleiros e mais seis que a eles se juntaram, concedeu Balduíno I, rei de Jerusalém, alojamentos vizinhos ao Templo de Salomão, de onde tomaram o nome de Templários.

Nove anos mais tarde, Hugues de Payens visitou a Europa com o objetivo de dar à nova Ordem uma base mais segura e obter para ela o reconhecimento e regulamentação do Papa. Conseguiu o apoio entusiástico de são Bernardo, o grande Abade de Clairvaux, em 1128 o Conselho de Troyes aprovou para os Cavaleiros Templários um Estatuto elaborado pelo próprio são Bernardo. Todavia, só em 1163 é que o Papa Alexandre II expediu a carta constitutiva da Ordem e sua organização ficou definitivamente estabelecida.

Na época de sua glória, a Ordem do Templo consistiu de vários graus. Os Cavaleiros (*fratres milites*) formavam a sua seção mais importante, pelo menos do ponto de vista militar. Em sua admissão, eles juravam observar os três conselhos evangélicos de pobreza, castidade e obediência* tal qual os membros das demais

* *The Reception of a Templar.* Irm. E. J. Castle, K. C. em *A. Q. C.*, XV, 163.

Ordens religiosas de toda a Igreja. Os Cavaleiros, frequentemente de alto nascimento, tinham cada qual direito a três cavalos, um escudeiro e duas tendas. Também se admitiam homens casados, porém somente com a condição de legar à Ordem metade de seus bens. Não se admitiam mulheres.

Além destes havia também um corpo de clérigos (*fratres capellani*), — bispos, sacerdotes e diáconos — submetidos aos mesmos votos dos Cavaleiros, e por especial dispensação, desobrigados de obediência a qualquer superior, eclesiástico ou civil, exceto ao Grão-Mestre do Templo e ao Papa. Estabelecera-se que as confissões de irmãos da Ordem seriam ouvidas apenas por este clero especial, e assim se mantinham invioláveis os seus segredos. Existiam também duas classes de irmãos servidores, os porta-armas (*fratres servientes armigeri*), e os domésticos e operários (*fratres servientes famuli e officii*).

À frente de toda a organização se achava o Grão-Mestre; os seguintes em posição hierárquica eram o Senescal do Templo e o Marechal, a autoridade suprema em assuntos militares. A Ordem era administrada em províncias por certo número de Comandantes. Depois da queda do Reino Latino, o quartel general da Ordem foi removido de Jerusalém para Chipre, e Paris se tornou o principal centro templário da Europa.

A influência dos Templários desenvolveu-se rapidamente. Combateram galhardamente nas várias Cruzadas, ao mesmo tempo em que se tornaram grandes financistas e banqueiros internacionais da época, acumulando vastas riquezas. Sabe-se que antes da metade do século XIII possuíram nove mil granjas só na Europa. O Templo de Paris era o centro do mercado monetário do mundo, e foram igualmente muito grandes sua influência e riqueza na Inglaterra. Diz-se que na última parte daquele século sua renda chegou a montar a aproximadamente 2,5 milhões de libras esterlinas; mais do que a de qualquer país ou reinado europeu daquela época.* Neste período admitia-se que o número de Templários oscilava entre 15 mil a 20 mil cavaleiros e clérigos, acrescidos de um verdadeiro exército de escudeiros, servos e vassalos. Pode-se avaliar a sua influência pelo fato de que os membros da Ordem eram convidados para os grandes Concílios da Igreja, tais como o Concílio Lateranense de 1215 e o Concílio de Leão de 1274.**

Os Cavaleiros Templários regressaram para o Ocidente trazendo uma série de símbolos e cerimônias pertencentes à tradição maçônica, e possuíam certo conhecimento que atualmente é ministrado apenas nos graus do Rito Escocês Antigo e Aceito. A Ordem foi assim uma das grandes depositárias da Sabedoria Oculta na Europa durante os séculos XII e XIII, embora os segredos completos fossem ministrados apenas a poucos; por isso, suas cerimônias de admissão eram executadas entre as Ordens religiosas, e só sob rigoroso sigilo. Como era muito natural numa época dessas, atribuíam-se as piores e mais horríveis práticas à Ordem por causa de seu sigilo, e relatavam-se histórias sem nenhum fundamento em fatos.

Na forma templária do que agora chamamos o 18°, o Sapientíssimo Soberano era um sacerdote ordenado ou um bispo, e o pão e o vinho consagrados em capítulo aberto durante uma esplêndida cerimônia, era uma verdadeira Eucaristia, uma maravilhosa fusão do sacramento egípcio com o cristão.

* *Quelques Réflexions sur les Origines de la Franc-Maçonnerie Templière,* pelo Grande Comendador do Supremo Conselho da Bélgica (Conde Goblet d'Alviella). Bruxelas, 1904, p. 8.

** Veja-se também *Encyclopaedia Britannica,* verbete *Templars,* de que se extraíram muitas destas informações.

A SUPRESSÃO DOS TEMPLÁRIOS

A supressão desta grande e poderosa Ordem constitui uma das manchas mais negras da tenebrosa história da Igreja Católica Romana. Os relatos do processo francês foram publicados por Michelet, o grande historiador, em 1851-61, e em 1907 apareceu em *Ars Quattuor Coronatorum* (XX, 47, 112 e 269) uma excelente condensação das provas apresentadas tanto na França como na Inglaterra. Aqui traçamos apenas um breve esboço do que ocorreu, remetendo para as fontes citadas e para a literatura geral sobre o assunto os que desejarem uma exposição mais pormenorizada.

Filipe, o Belo, rei da França, necessitava desesperadamente de dinheiro. Ele já havia falsificado a cunhagem de moedas, e embargado os banqueiros lombardos e os judeus; e depois de lhes haver confiscado toda a riqueza forjando contra eles a acusação de usura, uma coisa abominável para a concepção medieval, os expulsara de seu país. Depois resolveu libertar-se dos Templários, que lhe haviam emprestado largas somas, e como o Papa Clemente V devia sua posição às intrigas de Filipe, a questão oferecia pouca dificuldade. Sua tarefa também foi facilitada pelas acusações aduzidas contra a Ordem pelo ex-cavaleiro Esquiu de Floyran, pessoalmente interessado na matéria e pretenso revelador de todas as espécies de coisas más, como blasfêmia, imoralidade, idolatria e culto do demônio sob a forma de um gato preto. Este traidor é ainda execrado por alguns ritos maçônicos, juntamente com um Noffo Dei de Florença, que, no entanto, nada tinha que ver com o assunto.

Estas acusações foram aceitas com todo o prazer por Filipe, e na sexta-feira de 13 de outubro de 1307 todos os Templários da França foram imediatamente presos em nome do mais infamante tribunal jamais existido, uma legião de demônios em forma humana, denominados, por horripilante zombaria, o Santo Ofício da Inquisição, que naquele tempo exercia plena jurisdição neste e outros países europeus. Os Templários foram horrivelmente torturados, morrendo muitos e fazendo os restantes confissões segundo os termos impostos pela Igreja. As interrogações concerniam principalmente à alegada denegação de Cristo e de sua crucificação, e em menor grau, a certas graves acusações de imoralidade.

Uma análise das provas revela total inocência dos Templários e a diabólica ingenuidade dos familiares do Santo Ofício, que os mantinham incomunicáveis e sem qualquer adequada defesa ou audiência. Entre os segundos circulavam mentirosos rumores de que o Grão-Mestre havia confessado ao Papa a existência de diabos na Ordem. Os irmãos eram lisonjeados, subornados e torturados para confessar crimes que jamais haviam cometido, bem como submetidos às mais satânicas crueldades.

Tal foi a "justiça" daqueles que defenderam o nome do Senhor do Amor na Idade Média; tal foi a compaixão demonstrada para com seus fiéis servos, cujo único crime foi sua riqueza, legitimamente ganha para a Ordem e para si próprios. Filipe, o Belo, obteve este dinheiro; porém que carma, mesmo de milhares de vidas de sofrimento, bastará para tanta vilania? Incontestavelmente a Igreja Católica tem a seu crédito muitas ações boas; mas poderão todas elas, reunidas, anular tão incrível perversidade?

O Papa desejava destruir a Ordem, e convocou um Concílio em Viena em 1311, com esse objetivo, mas os bispos se recusaram a condená-la à revelia. Por isso, o Papa aboliu a Ordem num Consistório reservado, em 22 de novembro de 1312 (5312 A. L., uma data ainda comemorada de maneira comovente em nossos rituais de alto grau), embora admitindo que as acusações não estavam provadas. As riquezas do Templo foram transferidas para a Ordem de são João, mas a verdade é que o quinhão francês foi carreado para os cofres do rei Filipe.

O último e mais brutal ato desta calamitosa tragédia foi executado em 14 de março de 1314, quando o venerável Grão-Mestre do Templo, Jacques de Molay e Gaufrid de Charney, Preceptor da Normandia, foram publicamente queimados, como hereges recalcitrantes, diante da grande catedral de Notre-Dame. Ao ser envolvido pelas chamas, o Grão-Mestre proclamou que dentro de um ano o rei e o Papa o encontrariam diante do tribunal de Deus, e de fato, dentro de doze meses tanto o rei como o Papa morreram.

A PRESERVAÇÃO DA TRADIÇÃO DOS TEMPLÁRIOS

A destruição da Ordem do Templo não implicou, todavia, numa completa supressão do ensino nela entesourado. Alguns cavaleiros franceses se refugiaram na Escócia, entre seus irmãos do Templo, e nesse país suas tradições se misturaram em alguma proporção com os antigos ritos celtas de Heredom, formando assim uma das fontes de que mais tarde se desenvolveu o Rito Escocês. As tradições de vingança contra o rei, o Papa e o Traidor execráveis se transmitiram através dos séculos, e se insinuaram na tradição egípcia correspondente à nossa Maçonaria Negra, culminando no que atualmente chamamos o 30°.

Não é difícil verificar a confusão que nasceria daí, especialmente entre os que não conheciam plenamente o significado interno do ensino egípcio, fundindo-se uma particular e temporária ideia de vingança com a filosófica doutrina do significado do mal e a sua retribuição dentro do plano divino. Todavia, são pouco compreendidas estas tradições de vingança, que constituem a base de nosso ritual do 30°, embora na época moderna a tendência tenha sido de suavizar as arestas tanto quanto possível, para expurgar toda a ideia de vingança física, e mesmo, tal qual nos ritos franceses, apagar toda referência aos Templários e seus erros.

Outras correntes tidas como oriundas da Ordem do Templo têm sido proclamadas como genuínas, por seus respectivos representantes, mas sem razão suficiente. A Ordem Francesa do Templo, alegando sua direta sucessão de Jacques de Molay, produziu, como prova disso, a célebre Carta Constitutiva de Larmenius (usualmente considerada uma falsificação); em todo o caso, a Ordem Francesa do Templo não teve nenhuma conexão com a moderna Maçonaria. A Estrita Observância, embora se diga perpetuadora das diretrizes templárias do pensamento, jamais, creio, manteve os rituais de antiga origem, pois os seus pertencem evidentemente ao século XVIII. A moderna Ordem Militar e Religiosa dos Cavaleiros Templários não se arroga descendência direta, embora possa bem incorporar certas tradições genuínas. Seu ritual é belo, e parece ter sido um dos ritos conservados e usados pelo C. D. T. O. V. M. Os ritos reais dos Templários não sobreviveram, embora sem dúvida seria possível reconstruí-los, e certas tradições sobre eles, transmitidas, acabaram incorporando-se nos vários graus modernos.

A REAL ORDEM DA ESCÓCIA

A mais importante das corporações herdeiras da tradição templária é a Real Ordem da Escócia, embora, em realidade, seja o resultado da interação das diversas linhas de descendência maçônica. Como já disse à página 120, as doutrinas que os Cavaleiros Templários trouxeram consigo da França, quando sua Ordem foi suprimida em seu país nativo, se mesclaram com diversas das existentes nos ritos escoceses. Os que a fundaram, ou pelo menos desenvolveram seus ensinamentos, parecem haver sido eminentemente ecléticos, pois em adição às duas fontes antes indicadas, afigura-se que assimilaram certa soma de material dos culdeus, e também da tradição judaica, conquanto empregando a simbologia do Segundo Templo. Cita Ramsay, associada com ela, a lenda judaica da espada e trolha; e é com a espada numa mão e a trolha na outra que os irmãos da Real Ordem ainda prestam o seu J. Já me referi ao seu curioso ritual rimado, que é uma prova interna da antiguidade e ensina a busca de uma palavra perdida, que finalmente é encontrada em Cristo.

A Ordem consiste de dois graus: o primeiro o de HRDM ou

Heredom, e o segundo, o de RSYCRS ou Rosa-Cruz. O grau de HRDM se divide em duas partes: a Passagem da Ponte, e a Admissão ao Gabinete da Sabedoria. Tem certa semelhança com alguns dos graus do Rito Escocês Antigo e Aceito. Sua forma foi muito grosseiramente corrompida para fazê-la concordar com a mais extravagante forma do protestantismo moderno, com referências ao sangue de Jesus, ao cordeiro, ao livro etc. A busca da palavra é análoga à empreendida na Rosa-Cruz, mas os graus diferem totalmente. Nosso 18° tem pouco que ver com o simbolismo da Real Ordem, conquanto seja o mesmo o propósito de ambos os ritos. O 46° do Rito de Mizraim (Soberano Príncipe Rosa-Cruz de Kilwinning e de Heredom) tem estreita semelhança com o ritual da Real Ordem, conservando alguns dos sinais e muito do ensino essencial.

De todas as corporações que se pode admitir como se desenvolvendo no que posteriormente se tornou os graus superiores, esta Real Ordem da Escócia, embora pouco se fale dela no mundo externo, foi a primeira a formular-se definitivamente e pode ser tomada como o tipo primário dos graus escoceses.

OS IRMÃOS DA ROSA-CRUZ

A Ordem misteriosa da Rosa-Cruz permanece ainda um problema para o estudante. Não se extinguiu ainda o fascínio da Filosofia Rosacruciana. Tem se acumulado uma enorme massa de literatura controversa sobre a Ordem, afirmando muitos estudantes que ela jamais existiu, e que seus famosos manifestos não passam de uma estudada mistificação lançada na Europa por alguns brincalhões inescrupulosos. Outros dizem que a Sociedade existiu, porém que não passou de uma obscura seita luterana que assim incutia habilmente suas opiniões. Outros, ainda, admitem que foi uma genuína escola de sabedoria, em que se ministrava o conhecimento mais profundo dos segredos da vida aos poucos que estivessem preparados por longa disciplina para recebê-lo.

A LITERATURA DO ROSACRUCIANISMO

Foi em 1614 que a Ordem da Rosa-Cruz se tornou conhecida pela primeira vez na Europa, com a publicação da *Fama Fraternitatis of the Meritorius Order of the Rosy Cross, addressed to the Learned in General and the Governors of Europe*. Segundo o costume medieval, este tratado estava encadernado juntamente com um outro: *A Universal Reformation of the Whole Wide World, by order of the God Apollo, is published by Seven Sages of Greece, and some other Litterati*. Alguns interpretaram o segundo como sendo um panfleto rosacruciano, mas em realidade é uma tradução do *Ragguagli di Parnasso* de Boccalini, e provavelmente, como sustenta Michael Maier, sem nenhum nexo com a Ordem.*

A *Fama Fraternitatis* contém uma descrição da vida tradicional de Christian Rosenkreutz (nascido em 1378 d.C.), da fundação da Ordem da Rosa-Cruz, e da morte e sepultamento desse personagem. Segue-a um relato altamente simbólico da descoberta do Túmulo de C.·. R.·. C.·. pelos irms. "da terceira ordem e linhagem de sucessão", e finalmente narra a resolução do Chefe da Ordem de que se deveria então proclamar esta ao mundo ocidental e expedir um convite (em cinco línguas) à população culta da Europa para se filiar à Fraternidade. Termina com a declaração de que:

> Ainda que nesta época não mencionemos nossos nomes nem reuniões, a opinião de qualquer interessado chegará seguramente até nós, qualquer que seja a língua em que o faça. Tampouco ninguém deixará de falar com alguns de nós, desde que apenas anuncie o seu nome, quer oralmente ou, se impedido, por escrito.**

* A. E. Waite, *The Real History of the Rosicrucians*, p. 35.

** *Fama Fraternitatis, apud op. cit.*, p. 90.

Este documento extraordinário foi seguido em 1615 por outro impressionante panfleto, *Confessio Fraternitas R. C. ad Eruditos Europae*, incluído numa obra latina intitulada: *Secretioris Philosophiae Consideratio Brevios a Philippo a Gabella, Philosophiae studioso, conscripta*. Dividido em quatorze capítulos, o *Confessio* apresenta um circunspecto relato dos objetivos da Sociedade, o conhecimento dos segredos da natureza velados nos seus diferentes graus, a aurora de uma nova era de regeneração, e um consequente apelo a todos os que tivessem seu coração voltado para o bem-estar da humanidade e despreocupado do egoísmo dos "ímpios e malditos fabricantes de ouro" mencionados em *Fama*, para se filiarem à Ordem e partilhar de seus privilégios:

> Afirmamos que de modo algum fizemos de nossos arcanos propriedade comum, embora aos ouvidos ressoem em cinco línguas. Porque, como sabemos, de um lado eles não demoverão os conceitos estúpidos, e do outro, o valor dos que serão aceitos em nossa Fraternidade não será medido por sua curiosidade, mas pela norma e padrão de nossas revelações. Mil vezes podem os indignos clamar, mil vezes podem apresentar-se; pois Deus ordenou a nossos ouvidos que a nenhum deles ouvissem, e também nos envolveu com Suas nuvens para que contra nós, Seus servos, não se possa cometer nenhuma violência. Pelo que, agora não mais somos vistos por olhos humanos, a não ser que hajam recebido poderes emprestados da águia.*

O *Confessio* está claramente redigido por alguém profundamente versado em genuína ciência oculta, e contém uma promessa velada mas inequívoca de que ao aspirante ardoroso e altruísta seria ministrado o real conhecimento.

Um ano mais tarde foi publicado um terceiro folheto em Es-

* *Confessio Fraternitatis*, *apud op. cit.*, p. 90.

trasburgo, intitulado *The Chymical Marriage of Christian Rosenkreutz,* cujo manuscrito se supõe remontar a 1601-2. Está datado do ano de 1459, e começa com a seguinte advertência significativa, que denota claramente o seu sentido místico:

> Arcana publicata vilescunt, et gratiam prophanata amittunt. Ergo: ne margaritas objice porcis, seu asino substernere rosas.*

Trata-se de um longo relato crítico, salpicado de lances de humor, das iniciações de Christian Rosenkreutz nos Mistérios da Rosa-Cruz, começando desde o seu convite, ou despertar para vida interna, e terminando com sua regeneração ou triunfo final como Cavaleiro da Pedra de Ouro. Este é o mais curioso de todos os documentos rosacrucianos, que compensará o demorado estudo necessário à sua compreensão, pois contém alguns dos mais profundos segredos da alquimia espiritual.

A autoria destes panfletos foi sempre matéria de especulação. Tem sido atribuída a Johann Valentine Andreas, um culto e viajado erudito alemão do século XVII, muito interessado em sociedades secretas e adepto das doutrinas de Paracelso. Os argumentos pró e contra sua autoria são habilmente apresentados pelo irm. A. E. Waite em sua *Real History of the Rosacrucians,* e em sua recente obra, *The Brotherhood of the Rosy Cross,* em que, enquanto ele haja se equivocado, em nossa opinião, quanto ao real propósito e objetivos da Ordem original (cuja existência ele nega), reuniu, todavia, um vasto cabedal de fatos valiosos, que lançaram muita luz em toda a questão. Andreas reconhece o *Chymical Marriage* (Casamento Químico), embora o chame um *ludibriam* em galhofa. Depois de suas últimas obras parece haver se voltado contra a Ordem da Ro-

* Os segredos publicados se invalidam, e as coisas profanadas perdem sua graça. Por isso, não deiteis pérolas aos porcos nem espalheis rosas diante de um asno. *Op. cit.*, p. 99.

sa-Cruz, fundando uma sociedade sua. Todavia, é sumamente improvável que Andreas tenha sido o autor do *Fama* e do *Confessio*.

Estes três documentos suscitaram uma indescritível onda de curiosidade em toda a Europa. Numerosos estudantes escreveram cartas abertas solicitando sua admissão na Ordem e exibindo suas qualificações; mas nenhuma delas parece ter sido abertamente respondida. Apareceu uma multidão de panfletos, especialmente na Alemanha, alguns atacando a Sociedade, e outros a defendendo não menos violentamente; ao passo que surgiram muitos charlatães, dizendo-se irmãos da R. C. e aliviando os crédulos de seu dinheiro supérfluo. O mais célebre dos oponentes do Rosacrucianismo foi Andreas Libavius de Halle, que escreveu três tratados contra a Ordem, no último dos quais, "embora se arvorando em crítico, ele aconselha todas as pessoas a aderirem à Ordem, pois há ali muito que aprender e muita sabedoria a obter-se com esse ato".*

Do lado rosacruciano podemos notar o *Echo of the God-illuminated Brotherhood of the Venerable Order R. C.*, publicada em 1615, supostamente escrita por Julius Sperber de Anholt, em que o autor assegura que os rosacrucianos possuíam profunda sabedoria, embora apenas uns poucos houvessem sido reputados dignos de participar dela. O *Echo* se dizia conter provas absolutas de que eram possíveis e verdadeiras as exposições de *Fama* e *Confessio*, de que os fatos haviam sido comumente familiares a certas pessoas tementes de Deus durante mais de dezenove anos, e de que se achavam registrados em escritos secretos.** Outro panfleto publicado em 1617, o *Fraternitatis Crucis Confessio Recepta*, declara que se requereu muitos estudos e cuidadosas pesquisas, bem como sacrifícios pessoais, para entrar na posse de segredos transcendentais.***

Mas a literatura da Rosa-Cruz jamais se limitara a panfle-

* *The Real History of the Rosicrucians*, p. 252.

** *The Brotherhood of the Rosy Cross*, p. 254.

*** *The Real History of the Rosicrucians*, p. 256.

tos. Por seu intermédio foi apresentada à Europa um sistema de filosofia, que revela uma surpreendente semelhança com o Neoplatonismo telúrgico dos séculos III e IV da era cristã. À Ordem estiveram associados muitos grandes nomes, entre os quais estava Michael Maier, falecido em 1622, depois de haver escrito o *Silentium post Clamores* (1617), e o *Themis Áurea* (1618), todos expondo e defendendo a filosofia rosacruciana e alquímica.

Thomas Vaughan, conquanto não fosse membro militante da Sociedade, muito se simpatizou com seus postulados, e traduziu para o inglês a *Fama Fraternitatis* e o *Confessio.* Robert Flood, grande filósofo rosacruciano inglês, foi autor do *Tractatus Apologeticus,* do *Tractatus Theologo-Philosophicus,* e de outras obras; "Sincerus Renatus", ou Sigmund Richter publicou em 1710 a curiosa obra *The Perfect and True Preparation of the Philosophical Stone, according to the secret of the Brotherhoods of the Golden and Rosiy Cross,* na qual estão incluídas *Rules of the above-mencioned Order for the initiation of new Members,* e finalmente, o autor dos *Secret Symbols of the Rosicrucians of the Sixteenth and Seventeenth Centuries,* livro raro, contendo numerosas gravuras ocultas que envolvem muitos ensinamentos internos.

A HISTÓRIA TRADICIONAL DOS ROSACRUCIANOS

O *Fama Fraternitatis* relata a história tradicional de Christian Rosenkreutz, mas evidentemente não se pode aceitá-la tal qual se acha exposta. Ela visa claramente conservar um significado místico e alegórico, semelhante a todas as histórias tradicionais das escolas místicas. Embora certos fatos históricos estejam bem entretecidos em sua estrutura, só podem subordinar-se à verdade que seu autor procurou transmitir. Orígenes expõe claramente o princípio sempre empregado nos Mistérios em seu *De Principiis*:

> Onde a Palavra achava que os feitos históricos podiam adaptar-se a esses significados místicos, ela fazia deles, ocultando à multidão o seu sentido mais profundo. Mas onde, na narrativa de ocorrência de coisas supersensórias, não se realizaram certos acontecimentos antes indicados pelo sentido místico, a Escritura intercalou na história o relato de algum acontecimento que não tivera lugar, às vezes de algum que não poderia ter acontecido ou que o poderia, mas não aconteceu.*

Este é um dos métodos pelos quais eram as coisas secretas veladas do profano, que as punha de lado, pensando tratar-se de uma história inexata e sem interesse, e assim não atinava com o seu significado mais profundo.

O *Fama Fraternitatis,* que admissivelmente contém apenas uma tradição, transcrita muito tempo após a ocorrência dos fatos registrados, relata-nos como nasceu C.·. R.·. C.·. em 1378 A. D., de pais pobres porém nobres, e como ele ingressou num mosteiro quando ainda criança. Ainda muito jovem, diz-se haver ele viajado para Chipre, em companhia do Irmão P. A. L., que ali faleceu. Depois seguiu para a Palestina, e com a idade de dezesseis anos entrou em contato com os sábios de Damcar na Arábia,

> Que o receberam não como um estrangeiro (como ele próprio o testifica), mas como alguém que há muito esperavam. Chamaram-no por seu nome, e lhe mostraram outros segredos de seus claustros, pelo que ele não podia deixar de estar profundamente admirado.

Ali aprendeu o árabe, traduziu para o latim o livro M., que depois ele trouxe para a Europa e pelo qual se diz haver Paracelso se interessado. Posteriormente viajou para o Egito e para Fez, re-

* Orígenes, Book IV, Cap. I, 15 (Ante-Nicene Library Ed.).

lacionando-se com os "Habitantes Elementares, que lhe revelaram muitos de seus segredos".

Conta-se que de Fez o Fundador da Ordem viajou para a Espanha, onde ofereceu seus conhecimentos aos cultos, mas "para eles foi um assunto irrisório". Por isso retornou à Alemanha, sua pátria, determinado a gradualmente iniciar ali a fundação da fraternidade destinada a reformar a Europa. Escolheu três irmãos de seu próprio mosteiro, para serem os primeiros rosacrucianos, e mais tarde aumentou esse número para oito, ligando-os por certas regras definidas.

Os irmãos saíram depois para o mundo, ficando apenas dois deles em companhia do chefe da Ordem. Chegada a sua hora, Christian Rosenkreutz morreu, e foi muito secretamente sepultado no túmulo reservado para ele, permanecendo seu lugar de descanso ignorado mesmo para os membros da fraternidade.

Numa época posterior, um acidente aparente revelou a porta do túmulo, em que se achava escrito em grandes letras: "POST CXX ANNOS PATEBO" — "Depois de cento e vinte anos voltarei". No meio do túmulo brilhava uma cintilante estrela, e sobre o altar ao centro da abóbada estavam gravadas as significativas palavras: "A. C. R. C. Hoc universal compendium unius mihi sepuichrum feci". — "Deste meu túmulo fiz um compêndio do universo". Embaixo do altar foi encontrado "um formoso e airoso corpo... Com todos os ornamentos e trajes. Em sua mão segurava o pergaminho chamado T., o nosso maior tesouro depois da Bíblia, e que não deve ser entregue à crítica do mundo". Vários outros objetos foram descobertos: espelhos de diversas virtudes, pequenas campainhas, lamparinas e principalmente maravilhosos cantos artificiais, e, o mais importante de todos, o Livro secreto M. e outros volumes, inclusive alguns de Paracelso, o filósofo e químico do século XVI.

Tal é a história tradicional de Christian Rosenkreutz, relatada nos documentos da Ordem. O estilo da história mostrara claramente que não visava a ser uma narrativa histórica. É obviamente uma alegoria para expressar certas verdades ocultas aos que têm os olhos abertos, mesmo quando seja provável conter em si detalhes históricos.

A HISTÓRIA DA ORDEM ROSA-CRUZ

A despeito das asserções dos doutos e da ausência de provas corroborativas, Christian Rosenkreutz fundou positivamente a Ordem da Rosa-Cruz e foi de fato uma encarnação do poderoso Mestre da Sabedoria que hoje reverenciamos com o C. D. T. O. V. M. Nasceu em 1375, três anos antes da data mencionada no *Fama*, e foi enviado, quando ainda muito jovem, a um solitário mosteiro nas fronteiras da Alemanha e Áustria, onde recebeu educação e treinamento. Como muitas comunidades semelhantes da Idade Média, este mosteiro conservou uma tradição secreta, e seus monges, que se dedicavam à meditação, eram detentores de genuíno conhecimento espiritual e oculto. Ali Christian Rosenkreutz estudou os segredos mais profundos da natureza, de que a química não passava de casca externa, isto é, aquela alquimia que concerne primariamente à transformação do chumbo da personalidade no ouro do espírito, e apenas secundariamente à transformação de metais e manufatura de joias. Depois, Christian Rosenkreutz começou a viajar, e após percorrer a Alemanha, Áustria e Itália, aportou finalmente no Egito, onde recebeu as boas-vindas dos irmãos da Loja Egípcia daquela Fraternidade Branca a que em passadas vidas ele pertencera.

No Egito foi recebido em todos os graus dos Mistérios Egípcios, que haviam sido preservados pela Loja Branca na sucessão direta dos hierofantes da Antiguidade. Por meio dele podemos traçar uma das mais importantes linhas de sucessão que finalmente se incorporaram no Rito Escocês Antigo e Aceito. Entre outras coisas, ele adaptou e traduziu do egípcio para o latim o Rito da Rosa-Cruz a que já nos referimos, e este se tornou o protótipo da Cerimônia da Perfeição com que trabalham os Soberanos Capítulos da atual Comaçonaria.

Em sua volta do Egito, Christian Rosenkreutz fundou a Ordem da Rosa-Cruz selecionando aqui e ali um irmão digno de ser posto em contato com os secretos Mistérios do Egito e com o profundo conhecimento oculto que entesouravam. A Ordem foi sempre extremamente limitada em número de membros, uns trinta ou quarenta no máximo, mas exerceu enorme influência sobre a tradição secreta na Europa, e com efeito, formou uma escola ocidental, por cujo intermédio se poderia galgar diretamente a Loja Branca. Posteriormente, parte de seus ensinamentos e ritual caiu em mãos menos exclusivistas, e foi através de uma destas corporações semiexotéricas que o Ritual Rosa-Cruz foi transmitido para a custódia do Conselho dos Imperadores do Oriente e Ocidente.*

Esse Ritual sofreu muitas deturpações durante sua passagem por mãos ignorantes de seu significado verdadeiro, pois de um lado se misturou com o Cristianismo protestante, como nos rituais ingleses e americanos, e do outro, foi racionalizado até a sua desfiguração, sob os auspícios do Supremo Conselho da França. Em nossa Ordem Comaçônica gozamos do grande privilégio de usar, por ordem do C. D. T. O. V. M., uma tradução inglesa de seu cerimonial latino original, e penso que podemos dizer sem exagero que é um dos mais majestosos e belos rituais vigentes da Rosa-Cruz.

Como dissemos antes, a Rosa-Cruz é, em essência, um grau do Cristianismo, relacionado com o despertar do Cristo místico no interior do coração, o amor oculto, que é o *coração* da rosa mística e se pode conhecer quando o coração é colocado sobre a Cruz do Sacrifício. Mas o escopo original não foi torná-lo um apêndice do Cristianismo, como atualmente sucede na Inglaterra, mas, antes, um canal

* Veja-se o Cap. XI.

sacramental independente, através do qual o Senhor do Amor possa verter Sua Bênção sobre os iniciados de todas as religiões, pois foi estabelecido milhares de anos antes do nascimento do discípulo Jesus na Palestina. Assim, conquanto se trate da Segunda Pessoa da Santíssima Trindade o Cristo que se cultua na Rosa-Cruz e cujo amor é jorrado nos Soberanos Capítulos de Heredom, em nosso ritual comaçônico só nos referimos a Ele como o Senhor do Amor, e vinculamos nossos irms. especialmente às doutrinas da última religião que Ele fundou pessoalmente na terra. Pois Ele é por igual Senhor de todas as religiões, e a Rosa-Cruz não é menos Sua do que os gloriosos sacramentos da Igreja Cristã outorgados por Ele há dois mil anos.

A Ordem original da Rosa-Cruz ainda existe em completo sigilo, e embora desconhecida em nosso mundo externo, seus Mistérios são ainda transmitidos no plano físico, e ela continua conservando os antigos segredos de cura e magia que seu S. S. M. trouxe da Loja Egípcia no século XV. Só muito poucos, além dos altos iniciados da Loja Branca de onde a Ordem proveio, são admitidos na Câmara do Espírito Santo. Muitos se ufanaram e ainda se ufanam de serem seus filiados, porém ela independe totalmente de muitas Ordens e Sociedades, tanto abertas como secretas, que lhe honraram o nome no século XII. No entanto, na Maçonaria herdamos alguma parcela de seu ritual, e ainda que pouco de sua ciência oculta, e os poderes sacramentais da Rosa-Cruz ainda resplandecem através de alguns de nossos altos graus do Rito Escocês Antigo e Aceito. Assim, há boas razões de haverem modernos maçons declarado sua afinidade com a Rosa-Cruz, e de ter ela exercido tão fascinante influência sobre as mentes humanas, desde quando pela primeira vez se ouviu falar a seu respeito no século XVII.

Ela é o grau mais próximo de "um grau superior" que existiu no antigo Egito, e de fato, a todos os intentos e propósitos podemos dizer que ela *foi* um grau superior, embora nunca se houvesse denominado tal. No livro *A Vida Oculta na Maçonaria* expliquei que há milhares de anos havia no Egito três Grandes Lojas que diferiam de todas as mais em seus objetivos e trabalhos, e que eram essas três Lojas que, em certas épocas fixas do ano, desempenhavam a tarefa de irrigar o país com forças espirituais por meio do magnífico ritual da *Construção do Templo de Amon.** Ao cumprirem os irms. esse santo dever, demonstravam sua solidariedade com a Maçonaria ordinária pela abertura da Loja no 1° e elevação da Loja o mais rapidamente possível ao 3° antes de iniciarem sua maravilhosa obra. Nas ocasiões relativamente raras em que tinham de admitir um candidato cuidadosamente selecionado dentre os membros das Lojas Operativas, *nunca* abriam a Loja em Maçonaria Azul, e sim diretamente com esta cerimônia da Rosa-Cruz.

No século XVIII o ritual teve que ser um pouco modificado para harmonizá-lo com o sistema de graus superiores que então se cogitara adotar; acrescentaram-se a lista e a explanação destes graus, bem como a referência a Jerusalém. A Palavra, que na Maçonaria moderna se degenerou em meras iniciais, era então em si uma viva "palavra de poder", impregnada do mais profundo significado, conquanto também se empregasse um duplo esquema de iniciais. Tudo isso necessitou e recebeu a mais cuidadosa atenção quando se fez a sua tradução do egípcio para o latim. Não se pode deixar de admirar o maravilhoso engenho que, conquanto mudasse a linguagem, se esmerou por manter praticamente intacto o som, a forma e uma bem elaborada tríplice série de significados, um dentro do outro. As adições do século XVIII alongaram consideravelmente a cerimônia, mas estão coerentes com a parte mais antiga, de sorte que ainda retêm sua beleza transcendente; todas as características principais do grau, como a rosa, a cruz, o cálice, o sacramento, são precisamente as mesmas de milhares de anos atrás.

* *A Vida Oculta na Maçonaria*, p. 230.

11. O Rito Escocês Antigo e Aceito

ORIGEM DO RITO

A origem do Rito Escocês Antigo e Aceito do 33°, ou antes, a do Rito de Perfeição ou de Heredom de 25° do qual se desenvolveu aquele, tem sido um dos problemas maçônicos mais obscuros. Praticamente nada sabem a seu respeito os eruditos, já que nos documentos ou publicações idôneos não se conservou nenhuma autêntica prova contemporânea. Pouca estranheza pode causar este silêncio ao estudante que nos tem acompanhado até aqui, pois, à semelhança de muitas outras atividades, tanto na política como na religião, nos primórdios do século XVIII se objetivava manter secreta a Maçonaria, e guardava-se o segredo não escrevendo nada nem deixando indício seu no plano físico.

Não posso esperar que minhas exposições sejam aceitas pelos eruditos maçons que apenas se apoiem em documentos, mas, apesar disso, farei um breve relato do que efetivamente ocorreu, utilizando, na medida do possível, provas corroborativas de abalizados historiadores, nos tratados seus que me forem acessíveis. Este livro foi escrito na Austrália, muito distante dos principais centros de vida e instrução maçônicas, e por conseguinte, tive que depender em grande parte das fontes de minha biblioteca pessoal. Tivesse eu acesso a uma seleção maior de volumes maçônicos, e sem dúvida poderia encontrar outros documentos de valioso testemunho.

O MOVIMENTO JACOBITA

Entre os escritores continentais sobre Maçonaria imperou uma persistente tradição de que os Jacobitas muito fizeram pelo desenvolvimento dos graus superiores do século XVIII. Como acentua o irm. R. F. Gould, o colorido deste ponto de vista é emprestado pelo fato de que os mais primitivos nomes mencionados em conexão com a Franco-maçonaria na França são os dos bem conhecidos aderentes dos Stuarts, embora o mesmo autor rejeite essa hipótese por falta de provas suficientes.* Temos o testemunho pessoal e direto do Barão von Hund, o fundador do Rito da Estrita Observância, dado em 1764, de que ele próprio foi recebido na Ordem do Templo em Paris, em 1743 por "um conhecido irm., o Cavaleiro da Pluma Vermelha na presença de Lorde Kilmarnock** [...] e que ele foi subsequentemente apresentado como um distinto irmão da Ordem a Carlos Edward Stuart, o Jovem Pretendente".*** Dos papéis encontrados após sua morte se evidencia que von Hund tinha o Cavaleiro da Pluma Vermelha em conta do próprio Príncipe Carlos. A vida de von Hund revela haver sido ele um homem de honra sem mácula e que fizera enormes sacrifícios pela causa que acariciara em seu coração. E embora se tenha dito que em 1777 o Príncipe Carlos negara a um emissário da Estrita Observância**** que tivesse sido Franco-maçom, desmentidos oficiais semelhantes não são desconhecidos ainda hoje nos círculos políticos, e talvez não se deva atribuir grande importância a essa particularidade.

Os aderentes escoceses do rei Jaime II, que o acompanharam

* Gould, *Hist. Freem.*, Vol. III, p. 78.

** Na época, Grão-Mestre da Grande Loja da Escócia, e Mestre da Loja Kilwinning por sua eleição para esse alto posto em 1742. *Ibid.*, p. 53.

*** *Ibid.*, p. 101.

**** *Ibid.*, p. 110.

ao exílio depois do desembarque do Príncipe de Orange em 1688, trouxeram para a Corte inglesa em St. Germains (colocada à disposição do rei por Luís XIV) os antigos ritos de Heredom e Kilwinning, mesclados com a tradição templária, a que já nos referimos. Quando o rei Jaime II fugiu da Inglaterra, refugiou-se na Abadia jesuíta de Clermont, que havia ligado a ela um Colégio de Clermont de Paris, fundado em 1550* por Guilherme du Prat, Bispo de Clermont. Ali, muito inexplicavelmente, o rei fundou um centro maçônico, operando com ritos que haviam sido transmitidos na França desde um remoto passado. Assim se juntaram duas tradições, e foi neste período — muitos anos antes da renascença de 1717 — que pela primeira vez se uniram certas cerimônias que presentemente estão incluídas no Rito Escocês Antigo e Aceito.

Foi provavelmente este fato que deu origem à outra tradição corrente de que os jesuítas estiveram ligados ao desenvolvimento da Maçonaria de alto grau no continente. É desta tradição nativa francesa (de que outro ramo encontrou sua expressão no "Compagnonnage" — Companheirismo) que derivaram os rituais da Maçonaria Operativa Francesa. Depois de 1717 se operou, sem dúvida, uma mistura ulterior com a tradição inglesa transmitida por intermédio de Anderson.

O rei Jaime concebeu a ideia de tentar utilizar-se da Franco-maçonaria para auxiliá-lo em seu esforço pela reconquista de seu trono. Mas esta tentativa fracassou, pois, conquanto se simpatizassem com o rei, as autoridades maçônicas se recusaram decididamente a abandonar sua tradicional neutralidade política, ou permitir que se fizesse da Ordem abrigo para intrigas políticas. No entanto, a influência jacobita deixou seus traços nesta parte da Maçonaria, e no Rito Escocês Antigo e Aceito o 14° é ainda denominado, em algumas Obediências, Grande Cavaleiro Escocês da Abóbada Sagrada de Jaime VI, apesar de que seu nome mais anti-

* *The Catholic Encyclopaedia* (1913), Vol. XIV, p. 88.

go fosse Grande, Eleito, Antigo Mestre Perfeito.* O Barão Hund disse a verdade quando declarou haver encontrado o Príncipe Carlos em Paris em 1743, e parece haver herdado certas linhas de sucessão que posteriormente o tornaram o coração do Rito da Estrita Observância. Depois da batalha de Culloden em 1746, que praticamente destruiu o movimento jacobita, rompeu-se a ligação dos Stuarts com a Maçonaria, e parece provável que o Barão von Hund tenha pessoalmente composto os Rituais Latinos da Estrita Observância, que desempenharam papel considerável na Maçonaria Alemã, no século XVIII.**

O DISCURSO DE RAMSAY

Depois do ano de 1740 os "Graus Escoceses" pulularam em todas as partes da França,*** sendo sua criação e desenvolvimento atribuíveis principalmente ao famoso discurso proferido em 1737 na Grande Loja Provincial da Inglaterra em Paris, embora a primeira referência a uma "Loja de Maçons Escoceses" houvesse sido publicada em Londres já em 1733.****

Ramsay nasceu em 1681 ou 1682, em Ayr, perto de Kilwinning, mas parece não haver se filiado a essa antiga Loja. Foi convertido ao Catolicismo pelo Arcebispo Fénelon, e até a morte deste continuou a conviver com ele, de quem também fez a biografia. Depois atuou como tutor dos dois filhos do legítimo rei Jaime III, em Roma.

Foi incontestavelmente um homem culto, profundo estudante da história antiga e moderna, graduado D. C. L. pela Universidade

* A. E. Waite, *Secret Tradition in Freemasonry,* Vol. I, p. 125.

** Gould, *Hist. Freem.*, Vol. III, p. 101.

*** *Ibid.*, p. 92.

**** R. F. Gould, *A. Q. C.*, XVI, 44.

de Oxford e, tal qual muitos outros franco-maçons seus contemporâneos, membro da Sociedade Real. Parece não haver nunca se interessado muito pela Maçonaria, apesar de ter escrito ao Cardeal Fleury, Primeiro Ministro da França, em 1737, solicitando-lhe proteção para os franco-maçons, dizendo-lhe que seus ideais eram muito elevados e sumamente úteis à religião, à literatura e ao Estado. Morreu em 1743.

Ramsay não trabalhou muito pela Maçonaria; no entanto, o discurso que proferiu em 1737 perante a Grande Loja Provincial da Inglaterra, em Paris, de que era Grande Chanceler e Orador, exerceu profunda influência sobre a Maçonaria francesa. Foi um discurso toleravelmente bom, porém sem nada de extraordinário; não obstante, logrou dar o impulso que justamente se necessitava para pôr em atividade o movimento francês do alto grau, e daí em diante os criadores dos altos graus passaram a considerar Ramsay seu padrão e modelo.

Ele proclamou ser o ideal da Maçonaria uma Fraternidade Universal de homens cultos, um Império Espiritual que transformaria o mundo. Refere-se a três graus, que chama Noviços ou Aprendizes, Companheiros ou Irmãos Professos, e Mestres ou Irmãos Perfeitos, uma ordem ligeiramente diferente de títulos que podem referir-se a uma diferente corrente de tradição. Esses graus requeriam a prática, respectivamente, das virtudes morais, virtudes heroicas e virtudes cristãs.

De acordo com ele, a Maçonaria foi fundada em remota antiguidade, e foi renovada ou restaurada na Terra Santa na época das Cruzadas. Tem afinidades com os antigos Mistérios, especialmente os de Ceres em Elêusis, Ísis no Egito e outros. Com o intento de distinguir o Cruzado do Sarraceno, os Cruzados adotaram uma série de "antigos sinais e palavras simbólicas, tirados da fonte da religião", que eram velados sob rigorosos compromissos de sigilo. À íntima união entre os Maçons Cruzados e os Cavaleiros de são João de Jerusalém deve-se a denominação de são João dada aos graus azuis.

Em seu regresso, os Cruzados trouxeram Lojas maçônicas para a Europa, e dali foram introduzidas na Escócia, onde "Jaime, Lorde Mordomo da Escócia, era Grão-Mestre de uma Loja estabelecida em Kilwinning, a oeste da Escócia, em 1286, pouco depois da morte de Alexandre III, rei da Escócia, e um ano antes de João Baliol ascender ao trono".

Ramsay prossegue explicando que nossas Lojas e ritos foram gradativamente negligenciados em quase todas as partes, porém que, apesar disso, foram conservados em toda a sua integridade entre os escoceses a quem os reis da França, durante muitos séculos, confiaram a guarda de suas reais pessoas. Ele admite que "A Grã-Bretanha se tornara a sede de nossa Ordem, a conservadora de nossas leis e a depositária de nossos segredos". Muitos de nossos feitos e costumes que eram contrários ao prejuízo dos reformadores, foram alterados, disfarçados ou suprimidos. Foi assim que muitos irms. se esqueceram do espírito e retiveram apenas a casca da forma externa. Todavia, no futuro a Maçonaria terá de ser restaurada em sua prístina glória.

Variavam os rituais destes graus escoceses, mas uma ideia animava a todos: a descoberta numa sepultura, pelos Cruzados Escoceses, da inefável Palavra há muito perdida, em cuja procura tinham de trabalhar com a espada numa mão e a trolha na outra.* Este mesmo simbolismo da espada e trolha vem mencionado na oração de Ramsay, em que ele faz a Maçonaria derivar dos patriarcas e dos antigos Mistérios através dos cruzados escoceses. E ambas são mencionadas depois no atual ritual da Real Ordem da Escócia, em que o candidato faz o seu J. com a espada numa mão e a trolha na outra,** bem como numa citação que desse ritual se imprimira em 1736, em Newcastle.*** Fala-se de dois graus escoce-

* *Hist. Freem.*, Vol. III, p. 92.

** A. E. Waite, *Secret Tradition in Freemasonry*, Vol. I, p. 404.

*** *A. Q. C.*, XV, 186.

ses recebidos pelo Barão C. Scheffer, o primeiro Grão-Mestre da Suécia, em 1737,* e talvez possamos sugerir (embora contrariando a teoria da maioria dos escritores maçônicos), que o discurso de Ramsay, embora haja ajudado a popularizar a Maçonaria Escocesa, foi, em realidade, mais um efeito do que a causa da introdução da Maçonaria de alto grau no continente, pois sempre tem sido silenciosamente impulsionada pelo C. D. T. O. V. M.

Nas Lojas operativas francesas, os Mestres Escoceses gozavam privilégios, que foram formalmente reconhecidos em 1755 pela Grande Loja da França.** Usavam roupas distintivas, permaneciam de chapéu numa Loja de Mestres, arrogavam-se o direito de conferir graus operativos com ou sem uma cerimônia, e eventualmente a Loja Escocesa nomeava o V. M. efetivo da Loja operativa correspondente, sem consultar os irms. que ele tinha de dirigir. Uma das mais importantes destas é a "Mère-Loge-Ecossaise" de Marselha, que se supõe ter sido constituída em 1751, a qual operava com certo número de graus não pertencentes ao que depois se tornou o Rito Escocês, porém mais tarde incorporados — pelo menos no concernente aos seus títulos — ao Rito de Mênfis de 96°. Estas Lojas Escocesas, ou melhor, a Real Ordem da Escócia de que derivaram, formam a primeira manifestação pública do movimento para a criação de altos graus, que desenvolveram tão entusiástica atividade na segunda metade do século XVIII.

O CAPÍTULO DE CLERMONT

Nosso principal canal de descendência está por trás das Lojas Escocesas, e indubitavelmente aparece pela primeira vez no mundo externo no Capítulo de Clermont, comumente admitido

* Gould, *Concise History*, p. 300.

** Gould, *Hist. Freem.*, Vol. III, p. 95.

haver sido fundado por Chevalier de Bonneville em 1754.* Porém, em realidade é uma continuação daquela mesma Ordem do Templo em que o Barão von Hund foi recebido em 1743, e que derivara dos cortesãos escoceses exilados em St. Germain e do Colégio de Clermont. Segundo Thory (que, todavia, escreveu sessenta anos depois do acontecimento), este Capítulo se baseava nos três graus da Maçonaria Azul, o Grau Escocês ou de Santo André, e operava com três graus superiores: 5, Cavaleiro da Águia ou Mestre Seleto; 6, Ilustre Cavaleiro ou Templário; 7, Sublime Ilustre Cavaleiro.

Da forma posterior em que esse Capítulo surgiu em 1754, haviam sido excluídas as ligações jacobita e jesuíta, e a sucessão, juntamente com certos graus cerimoniais (inclusive, provavelmente, uma forma do Kadosh), havia passado para as mãos de ilustres nobres, cortesãos, oficiais militares da França, e da elite das profissões.** A obra colossal de amoldar as antigas tradições num rito cerimonial, foi em grande parte executada neste Capítulo de Clermont e no Conselho dos Imperadores do Oriente e Ocidente em que aquele se transformara em 1758. E é nestas duas últimas corporações, que eram, contudo, apenas uma, que nos cabe encontrar a origem imediata de nosso Rito Escocês Antigo e Aceito.

O CONSELHO DE IMPERADORES

O Conselho de Imperadores compunha-se em grande parte de homens da nobreza e de elevada cultura, que eram também estudantes profundos da ciência secreta, instruídos nas várias tra-

* *Ibid.*, p. 94.

** *Ibid.*, p. 95.

dições da sabedoria até então transmitida por numerosas linhas do passado. Herdaram não apenas os Ritos de Clermont e as linhas escocesas de Kilwinning e de Heredom, mas também outras tradições derivadas diretamente de fontes templárias e rosacrucianas, juntamente com os poderes do rito egípcio a que antes nos referimos. Eram homens de vastos conhecimentos, mas aparentemente eivados de presunçoso orgulho, semelhantes a tantos dos nobres do *ancien régime*. A congregação desta corporação de nobres foi uma das tentativas feitas pelos emissários da Loja Branca, a fim de prepará-los para as grandes mudanças que teriam de ser executadas, não houvesse sido tanto o seu orgulho, sem os horrores da Revolução Francesa.

Parece que o C. D. T. O. V. M., o próprio Mestre Conde de St. Germain, lhes confiara a missão definida de amoldar todas estas várias tradições, que Ele os havia feito herdar, num rito que expressaria em alguma extensão o poder benéfico da sucessão egípcia e em forma adaptada a uma época mais moderna. Eles empreenderam a execução dessa missão tão fielmente quanto possível, e o resultado de seu labor foi o Rito de Perfeição ou de Heredom de vinte e cinco graus, que ainda se conservam integralmente em nosso Rito Escocês Antigo e Aceito.

O Conselho de Imperadores recebeu muita inspiração do C. D. T. O. V. M., embora não necessariamente no plano físico, e deve-lhe ter sido muito mais fácil influenciar esses homens do que os frequentadores das tavernas jorgianas, que foram os primeiros templos dos Mistérios Ingleses após o grande renascimento de 1717. Mas, tal qual tantas outras iniciativas de determinado comitê de revisão para sintetizar um corpo de tradições, o Conselho de Imperadores foi embaraçado em sua obra pela necessidade de incluir materiais menos importantes chegados às mãos de seus membros. Resultado disso foi a inclusão de graus intermediários quase sem significação, que ainda pertencem ao Rito Escocês, porém nunca ou raramente funcionam entre nós.

No caso do 18°, houve um casamento de tradições, pois o grande ritual da Rosa-Cruz usado para o aperfeiçoamento dos irmãos rosacrucianos e egípcios, embora já despido de seu antigo esplendor, foi amalgamado com a antiga Eucaristia Mitraica transmitida nos Ritos de Heredom, para formar a fonte de nossos modernos trabalhos na Rosa-Cruz. O Ritual dos Imperadores do 30°, então chamado o 24°, Grande Comendador da Águia Branca e Negra, Grande Eleito Kadosh, refletia muito mais eficientemente os ensinamentos egípcios da Maçonaria Negra do que os que atualmente nos chegam às mãos através de muitos editores, que ignoravam o seu significado. O grau mais elevado entre eles era o 25°, agora nosso 32°, denominado Muitíssimo Ilustre Príncipe da Maçonaria, Grande e Sublime Cavaleiro Comendador do Real Segredo; e a Prancha de Traçar do 32°, frequentemente pouco compreendida, reflete o seu plano original de união com a Luz Oculta pela passagem através de muitos ritos de iniciação.

Não havia ali nenhum grau de Soberano Grande Inspetor, pois o 33° como tal não existia ainda. Mas os maravilhosos poderes que agora pertencem a essa alta posição eram conferidos aos seus Grandes Inspetores, escolhidos dentre os Príncipes Maçons do 25°, e os grandes anjos brancos que usam as insígnias do rei estavam ligados a estes, tal qual se acham ligados hoje aos irms. do 33°.* Os anjos carmesim da Rosa-Cruz assistiam do mesmo modo aos seus Soberanos Capítulos, bem como muitos outros poderes atualmente nossos eram seus também.** Assim o Conselho de Imperadores representa a primeira tentativa real jamais feita para incorporar a tradição interna egípcia completa numa forma cerimonial, e como tal, significa um marco importante na história da Maçonaria.

Quase todos os esplêndidos ensinamentos ministrados pelo

* Cf. pp. 42 e 43. (N. do T.)

** Cf. *A Vida Oculta na Maçonaria*, p. 221 e segs. (N. do T.)

grande Mestre o Conde de St. Germain, por Père Joseph e Cagliostro, e outros emissários da Loja Branca, naufragaram no esquecimento, na colossal tragédia da Revolução Francesa. O Rito de Perfeição de 25 graus foi introduzido na Grã-Bretanha, e transmitido entre os Acampamentos Templários antes do advento dos Supremos Conselhos do Rito Escocês, cuja autoridade receberam de Charleston. A maioria dos irms. do Antigo Rito aderiu às novas Obediências logo que se constituíram; mas existe ainda hoje pelo menos uma linha de tradição, em parte derivada daqueles Acampamentos Templários, que nunca foi incorporada aos Supremos Conselhos da Inglaterra, Escócia e Irlanda. Na França também se perpetuou uma linha, que posteriormente se amalgamou com o Supremo Conselho Francês.*

STEPHEN MORIN

O cenário de nossa história se transfere agora para o Novo Mundo, pois foi ali que se operou a transformação do Rito de Perfeição de 25° para o Rito Escocês de 33°. Em 1761, apenas três anos após a sua fundação, o Conselho dos Imperadores do Oriente e Ocidente outorgou uma carta patente a um tal Stephen Morin "para estabelecer a perfeita e sublime Maçonaria em todas as partes do mundo", constituindo-o Grande Inspetor do Rito de Perfeição. A patente o autorizava a "formar e fundar Lojas a fim de admitir e multiplicar a Real Ordem dos Maçons em todos os graus perfeitos e sublimes", e investiu-o de poderes para criar outros Inspetores. Ainda não se encontrou o original deste documento, e o mundo só sabe de sua existência pela cópia conservada no Livro de Ouro do Conde de Grasse-Tilly, fundador do Supremo Conselho 33° da França. Todavia, o irm. R. F. Gould tem uma correta

* Gould, *Hist. Freem*, p. 164.

intuição do assunto, pois ele "não está de nenhum modo preparado para lhe negar autenticidade", e em sua *History of Freemasonry* faz uma transcrição completa desse livro.* Está assinado por Chaillon de Joinville, Príncipe de Rohan; Brest-de-la-Chaussée, Conde de Choiseul, e outros do Conselho dos Imperadores. Em 1761, Stephen Mori chegou em São Domingos, onde iniciou a disseminação do rito e nomeou muitos Inspetores tanto para as Índias Ocidentais como para os Estados Unidos.**

Infelizmente, de modo algum foi ele um canal ideal para forças espirituais, e conquanto, sem dúvida, transmitisse a seus irms. americanos a sucessão egípcia de poderes, às vezes ele próprio não se achava na plena posse dos poderes. Às vezes revelava-se à altura do momento, e mostrava sinais de definido progresso. Observei-o durante a consagração de um capítulo de altos graus, magnificamente superassistido pelo C. D. T. O. V. M. e pelos grandes anjos brancos. Mas não se pode negar que ele apresentava muitas falhas, entre outras, certa paixão por amores clandestinos; e não frequentemente lhe era retirada a maior parte de sua herança espiritual, deixando-lhe apenas as sementes da sucessão para serem transmitidas a outros. Foram tão numerosos e persistentes os relatórios sobre seu mau procedimento, que numa ocasião o Conselho de Imperadores lhe cassou a carta patente. Mas naquele tempo o correio postal era muito lento, pelo que o Conselho lhe cancelou a cassação antes que ele a recebesse, e o reempossou em seus poderes.

Stephen Morin foi também infeliz na escolha de seus lugares-tenentes, pois em muitos casos eram judeus de reputação não muito boa, e é por meio destas mãos algo sujas que temos de investigar o Rito de Perfeição durante os quarenta anos subsequentes. O rito atravessou um período de obscurecimento, quando os graus eram vergonhosamente vendidos a quem quer que com-

* *Op. cit.*, III, p. 125 e segs.

** *Encyclopaedia* de Mackey, verbete *Scattish Rite*.

prasse os seus títulos, ao passo que o significado interno das cerimônias foi quase esquecido.

Mas embora se houvesse perdido o esplêndido conhecimento oculto dos Imperadores e os ritos fossem despidos da maioria de seu poder, as sementes da sucessão foram ainda assim transmitidas, mesmo de judeu a judeu — Moisés Cohen, Isaac Long, Moisés Hayes, Isaac da Costa de Charleston e outros — até que para o Rito foi guiada uma classe superior de egos, iniciando-se então uma nova era. Este Rito foi estabelecido em Charleston em 1783 por Isaac da Costa, que foi nomeado Deputado-Inspetor em 1783 por Moisés Hayes. Ver-se-á que as autoridades do Rito se atribuem definitivamente uma sucessão.

FREDERICO, O GRANDE

Foi durante este período de obscurecimento que entre os judeus nasceu o curioso mito de Frederico, o Grande, provavelmente com o fim de aumentar o valor comercial dos graus. Pelas aparências, acreditava-se realmente que o rei da Prússia era o Chefe Supremo do Rito, pois nas Atas da Grande Loja de Perfeição da Albânia (Nova York), fundada em 1767, se solicita da Loja, em 3 de setembro de 1770, que prepare seus relatórios para serem enviados a Berlim. Em 1785, um ano antes da morte do rei, encontramos uma carta endereçada a Frederico por um tal Salomão Bush (judeu, com certeza), Deputado Grande Inspetor da América do Norte, pedindo-lhe o reconhecimento de uma Loja que ele havia consagrado.*

Alegou-se depois que Frederico, o Grande, em seu leito de morte, ratificou a Grande Constituição de 1786, contendo as leis

* *Note Historique sur la Rite Ecoss.*∴ Anc.∴ et Acc.∴ Par le Souw.∴ Gr.∴ Comm.∴ (Conde Goblet d'Alviella), p. 7.

que ainda regulam o Rito Escocês, e que ele constituiu pessoalmente o 33°, delegando seus poderes como Soberano da Maçonaria a nove irms. em cada país. A Grande Constituição original era escrita em francês, mas em 1834 o Supremo Conselho da França aceitou como genuína uma versão latina da mesma, que se diz haver sido assinada pelo próprio Frederico. Mas por toda a parte se admite hoje não passar tudo isto de uma invenção.

A verdade é que Frederico não tomou nenhuma parte ativa no Rito de Perfeição; jamais ratificou a Constituição nem criou o 33°. Com efeito, hoje a maioria mesmo dos Conselhos está preparada para abrir mão da reivindicação de que derivam sua autoridade de Frederico, o Grande, cujo interesse pela Maçonaria (pelo menos nos últimos anos), foi dos mais ligeiros. Não obstante, a *Grande Constituição* permanece como a lei do Rito em todos os Supremos Conselhos, emanada legitimamente de Charleston e considerada genuína por Alberto Pike.

Sendo certo que Frederico nada teve que fazer com o Rito, temo dever pesarosamente concluir haverem sido forjados os quarto e quinto documentos no *Livro de Ouro* de Qrasse-Tilly, isto é, a alegada *Constituição* de 1762 e a *Grande Constituição* de 1786. Quer parecer que foram enviadas para fora da Europa, talvez para atender a algum pedido ditado por interesses judaicos. E o fato de ter sido o pai do Dr. Dalcho um oficial do exército prussiano, que servira com muita distinção sob a administração de Frederico, o Grande, pode bem ter predisposto o Doutor para aceitar mais rapidamente estes notáveis documentos.

A TRANSFORMAÇÃO DE CHARLESTON

A segunda grande transformação dos altos graus, embora numa escala menor que a primeira, teve lugar em Charleston antes de 1801. Da *Circular* do Dr. Dalcho aprendemos que:

Em 31 de maio de 1801 o Supremo Conselho do grau 33 para os Estados Unidos da América, foi aberto com as altas honras da Maçonaria, pelos irmãos João Mitchell e Frederico Dalcho, Soberano Grande Inspetor Geral; e no curso do ano corrente (1802) foi completado o número total de Grandes Inspetores Gerais de conformidade com a Grande Constituição.*

Nisso consiste o breve relato da formação do que se denominou o Supremo Conselho Mater do Mundo, do qual, com efeito, nasceram todos os outros Supremos Conselhos mundiais, com exceção de alguns sobreviventes de outras linhas de descendência. Dos arquivos em posse do Supremo Conselho Mater resulta evidente que até às vésperas de sua formação, os *únicos* graus em atividade eram os 25 do Rito de Perfeição.

A formação do novo Rito foi inspirada e orientada pelo C. D. T. O. V. M. pessoalmente, e os oito graus extraordinários que então apareceram foram apenas reordenações dos antigos 25 graus do Rito de Perfeição. Agora que egos mais avançados haviam entrado em posse dos graus, foi permitida uma manifestação mais plena do poder atrás desses graus. Desde então o Rito Escocês, embora os seus rituais tenham sido alterados em vários países e por vários interesses, se tornou a mais importante e magnífica de todas as Obediências Maçônicas.

A EXPANSÃO DO RITO ESCOCÊS

Aqui podemos retornar ao terceiro documento do *Livro de Ouro*, que é a patente outorgada a De Grasse-Tilly pelo novo Supremo Conselho 33° de Charleston, em 1802, apenas poucos me-

* Citado na *Encyclopaedia* de Mackey, verbete *Supreme Council.*

ses após a sua formação. Certifica essa patente que ele foi aprovado em todos os graus do Rito e o autoriza a erguer Lojas, Capítulos, Conselhos e Consistórios em ambos os hemisférios, nomeando-o Soberano Grande Comendador Perpétuo de um Supremo Conselho para as Antilhas. Está assinado por Dalcho, De la Hogue e outros, que se intitulam Kadosh, Príncipe do Real Segredo, Sob. Gr. Inspetor 33°.

O Rito Escocês foi introduzido pelo Conde de Grasse-Tilly na França (1804); dali passou para a Itália (1805), Espanha (1811) e Bélgica (1817). Em 1824 se formou o Supremo Conselho para a Irlanda, com jurisdição sobre todos os graus oficiais da Maçonaria Branca apenas, por causa da anterior existência de Capítulos e Lojas de Rosa-Cruz e Kadosh pertencentes ao antigo Rito de Perfeição. O Supremo Conselho da Inglaterra e Gales foi formado em 1845, e o da Escócia, um ano mais tarde.

Em 1812, na América, um joalheiro chamado José Cerneau estabeleceu em Boston o que ele denominou um Soberano Grande Consistório dos Estados Unidos. Cerneau possuía a necessária sucessão, e assim pôde transmitir os poderes efetivos. Mas como não estava munido de nenhum mandato do Conselho dos Imperadores, o Supremo Conselho de Charleston denunciou seu procedimento como irregular e um ano mais tarde nomeou um Supremo Conselho para a Jurisdição do Norte. Ainda existem Supremos Conselhos derivados de Cerneau, conquanto não sejam reconhecidos pelas corporações detentoras da sucessão de Charleston. Todavia, ambas as linhas são válidas.

O Rito se espalhou por quase todos os países do mundo, e produz incalculável soma de bem para muitos milhares de irms., ainda que só poucos extraíam dali todas as possibilidades de progresso espiritual que ele implica. Mas ser posto em contato, mesmo que inconscientemente, com influência tão santa, significa, incontestavelmente, elevar e abençoar até os menos sensitivos e conferir a todos algum toque de sua glória oculta.

12. A Ordem Comaçônica

A RESTAURAÇÃO DE UM ANTIGO *LANDMARK**

A Ordem Comaçônica distingue-se do resto do mundo maçônico pela admissão de mulheres na Maçonaria em condições idênticas às dos homens. Com isto não se introduz nenhuma inovação no corpo da Maçonaria, mas, antes, restaura-se um dos mais antigos *landmarks,* que foi esquecido durante a confusão dos Mistérios com a Maçonaria Operativa da Idade Média. Como vimos, tanto no Egito como na Grécia se admitiam mulheres nos Mistérios, e tanto como os homens, elas podiam penetrar nos mais secretos santuários.

Os oficiais da Oficina masculina de hoje são na maioria contrários à admissão feminina, pois se preocupam, e com toda a razão, com a capital importância de se conservarem inalterados os rituais e costumes; porém muito erroneamente encaram a admissão de mulheres como sendo um grave desvio da antiga prática.

Os comaçons são igualmente ciosos em respeitar as tradições, mas neste assunto preferem seguir o costume mais remoto, que também conta com o mérito adicional de ser lógico e distinto. Desde que a reencarnação é um fato, não existe nenhuma diferen-

* *Landmark* é um termo já consagrado pelo uso maçônico, na acepção de princípios eternos e imutáveis, postulados ou axiomas. Aplica-se também às leis, regras e graus basilares da Ordem ou de um de seus Ritos, e, portanto, são considerados inalteráveis. (N. do T.)

MDCCCXCIII
MARIA·DERAISMES

ça entre o ego ou alma do homem e o da mulher; e não vemos nenhuma razão por que num nascimento particular ocupando o ego, no curso de sua evolução, e um corpo feminino, deva ser privado das vantagens de iniciação nos sagrados Mistérios da Maçonaria.

A SUCESSÃO DA COMAÇONARIA

A Ordem Comaçônica deriva sua sucessão de Soberanos Grandes Inspetores Gerais do 33° de certos irms. pertencentes ao Supremo Conselho da França, fundado pelo Conde de Grasse-Tilly, em 1804. Em seu livro *Universal Co-Freemasonry: What is it?*, o muito ilustre irm. J. I. Wedgwood, 33°, apresenta o seguinte relato de sua fundação, extraído das atas oficiais do Supremo Conselho e publicado em *Étude de la Franc-Maçonnerie Mixte et de son Organisation*, bem como de *Transaction* nº 1 da Loja Dharma, de Benares:

> Nossa Ordem da Comaçonaria Universal, ou, dando-lhe o título francês *L'Ordre Maçonnique Mixte Internationale*, é a primeira instituição maçônica que objetiva estabelecer uma ordem de âmbito mundial, em que as mulheres sejam admitidas em termos iguais aos dos homens. Sua carreira começou em 1882. Existia uma corporação denominada *La Grande Loje Symbolique Êcossaise de France.*
> Consistia de várias Lojas Operativas que haviam se separado do Supremo Conselho da França e se constituído numa Grande Loja. Isso foi apenas uma antecipação do que em 1884-97 fizeram outras Lojas Operativas subordinadas ao Supremo Conselho, quando se organizaram na atual Grande Loja da França, e absorveram, excepcionalmente, as Lojas da *Grande Loge Symbolique Êcossaise de France.* Esta última corporação,

com a qual estamos relacionados certa vez quase foi reconhecida pelo Grande Oriente da França...
O princípio esposado por este cisma particular foi o da autonomia das Lojas Corporativas, resumida na frase *Le Maçon libre dans la Loge libre.* É um princípio geral muito bom, porém, — confesse-se desde já — inexequível fora de certos amplos limites. Depois disso, tem tido sempre muita aceitação na França desde que a Maçonaria Francesa se separou do tronco pátrio inglês. Uma das Lojas originadas desta corporação se denominou *Les Libres Penseurs,* e se instalou em Pecq, um lugarejo sito no Departamento de Saine e Oise. Essa Loja, pertencente a uma Obediência Maçônica então reconhecida, decidiu iniciar uma mulher, uma tal Senhorita Maria Deraismes, escritora e conferencista muito conhecida, notável por seus serviços em prol de movimentos humanitários e feministas. A cerimônia se processou na presença de uma vasta assistência, em 14 de janeiro de 1882. O Venerável Mestre, I∴ Houbron, 18°, justificou tal experiência alegando trazer a Loja em seu coração o bem-estar e os mais elevados interesses da humanidade, e ser esse ato uma aplicação lógica do principio de "O Maçom Livre na Loja Livre". A Loja foi certamente suspensa, por estar pondo em prática o lema da família...
Durante algum tempo nada fez a irmã Maria Deraismes no sentido de estender a outros os privilégios maçônicos que ela recebera. Finalmente ela se rendeu às persuasões de amigos, e especialmente do Dr. Georges Martin, que era membro da Loja *Les Libres Penseurs* quando ela foi iniciada. Ele lhe deu seu franco apoio e o benefício de sua ampla experiência maçônica, em toda a carreira maçônica dessa irmã. Após seu afastamento da vida política, em que chegara a ser Senador, ele dedicou suas energias no auxílio da humanidade através de nossa Ordem... Em 14 de março de 1893, a irmã Deraismes

iniciou certo número de senhoras, na presença do Dr. Martin, e em 4 de abril desse mesmo ano *La Grande Loge Symbolique Ècossaisse de France, Le Droit Humain,* veio à existência...

Em 1900 a nova Grande Loja, com o objeto de estender suas ramificações a outros países, achou conveniente trabalhar com os graus superiores. Assim, ajudada pelos irmãos de posse do 33º, foi a corporação elevada da posição de Grande Loja operativa para a de Supremo Conselho do Rito Escocês Antigo e Aceito. A Sra. Marie Martin, íntima amiga e colaboradora da Sta. Deraismes, sucedeu-a, com a morte desta, na liderança do movimento. O Dr. Georges Martin ocupou o cargo de *Grande Orador,* e ela desempenhou sua alta função com distinção, dignidade e extrema devoção, até seu falecimento em 1914.

Existem Lojas na França, Bélgica, Inglaterra, Escócia, Índia, Austrália, África do Sul, América (mais de 100); Holanda, Java, Suíça e Noruega.*

Cabe-nos acrescentar apenas algumas palavras acerca do movimento na Inglaterra. O primeiro de nossos membros femininos ingleses a ingressar na Ordem foi nossa estimadíssima irmã Francisca Arundale. A Dra. Annie Besant, sentindo que um movimento Aberto igualmente a homens e mulheres poderia tornar-se uma poderosa força para o bem do mundo, e havendo antes lhe sido oferecida iniciação pela Sta. Deraismes, soube por meio da Sta. Arundale da continuação da Ordem, e procurou iniciação em Paris. Ela foi subsequentemente constituída Vice-Presidente Grão-Mestre do Supremo Conselho e Deputada para a Grã-Bretanha e Dependências. A primeira Loja maçônica foi consagrada em Londres, em setembro de

* Também no Brasil, onde existe, no momento, a Loja Ísis no Rio de Janeiro, e maçons de ambos os sexos espalhados pelo país. (N. do T.)

1902, pelos Grandes Oficiais do Supremo Conselho, sob o título de Dever Humano, nº 6.*

Com o advento da Dra. Annie Besant à liderança da Ordem no Império Britânico, reabriu-se novamente o laço entre a Maçonaria e a Grande Loja Branca, que sempre esteve por trás dela (embora totalmente desconhecida para a maioria dos irms.); e o C. D. T. O. V. M. tomou vivo interesse pessoal por seu desenvolvimento. A antiga sucessão inglesa e escocesa de Mestres Instalados, Mestres de Marco Instalados e Primazes Instalados do Santo Real Arco de Jerusalém, foi introduzida na Comaçonaria por irms. simpatizantes vindos das Obediências masculinas, e esses graus fazem agora parte de nossas atividades comaçônicas britânicas.

OS RITUAIS COMAÇÔNICOS

Em 1916, por ordem do C. D. T. O. V. M., o ritual dos graus operativos foi finalmente revisto segundo o seu antigo significado oculto, com base nos trabalhos ingleses e escoceses. Certas características tais como o reconhecimento dos elementais e as três viagens simbólicas, foram ali introduzidas dos rituais operativos franceses empregados sob os auspícios do Rito Escocês Antigo e Aceito, com ulteriores modificações provindas de fontes ocultas. Este ritual foi aprovado pelo C. D. T. O. V. M., que se dignou executá-lo em sua própria Loja, após haver feito certas sugestões que, sem dúvida, foram imediatamente adotadas.

Além disso, em 1923 Ele muito benignamente autorizou uma tradução inglesa de Seu ritual latino da Rosa-Cruz, para serem empregados nos soberanos Capítulos R✠ (v. o.) C e que desejassem usá-lo. A celebração deste cerimonial vivificou enormemente a for-

* *Op. cit.*, p. 25 e segs.

ça dos Capítulos; e embora não possamos ainda esperar igualar os antigos trabalhos egípcios, podemos, em certa extensão, atrair e verter sobre o mundo os esplêndidos poderes da Rosa-Cruz.

Em 1925 o C. D. T. O. V. M. foi bastante bondoso para permitir o uso de um Ritual Marco que havia sido ajustado ao significado interno do grau. E no mesmo ano Ele indicou que deveria ser preparado um ritual do Santo Real Arco, incorporando certas sugestões que Ele próprio se dignara fazer. Assim, passo a passo todo o trabalho está sendo revisto de acordo com o antigo conhecimento, e está sendo preparado o caminho para a restauração dos Mistérios.

O FUTURO DA MAÇONARIA

Seguramente deve a Maçonaria ter um maravilhoso papel a representar na civilização do futuro. Nem foi inutilmente que os antigos ritos sagrados foram conservados secretos e os poderes imemoriais dos Mistérios transmitidos através dos séculos até nosso moderno mundo do século XX, pois atualmente nos achamos no limiar de uma nova era, que será precedida de novo advento do Instrutor do Mundo, o próprio Senhor do Amor que há dois mil anos ensinou na Palestina. Temos observado que a evolução humana se efetua de acordo com uma lei cíclica; uma raça sucede à outra, e uma sub-raça segue outra sub-raça, segundo o plano do Grande Arquiteto do Universo, operando neste mundo através da Loja Branca que é a guardiã da humanidade. É chegada a hora do florescimento de uma nova sub-raça, a sexta de nossa grande raça ariana, que já está começando a aparecer na América do Norte, Austrália e outros países. Nessa sub-raça, como em todas as demais, haverá egos de diferentes temperamentos; alguns, por certo, procurarão sua inspiração nas formas liberais do Cristianismo Católico, mas outros se sentirão atraídos pelo ensino filosófico e primitivamente ministrado nos Mistérios do Egito, que são a herança da fraternidade maçônica.

No passado, as vindas periódicas do Instrutor do Mundo sempre assinalaram um renascimento ou inauguração dos Mistérios. Tot no Egito, Zoroastro na Pérsia, Orfeu na Grécia, poderosos Mensageiros da Loja Branca, que todavia foram apenas um único Mensageiro aparecendo sob diferentes nomes e em diferentes formas, deixaram após Si um glorioso rito de iniciação para conduzir os homens a Seus pés depois de Sua partida. Esse grande Instrutor da humanidade desaparecerá da vista mortal tal qual Gautama, o Senhor Buda; mas o cetro do Senhor do Amor foi colocado pelo rei espiritual nas mãos de Seu sucessor, que hoje reverenciamos como o Senhor Cristo, cuja vinda aguardamos com os corações cheios de anelante amor.

Também Ele tomará os sagrados vasos dos Mistérios e de novo os encherá de Sua própria vida; também Ele os modelará segundo as necessidades de Seu povo e da época em que este vive. Pois está findando a influência do sexto raio, o raio da devoção que inspirou os místicos cristãos e a gloriosa arquitetura gótica da Idade Média, e a influência do sétimo raio está começando a dominar o mundo. É o raio da magia cerimonial que atrai a cooperação especial das hostes angélicas, de que a Maçonaria com sua policroma pompa de ritos é uma esplêndida manifestação.

Assim, nos próximos dias, quando o Senhor do Amor, que é o nosso Sapientíssimo Soberano e o Príncipe dos Soberanos Príncipes, visitar uma vez mais Seus santos santuários, guardados através das idades por Seu grande discípulo, o Príncipe Adepto do sétimo raio e o Mestre de nossa Ordem, podemos esperar por uma restauração para os dignos, e somente para dignos, não apenas do pleno esplendor da iniciação cerimonial, para uma vez mais serem um verdadeiro veículo da Luz Oculta, mas, também, daquela sabedoria secreta dos Mistérios há muito esquecida nas Lojas e Capítulos externos da Fraternidade.

Tal é, seguramente, o destino que aguarda nossa Ordem no futuro; tal é o esplendor que a transfigurará nos anos que se aproximam, até que no interior de seu Templo seja mais uma vez erguida, e não simplesmente como símbolo mas como fato real, a escada que se ergue da terra ao céu, entre os homens e a Grande Loja no alto, com o fim de conduzi-los das trevas do mundo para a plenitude da luz de Deus, para a Rosa que sempre floresce no coração da Cruz, para a Estrela Cintilante que projeta paz, força e bênção a todos os mundos.

Transmutemini, transmutemini de lapidibus mortuis in lapides vivos philosophicos

A.·. S.·.

Apêndice I

Os graus do Rito de Perfeição comparados com os do Rito Escocês Antigo e Aceito

LISTA DOS VINTE E CINCO GRAUS COM QUE TRABALHA O CONSELHO DE IMPERADORES DO ORIENTE E OCIDENTE 1758

Lista dos graus do Rito de Perfeição (ou de Heredom)	*Lista dos graus correspondentes do Rito Escocês Antigo e Aceito*
1º Aprendiz	Aprendiz
2º Companheiro	"Fellow Craft" (ou Companheiro)
3º Mestre	Mestre Maçom
4º Mestre Secreto	O mesmo
5º Mestre Perfeito	O mesmo
6º Secretário Íntimo	O mesmo
7º Intendente dos Edifícios	8º
8º Preboste ou Juiz	7º
9º Mestre Eleito dos Nove	O mesmo
10º Mestre Eleito dos Quinze	Ilustre Mestre Eleito dos Quinze
11º Ilustre Chefe Eleito das Doze Tribos	Sublime Cavaleiro Eleito
12º Grão-Mestre Arquiteto	O mesmo
13º Cavaleiro Real Arco	Real Arco de Enoque
14º Grande Eleito, antigo Mestre Perfeito	Grande Cavaleiro Escocês da Abóboda Sagrada (de Jaime VI) *ou Sublime Maçom

* Este é, evidentemente, um título posterior; na lista do Mestre ou Conde o grau é dado como Grande Eleito, Perfeito e Sublime Maçom.

Lista dos graus do Rito de Perfeição (ou de Heredom)	*Lista dos graus correspondentes do Rito Escocês Antigo e Aceito*
15° Cavaleiro da Espada ou do Oriente	O mesmo
16° Príncipe de Jerusalém	O mesmo
17° Cavaleiro do Oriente e Ocidente	O mesmo
18° Cavaleiro Rosa-Cruz	Soberano Príncipe Rosa-Cruz
19° Grande Pontífice ou Mestre *ad Vitam*	Grande Pontífice ou Sublime Mestre Escocês
20° Grande Patriarca Noachita	21° Noachita ou Cavaleiro Prussiano
21° Grão-Mestre da Chave da Maçonaria	20° Venerável Grão-Mestre das Lojas Simbólicas
22° Príncipe do Líbano, Cavaleiro Real Arco, alternativamente Cavaleiro Real Machado*	O mesmo
23° Cavaleiro do Sol, Príncipe Adepto, Chefe do Grande Consistório	28°
24° Ilustre Chefe Grande Comendador da Águia Branca e Negra, Grande Eleito Kadosh	30°
25° Ilustríssimo Soberano Príncipe da Maçonaria, Grande Cavaleiro, Sublime Cavaleiro Comendador do Real Segredo	32°

* Trata-se aqui, obviamente, de uma confusão de som, sendo a palavra francesa *Hache*, *Acha* ou *Machado*, e a inglesa, *Axe*. O Conde Goblet d'Alviella assinala que, tanto neste caso como no do Real Arco, os títulos em francês denotam não ser de origem francesa. Se os graus houvessem se originado na França, o título em francês seria Chevalier de l'Arche Royale e não du Royale Arche. Parece ser isso perfeitamente exato no concernente ao Real Arco de Enoque, e que o título Royale Hache tenha sido criado para alguma conciliação.

Os irms. do grau mais elevado eram denominados o Conselho dos Imperadores do Oriente e Ocidente, Soberanos Príncipes Maçons, Substitutos Gerais da Real Arte, Grandes Vigilantes e Oficiais da Grande Soberana Loja de São João de Jerusalém; e o rito que usavam era denominado Rito de Perfeição ou Heredom.

Também existia um cargo ou posição de Grande Inspetor, embora não houvesse nenhum grau de Soberano Grande Inspetor Geral até o começo do século XIX.

Na constituição do Supremo Conselho Mater em Charleston, em 1801, adicionaram-se mais oito graus ao 25 para completar o total de 33. Supõe-se que estes foram extraídos de fontes continentais. Em sua maioria foram manuseados anteriormente sob a direção de um Grande Capítulo de Príncipes Maçons na Irlanda. Receberam a aprovação do C. D. T. O. V. M., e são eles:

23º Chefe do Tabernáculo.
24º Príncipe do Tabernáculo.
25º Cavaleiro da Serpente de Bronze.
26º Príncipe das Mercês.
27º Soberano Comendador do Templo.
29º Grande Cavaleiro Escocês de Santo André.
31º Grande Inquisidor Comendador.
33º Soberano Grande Inspetor Geral.

Apêndice II
Quadro dos principais acontecimentos maçônicos desde 1717

A História da Franco-maçonaria, e muito especialmente de seus graus superiores e dos chamados graus colaterais, se apresenta tão confusa e discutível nos séculos XVIII e XIX, que se me afigura aconselhável dispor seus principais acontecimentos em ordem cronológica, sob forma tabular da Europa e na América do Norte, respectivamente.

A organização cuja história estamos tentando seguir é, em suma, uma organização secreta, cuja marcha se processa firme mas silenciosamente no íntimo recesso de suas Lojas. Só rara e como que acidentalmente desponta à luz do dia qualquer referência a ela ou peculiaridades suas.

Estranham alguns que os relatos sejam fragmentários, e uns e outros de difícil reconciliação. É que lidamos com manifestações esporádicas e largamente acidentais, e tanto quanto o sei, até agora nunca se havia tornado pública qualquer indicação da existência da chave interna capaz de esclarecer toda a confusão. Essa chave é, sem dúvida, o C. D. T. O. V. M., que a todo o tempo desempenha para a Maçonaria a parte popularmente atribuída à Providência: vigia-a, guia suas atividades nesta ou naquela direção, estimula-se onde seja necessário, a traz à superfície num lugar e a faz sumir num outro, e vela para que, de uma ou outra maneira, se mantenha a sua existência e se conserve sempre acesa a sua luz. É Ele a verdadeira Vida Oculta da Franco-maçonaria, a que me referi no volume anterior. Sua energia que flui através dela, é que tem mantido viva esta maravilhosa corporação; enquanto Ele continuar a inspirá-la, não precisamos temer por seu futuro.

Data	*Grã-Bretanha*	*França*	*América do Norte*
1717	Fundação da Grande Loja da Inglaterra.	Graus de Clermont e Ritos de Heredom praticados privativamente.	Maçonaria de vários ritos existentes, mas não organizados, introduzida por colonos.
1722	Primeira referência aos graus superiores, aos Graus Azuis. Robert Samber.*		
1723	Referências ao Arco e Marco de um Mestre em "A Mason's Examination", publicado em *The Flying Post.*		
1729	Em *Cyclopoedia*, "Ephraim Chambers" (Câmaras de Efraim) se referia a Maçons "que tinham todos o caráter de Rosacrucianos".		
1732		Introdução da tradição inglesa da Maçonaria Operativa.	

* Em Dedicação de Robert Samber, num Tratado Hermético intitulado *Long Livers* aparecido em 1722 sob o pseudônimo de Eugenius Philalethes Junior, e dirigido aos membros da Grande Loja da Inglaterra, encontramos o que muitos têm admitido ser uma alusão aos graus superiores. Samber faz distinção entre os "que não estão muito iluminados" e os "que têm maior luz", que são "da classe superior", e "estão iluminados pelos mais sublimes mistérios e mais profundos segredos da Maçonaria"; e fala aos maçons sobre o grau superior que se acha "atrás do véu". O irm. A. E. Waite, que estudou profundamente a tradição alquímica, sustenta que essas citações se referem mais ao progresso nos segredos da alquimia; contudo, mesmo que o sejam, as observações são interessantes, apenas cinco anos após a fundação, num tratado atualmente dedicado à Grande Loja.

Data	*Grã-Bretanha*	*França*	*América do Norte*
1733	Primeira menção de uma Loja Maçônica escocesa na Lista de Lojas do Dr. Rawlinson. Na mesma Lista também se fez a primeira menção impressa de uma Loja de Mestre Maçom.		É fundada em Boston uma Loja de São João.
1735	Oração do Grão-Mestre Provincial de Durham, citando doze versos sobre o uso pelos judeus da Espada e Trolha. É agora usada no ritual rimado da Real Ordem da Escócia.		
1737		O Barão Scheffer, primeiro Grão-Mestre da Suécia, recebeu os três graus de são João em Paris, e também dois graus escoceses. O famoso Discurso de Ramsay deu um impulso ao movimento do alto grau na França.	
1738	Livro de Constituição (segunda edição), publicado por Anderson.	Primeira condenação da Franco-maçonaria pela Bula Papal *In Eminente*. O Duque d'Antin sucedeu a Lorde Derwentwater como Grão-Mestre da França.	Fundação em Boston de uma Loja de Mestre.

Data	*Grã-Bretanha*	*França*	*América do Norte*
1740	Um mascate ambulante do grau Real Arco propagou-o — diz-se — na Irlanda, alegando que era praticado em Iorque e em Londres.	Aparecimento de Lojas Escocesas em todas as partes da Europa. Existiam muitos rituais de caráter excessivamente diferente. Principal tema: a Recuperação de uma Palavra Perdida numa Abóbada Secreta pelos Cruzados Escoceses. Os Mestres Escoseses reivindicavam privilégios extraordinários nas Lojas Azuis.	
1741		Diz-se que os Maçons de Lyon introduziram o grau Kadosch, mas não há uma prova direta disso.	
1743	O Capítulo Real Arco da Escócia, em Stirling Rock, possui Atas datadas deste ano. Primeira referência decisiva ao Real Arco da Irlanda, em relatório contemporâneo sobre a atuação de uma Loja em Youghal.	O Barão von Hund foi recebido na Ordem do Templo pelo "Cavaleiro do Penacho Vermelho" e apresentado ao Príncipe Carlos Eduardo Stuart, em Paris.	

Data	*Grã-Bretanha*	*França*	*América do Norte*
1744	Em *Serious and Impartial Enquiry* o Dr. Dassigny se referiu a uma Assembleia dos Maçons do Real Arco em Iorque, de onde se introduziu esse grau na Irlanda. Conhecida e realizada também em Londres, "num pequeno átrio fronteiro", e descrita como sendo "uma organizada corporação de homens que ocuparam a Presidência".		
1746	Regulamentação das taxas de admissão de Harodim na Loja de Swalwell; confronte-se com o primeiro grau da Real Ordem, i. e., HRDM, sendo o segundo grau RSYCRS. Cinco irms. foram constituídos Maçons Escoceses na Antiga Loja de Salisbury.		

Data	*Grã-Bretanha*	*França*	*América do Norte*
1751	Formação da Grande Loja dos "Antigos", que acusaram os "Modernos" de haverem alterado o ritual e mudado os *landmarks*.	Cerca desta data, foi fundada a *Mère-Loge Écossaise*, trabalhando com um número de graus não pertencentes ao nosso Rito Escocês. *Marseilles.* Provavelmente esta descendeu de uma Loja Escocesa que assumiu o direito de constituir outras Lojas. Entre estes graus encontramos o de Rosa-Cruz e o de Cavaleiro do Sol. Todavia, estes não aparecem antes de 1765, e provavelmente foram tomados dos Imperadores. No Rito de Mênfis encontram-se alguns dos demais graus.	
1753			Com a data de 22 de dezembro, diz-se que as Atas da Loja Fredericksburg, Virgínia, contêm o registro mais antigo que se conhece do grau do Real Arco atualmente em atividade.

Data	Grã-Bretanha	França	América do Norte
1754		Fundação do Rito da Estrita Observância, professando superiores desconhecidos e dizendo seu fundador derivar ela do Príncipe Carlos Eduardo Stuart em 1743, e, portanto, dos Templários Escoceses. Sistema muito popular na Maçonaria Teutônica. Fundação do Capítulo de Clermont; diz-se haver trabalhado com os graus templários superpostos aos graus escoceses. Composto de altos membros da nobreza. Colégio de Valois de Cavaleiros do Oriente. Composto de burgueses. Trabalhou provavelmente com dez graus. Em rivalidade com o Capítulo de Clermont.	
1755		A Grande Loja da França reconheceu os privilégios reivindicados pelos Maçons Escoceses.	
1757	As Lojas Escocesas e os graus da Cavalaria Maçônica foram condenados pela Grande Loja — Cartas de Manningham — como inovações.		

Data	Grã-Bretanha	França	América do Norte
1758		Sob a direção do C. D. T. O. V. M., o Capítulo de Clermont se ampliou para o *Conselho dos Imperadores do Oriente e Ocidente.* Este foi composto de alguns da mais elevada nobreza do país. Trabalhou com o Rito de Perfeição ou Heredom; no Apêndice I se encontra uma lista de seus graus.	
1761	É revivida a Grande Loja de toda a Inglaterra em Iorque. Tida como havendo reconhecido os Templários e o Real Arco, além dos Graus Azuis.	Stephen Morin recebeu do *Conselho dos Imperadores* a graduação de Inspetor Geral e uma comissão para estabelecer o Rito de Perfeição na América.	
1763			Stephen Morin fundou o Rito de Perfeição em São Domingo.
1766		F. J. W. Schroder estabeleceu em Marburgo, Alemanha, um Capítulo dos Verdadeiros e Antigos Maçons Rosa-Cruz.	
1769	No Livro de Ata de um Capítulo do Real Arco, em Portsmouth ocorre a primeira referência conhecida ao grau Marco.		
1770			Stephen Morin criou um Conselho de Príncipes do Real Segredo 25°, em Kingston, Jamaica.

Data	*Grã-Bretanha*	*França*	*América do Norte*
1772		Luis Claude de S. Martin é constituído Cavaleiro da Rosa-Cruz por Martines de Pasqually, em Bordéus.	(Período dos Judeus) Morin conferiu o grau de Inspetor Geral a Franklin de Jamaica, que por sua vez o conferiu a Moisés Hayes de Boston e a Spitzer de Charleston. Todos estes Inspetores se reuniram na Filadélfia para conferir o Inspetorado a Moisés Cohen de Jamaica que, por sua vez, o concedeu a Isaac Long.
1777	Estabeleceu-se em Londres um Grande Capítulo do Real Arco.		

Data	*Grã-Bretanha*	*França*	*América do Norte*
1786	Num período durante a segunda metade do século XVIII, o Rito de Perfeição foi levado para a Inglaterra e praticado em Conclaves Templários (Yarker reuniu as linhas desta sucessão em seu Supremo Conselho 33°). Foram igualmente introduzidas na Irlanda antes da formação do Supremo Conselho Mater em Charleston, e funcionaram sob a direção de um Grande Capítulo de Príncipes Maçons e de um Grande Conclave Templário. Já se possuíam, pois, os graus de Kadosh e Rosa-Cruz quando se introduziu o Supremo Conselho da Irlanda.	O Grande Oriente da França instituiu o Rito Francês de 7°, sendo o mais elevado o de Rosa-Cruz. O Rito de Perfeição foi absorvido no Grande Oriente.	

Data	*Grã-Bretanha*	*França*	*América do Norte*
1791		*A Revolução.* O Rito de Perfeição desapareceu da vista pública.	Em alguma época deste período surgiu o mito da formação do 33° por Frederico, o Grande, e criou-se a alegada Grande Constituição de 1762 e 1786. Ignora-se quem foi originalmente responsável por estas criações, mas não subsiste nenhum fundamento para ambas, embora fossem amplamente aceitas como genuínas.
1796			Isaac Long conferiu o Inspetorado ao Conde De Grasse Tilly, fundador do Supremo Conselho da França; ao seu sogro, De la Hogue, e a outros.
1801			Formação do *Supremo Conselho Mater Mundial* em Charleston. Foram adicionados 8 graus aos 25 do Rito de Perfeição.
1802		Consta haver-se formado o Rito de 33° em Paris.	De Grasse Tilly e De la Hogue formaram um Supremo Conselho 33° em Port-au-Prince.
1804		Formação do Supremo Conselho 33° na França, Paris, por De Grasse Tilly. Esta corporação sofreu várias vicissitudes, mas agora está florescente.	

Data	*Grã-Bretanha*	*França*	*América do Norte*
1805		(Forma-se o Supremo Conselho da Itália.)	
1810	O grau de Mestre Instalado é sancionado pela Grande Loja regular da Inglaterra. A Cerimônia correspondente foi adotada como padrão, e os Mestres das Lojas de Londres foram convocados para comparecer à Instalação na qualidade de Governantes de Oficina.	Consta haver Lechangeur concedido Patente a Marc Bedarride para a promulgação do Rito de Mizraim.	
1811		(Formação do Supremo Conselho da Espanha.)	
1812			Um joalheiro chamado José Cerneau estabeleceu o que ele denominou um Soberano Grande Consistório dos Estados Unidos. Cerneau possuía a sucessão necessária, mas não tinha mandato do *Conselho de Imperadores;* assim, o Supremo Conselho de Charleston denunciou o seu procedimento como irregular.
1813	União entre os "Antigos" e os "Modernos". Formação da Grande Loja Unida da Inglaterra, reconhecendo três graus, inclusive o Santo Real Arco.		Forma-se o Supremo Conselho 33° da Jurisdição Norte dos Estados Unidos.

Data	*Grã-Bretanha*	*França*	*América do Norte*
1817		(Formação do Supremo Conselho da Bélgica, em Bruxelas.)	
1821		Fundação da Grande Loja da França.	
1824	Formação do Supremo Conselho da Irlanda, com jurisdição sobre 31º, 32º e 33º somente, por causa da anterior existência do 30º e 18º. O 28º Príncipe Adepto, Cavaleiro do Sol, que também pertencia ao Rito de Perfeição, consta funcionar ainda na Irlanda.		
1838		É introduzido em Paris o Rito de Mênfis, como um sistema de 95º. Marconis foi o mais jovem Grande Hierofante eleito.	
1845	Formação do Supremo Conselho da Inglaterra e Gales.		
1846	Formação do Supremo Conselho da Escócia.		
1856	Grande Loja de Mestres Maçons Marco, formada em Londres.		
1862		O Rito de Mênfis foi colocado por seu Hierofante sob as ordens do Grande Oriente da França, resignando seus poderes sobre ele.	Soberano Santuário 95º do Rito de Mênfis, consagrado pelo Grande Hierofante, Harry J. Seymour, Soberano Grão-Mestre 96º.

Data	*Grã-Bretanha*	*França*	*América do Norte*
1865		Os Graus do Rito de Mênfis foram reduzidos de 95° para 33°, conservando-se os graus essenciais. O Grande Oriente suprimiu os graus superiores do Rito, mas autorizou a continuação de algumas Lojas Operativas.	Cisão no Soberano Santuário da América. Harry J. Seymour concordou com a redução. Calvino C. Burt formou um Soberano Santuário clandestino do Rito Maçônico Egípcio de Mênfis, trabalhando com 96°. Esta corporação parece haver vendido vergonhosamente os graus, e sua história é a mais sórdida possível. Harry J. Seymour também herdou a Tradição de Cerneau do Rito Escocês Antigo e Aceito 33°, e foi Soberano Grande Comendador de um Supremo Conselho 33°, derivado dele próprio.
1872	O Soberano Santuário para a Grã-Bretanha e Irlanda foi consagrado por Harry J. Seymour, sendo João Yarker o Soberano Grão-Mestre.		

Data	Grã-Bretanha	França	América do Norte
1875		(Convenção de Supremos Conselhos em Lausane.)	
1876	No seio do Soberano Santuário se formou um Supremo Grande Conselho Geral do Rito de Mizraim, com Yarker como Chefe do Rito.		
1879		Devido a uma cisão nos Capítulos de Rosa-Cruz, pertencentes ao Supremo Conselho 33° da França, formou-se a Grande Loja Simbólica da França.	
1882		Iniciação da Sta. Maria Deraismes na Loja "Les Libres Penseurs", pertencente a esta corporação, e consequente suspensão da Loja.	
1893		Grande Loja Simbólica Escocesa Mista da França, fundada pelo Dr. Georges Martin e Sta. Maria Deraismes.	
1900		Supremo Conselho Universal Misto formado pelo Dr. Georges Martin 33° e outros Soberanos Grandes Inspetores Gerais, derivando sua sucessão do Supremo Conselho da França.	

Data	*Grã-Bretanha*	*França*	*América do Norte*
1902	A Sra. Annie Besant foi iniciada na Comaçonaria. Consagração da primeira Loja Comaçônica na Inglaterra. ("Human Duty" nº 6.) Durante os poucos anos subsequentes, a sucessão inglesa dos Mestres Instalados foi introduzida na Comaçonaria pelos Mestres Instalados da Oficina inglesa. O Marco e o Santo Real Arco foram igualmente introduzidos. Os Rituais operativos foram harmonizados com os trabalhos ingleses. Os graus superiores também são introduzidos na Comaçonaria inglesa.		É a Comaçonaria introduzida na América, tanto nos graus operativos como nos superiores.
1914	O Rev. J. I. Wedgwood recebeu os graus de Príncipe Patriarca Grande Conservador 33°, 95° do Rito de Mênfis; Absoluto Grande Soberano 33°, 90°, do Rito de Mizraim; e Soberano Grande Inspetor Geral 33° do Rito Escocês Antigo e Aceito (Cerneau), outorgado pessoalmente por Yarker.		

Leia também:

AS ORIGENS OCULTAS DA MAÇONARIA

Mark Stavish

Uma das mais famosas sociedades de mistério do mundo, a Maçonaria continua sendo uma das maiores organizações fraternas que existem. Alguns dos mais heroicos e criativos pensadores da história pertenceram a ela, como George Washington, Benjamin Franklin, Goethe e Mozart. O que ligará a filosofia dessas grandes mentes aos cerca de 4 milhões de maçons que preservam essa antiga Fraternidade?

Da geometria sagrada aos lendários ritos maçônicos, o autor e maçom Mark Stavish divulga a filosofia da Maçonaria e o código moral a que todos os maçons obedecem. Saiba como os graus superiores da Maçonaria, particularmente o Rito Escocês, foram influenciados por crenças e práticas ocultistas, e por que a Maçonaria é associada ao rei Salomão, à arquitetura gótica, à prática mágica, à alquimia e à cabala.

Com exercícios e sugestões de leitura, esta fascinante exploração é uma ferramenta de aprendizado imprescindível que responderá a muitas perguntas e lançará luz sobre outros mistérios maçônicos, inclusive a Iniciação e a Palavra Perdida.

Inclui também um apêndice sobre geometria sagrada escrito pelo especialista John Michael Greer.

Leia também:

GEOMETRIA SAGRADA E AS ORIGENS DA CIVILIZAÇÃO

Richard Heath

O uso onipresente de certos números e proporções sagradas pode ser encontrado ao longo da história, influenciando tudo: desde a arte e a arquitetura até o desenvolvimento das religiões e sociedades secretas. Em *Geometria Sagrada e as Origens da Civilização*, Richard Heath revela as origens, as influências e o significado mais profundo dessas ocorrências sincrônicas numéricas e como elas foram deixadas dentro do nosso ambiente planetário durante a criação da Terra, da Lua e do nosso sistema solar.

Explorando a astronomia, a harmonia musical, a geomancia, o estudo dos centros sagrados e os mitos, Heath revela o uso secreto do conhecimento dos números sagrados na construção das catedrais góticas e a influência importante desses números na fundação da moderna cultura do Ocidente. Ele explica por que a arquitetura templária de Washington representa a Nova Jerusalém, e identifica o papel que as sociedades secretas desempenham como repositório para a informação numérica sagrada. Aqueles que tentam decifrar seu significado sem compreender as origens planetárias desse conhecimento permanecem com uma informação contraditória, obscura e geralmente ilusória. Examinando culturas pré-históricas e monumentais ao longo das Eras das Trevas e registros históricos posteriores, *Geometria Sagrada e as Origens da Civilização* fornece uma chave para a compreensão do verdadeiro papel e significado dos números.

Editora Pensamento